Ambivalenzen des Todes

Petra Gehring/Marc Rölli/Maxine Saborowski (Hrsg.)

Ambivalenzen des Todes

Wirklichkeit des Sterbens und Todestheorien heute

Die Deutsche Nationalbibliothek verzeichnet diese Publikation
in der Deutschen Nationalbibliografie;
detaillierte bibliografische Daten sind im Internet über
http://dnb.d-nb.de abrufbar.

Das Werk ist in allen seinen Teilen urheberrechtlich geschützt.
Jede Verwertung ist ohne Zustimmung des Verlages unzulässig.
Das gilt insbesondere für Vervielfältigungen,
Übersetzungen, Mikroverfilmungen und die Einspeicherung in
und Verarbeitung durch elektronische Systeme.

© 2007 by WBG (Wissenschaftliche Buchgesellschaft), Darmstadt
Die Herausgabe des Werkes wurde durch
die Vereinsmitglieder der WBG ermöglicht.
Gedruckt auf säurefreiem und alterungsbeständigem Papier
Printed in Germany

Besuchen Sie uns im Internet: www.wbg-darmstadt.de

Sonderausgabe 2013
gedruckt von BoD, Books on Demand

Inhaltsverzeichnis

Ambivalenzen des Todes?
Zur Einleitung 7

Soziologische Perspektiven

Soziologisierung des Todes?
Der halbherzige Diskurs über das Lebensende
Werner Fuchs-Heinritz 15

„Media vita in morte sumus"
Zur Funktion des Todes in der Hochmoderne – systemtheoretisch beobachtet
Peter Fuchs 31

Von der Lebensplanung zur Sterbeplanung
Eine Perspektive der kritischen Sozialforschung
Reimer Gronemeyer 51

Wirklichkeitsfelder

Das Lebensende im Zeichen der Patientenverfügung
Anmerkungen aus Sicht der Pflegewissenschaft
Martin W. Schnell 63

Interaktionen zum Tode
Wie Sterben im Hospiz orchestriert wird
Stefan Dreßke 77

Der Trend zur Urne im Wurzelwerk
Bestattungskultur heute am Beispiel von Friedwäldern und Ruheforsten
Ludger Fittkau 102

Philosophische Perspektiven

Sterbepolitische Umbauversuche
Von der Sterbehilfe zum assistierten Suizid
Petra Gehring 121

Gibt es einen Tod nach dem Leben?
Rudi Visker 138

Todesverdrängung?
Stationen einer Deutungsgeschichte
Andreas Hetzel 158

Metaphysik der Endlichkeit
Heideggers Philosophieren im Schatten des Todes
Marc Rölli 171

„Nach Auschwitz" – ein Motiv zwischen Geschichte und Metaphysik
Christian Grüny 192

Zu den Autoren 212

Ambivalenzen des Todes?
Zur Einleitung

Äußern sich heute Wissenschaftler in beschreibender Absicht zu den Problemfeldern Sterben und Tod, so kann man eine eigentümliche Zerteilung der Lager beobachten. Während die einen sich für die Wirklichkeit von Prozessen interessieren, die dem Tod vorangehen, ihn einrahmen, das Sterben begleiten, befragen die anderen das Todesereignis selbst, sein „Wesen", seine Faktizität und seinen Sinn. Während die einen primär das Sterben – und dieses als Sozialtatsache – betrachten, erörtern die anderen, wie man den Tod begrifflich fassen und ihn als solchen denken kann. Dem Unterschied des Zugangs lassen sich, der Tendenz nach, Disziplinennamen zuordnen: Eine Perspektive des ersten Typs werden eher Soziologen wählen, die Philosophie stellt ausdrücklich auch Fragen des zweiten Typs.

Es war die Ausgangsidee dieses Buches, beide Herangehensweisen ins Gespräch zu bringen und die Werkzeuge beider Disziplinen zu nutzen. Angesichts der Aufgabe einer Beschreibung der modernen Realität des Todes können die empirisch gegründete sozialwissenschaftliche Perspektive und die begriffliche Arbeit der Philosophie einander ergänzen – und sie sollten es tun. Denn über die moderne Realität des Todes weiß man im Grunde wenig. Sie ändert sich schnell – medizinisch, in ihrer institutionellen Rahmung, in ihren massenmedialen Darstellungsformen wie auch in rechtlicher Hinsicht. Vielleicht gerade weil viele unter diesem Eindruck eines rapiden Wandels stehen, werden Fragen von Sterben und Tod heute zuallererst als moralisch-ethische Fragen gestellt: Wie gehen „wir" mit dem Tod im Alltag oder beruflich um? Gibt es gutes Sterben? Wie mit medizinischen Entscheidungen am so genannten Lebensende, wie mit Todesangst, wie mit Trauer umgehen? Fragen dieser Art sind wichtig. Sie dominieren allerdings die öffentliche Diskussion und haben auch für eine normative Schlagseite in der Forschung gesorgt. Während rund um diese Fragen des richtigen Umgangs mit dem Sterben eine regelrechte „Geschwätzigkeit" herrscht (so der Soziologe Armin Nassehi), weiß man auf der anderen Seite viel zu wenig über das, was – jenseits ethischer Bemühungen – im modernen Sterbealltag tatsächlich passiert. Anders als in anderen Ländern hat sich eine sozialwissenschaftliche Thanatologie (also Sterbens-/Todesforschung) in Deutschland nie etablieren können. Es gab eine Medizinsoziologie, aber diese ist inzwischen der Medizin- und Bioethik gewichen. Damit zeichnet sich eine paradoxe bzw. ambivalente Lage ab: Während der Wandel der Sterbekultur in aller Munde ist und das „Lebensende" politische, rechtliche und ökonomische Neubewertungen erfährt, fehlt es sowohl an soziologischer wie auch an philosophischer Beschreibungsarbeit. Die Gesellschaft kennt das, was sie Tod nennt, nicht.

Mit der Doppelfrage nach der „Wirklichkeit des Sterbens" und den „Todestheorien" heute fordern die an diesem Buch beteiligten Wissenschaftlerinnen und Wissenschaftler eine Bestandsaufnahme und tragen Teilstücke zu einer solchen bei. Dass Soziologie und Philosophie, „Wirklichkeit" und „Theorie" nicht aufeinander schwimmen müssen wie Öl und Wasser ist eine Einschätzung, die die Aufsätze in diesem Buch verbindet. Ein weiteres verbindendes Element ist die Einsicht, dass der „normative Überhang" (Klaus Feldmann) aktueller Diskussionen einer Ergänzung und vielleicht sogar seinerseits einer Analyse bedarf: Ist es am Ende Teil der modernen Form des Todes, dass man das Sterben vor allem mit einer normativen Politik umgibt? Dass man öffentlich zwar Wertungsfragen stellt und Idealbilder „verantwortlicher" oder auch „guter" Sterbebedingungen diskutiert, aber von den wirklichen Bedingungen des Sterbens wenig wissen will? Sterbepolitik heute konzentriert sich aufs Problemlösen: auf institutionelle Entscheidungsverfahren. Wissen und Erfahrung in Sachen Sterben und Tod sind dagegen wenig gefragt. Sie werden individualisiert.

Die Situationsbeschreibungen und Diagnosen, die in diesem Band nachzulesen sind, zielen auf Diskussion. Sie differieren – und zwar nicht (nur) in der Themenstellung oder aufgrund eines disziplinär unterschiedlichen Vorgehens. Sondern auch in der Einschätzung der aktuellen Wissensstände bezogen auf den Gegenstand. Der eine bescheinigt seiner Disziplin, sich schon immer mit dem Tod beschäftigt zu haben, der andere hebt hervor, wie schwer sie sich mit ihm getan habe. Der eine beschreibt moderne Arten der Todesverdrängung, der andere diagnostiziert das Gegenteil: eine aktuelle Todesversessenheit. Ambivalenzen des Todes prägen die Gegenwart.

Schwer zu entscheiden ist auch, wie viele der vermeintlich langen Linien in der Geschichte der Erfahrungen mit dem Tod tatsächlich solche langen Linien sind. Unter historischem Blickwinkel fallen vor allem Veränderungen von Tod und Sterben auf. So ist die Vorstellung des friedlichen Einschlafens im Alter und überhaupt des 'natürlichen' Todes noch sehr jung. Und soziologische Stichworte wie Professionalisierung, Medikalisierung und Institutionalisierung beschreiben komplexe Syndrome von heute Selbstverständlichem, dem nichts Früheres entspricht. Umgekehrt zeigen sich auch Verluste: War früher der gewaltsame Tod normal, so ist er heute zum Sonderfall des Katastrophischen geworden. Waren früher zum Tod wie auch zur Bestattung bestimmte Rituale üblich, so herrscht heute eine Vielfalt, in der sich die Einheit von Phänomenen wie Trauer jedenfalls für den Beobachter verwirrt.

Signifikant ist auch eine Veränderung der Begrifflichkeit. Nicht durch Zufall verschwindet (wie der Wissenshistoriker Michel Foucault gezeigt hat) in einem Zeitalter der biomedizinischen Definition des Lebens der Begriff des „Todes" selbst. Thanatos, mors, Tod: diese Worte waren auf je ihre Weise Namen für in gewissem Sinne „wirkliche" Gestalten. In der Moderne sprechen wir demgegenüber vorwiegend vom Leben und von einem „Ende" des Lebens. Dieses „Lebensende" meint aber etwas spezifisch anderes als die Macht *Tod* der früheren Zeiten, nämlich etwas, das nur mehr zum Leben gehört und das keinen Eigennamen mehr hat. Ein solches Ende kann gleichsam nur noch als die Abwesenheit von Leben registriert werden, per Konvention heute: die Abwesenheit von Hirnaktivität. Es ist etwas, das in gewisser Weise keine Gestalt mehr hat.

Das nachfolgende Buch versammelt unterschiedliche Diagnosen und ordnet sie zu einem Bogen, der wirklichkeitswissenschaftliche und textwissenschaftliche Beiträge verbindet.

Wie hat sich die Soziologie, fragt *Werner Fuchs-Heinritz*, dem Phänomen Tod in ihrer ja noch kurzen Geschichte genähert? Sein Beitrag legt frei, wie das in sich spannungsreiche Doppelthema „Kollektivleben" – „individuelles Lebensende" mit der Disziplin der Soziologie gleichursprünglich beginnt und mit der Realität der Gesellschaft wirklich wird.

Aus systemtheoretischer Perspektive fragt *Peter Fuchs* nach den funktionalen Unmöglichkeiten im Hintergrund der Versuche, dem modernen Tod (s)eine soziale Form zu geben. Tod kann nicht erlebt, er kann nur fremdbeobachtet werden. Jegliche Planung des eigenen Todes kann also nur auf das Beobachten bzw. Miterleben anderer Tode zurückgreifen. Zugleich ist die Unterscheidung, die der Tod aufmacht, nämlich Tod oder Leben, eine Unterscheidung von großer ontologischer Mächtigkeit oder Stabilität: Man kann nicht ein bisschen tot sein. Allerdings gerät genau diese Stabilität der Unterscheidung durch Lebenstechnologien heute ins Wanken: Hirntote sind offensichtlich noch ein wenig lebendig, obwohl sie irgendwie auch tot sind.

Das Sterben wird mehr und mehr zur Gestaltungsaufgabe des Einzelnen, so diagnostiziert *Reimer Gronemeyer*. Durch Globalisierung verschwinden regionale Traditionen, verloren gegangene Orientierungsrahmen werden durch ökonomische Kriterien, medizinische Prognosen und institutionelle Normalitäten ersetzt. Gibt es im Zeitalter individuellen „informierten" Entscheidens noch eine „ars moriendi"?

Auch *Martin Schnell* verweist darauf, dass der Tod als Tod der Anderen begegnet. In der Pflege stellt sich konkret die Frage, wie man die dazugehörige Verantwortung auf sich nehmen kann. Als Instrument der Verantwortungszuteilung werden heute „Patientenverfügungen" empfohlen. Hilft es, solche Dokumente auszufüllen? Wer wird durch solche Dokumente adressiert? Schnell betont den Interpretationsbedarf jeder Verfügung. Beliebigkeit und auch Gewaltsamkeit in der Auslegung sind vorauszusehen.

Stefan Dreßke hat im Rahmen einer teilnehmenden Beobachtung die Interaktionen und Pflegestrategien in Hospizen untersucht. Seine Beschreibung gilt den selbsterklärten Ansprüchen dieser Einrichtungen, den körperlich vermittelten Interaktionen des Pflegepersonals mit den Sterbenden, den Konfliktsituationen, die immer da entstehen, wo Patienten Schamverletzungen hinnehmen müssen, wo sie Verschlimmerungen ihres Zustandes nicht im Sinne der Einrichtungen „annehmen". Es zeigt sich, wie sehr das Sterben sozialisiert sein muss, um im Sinne der Erwartung der Beteiligten „gelungen" zu sein.

Neue Formen der deutschen Bestattungskultur beschreibt *Ludger Fittkau*. Mit großem Erfolg bieten sich seit einigen Jahren „Friedwälder" und „Ruheforste" für die Urnenbestattung an. Die namentliche Kennzeichnung des Grabes, die Umfriedung, die symbolische Ausstattung und die traditionelle Grabpflege fallen weg – zugunsten einer offen angelegten, erholsamen, touristisch konsumierbaren Umgebung. Zum Erinnern gehört im Zweifel offenbar aber doch mehr als der Gang in den Wald: In Ergänzung zur anonymen Natur bieten die Betreiber von Ruheforsten Raum für bebilderte Gedenkanzeigen im Internet.

Mit den aktuellen Auseinandersetzungen um die rechtliche Regelung der Sterbehilfe sowie der – aus ihrer Sicht spezifisch modernen – Figur des „assistierten Suizids" befasst sich *Petra Gehring*. Aktuelle Stellungnahmen des Nationalen Ethikrats und des Deutschen Juristentages lassen Umbauten im deutschen Tötungsrecht erwarten. In den laufenden Auseinandersetzungen im Vorfeld der Gesetzgebung zeichnet sich eine biopolitische Pfadentscheidung ab: Liberalisierung der Tötung am Lebensende im Paradigma „Therapie" oder aber im Paradigma „Suizid"? Gehrings Interesse gilt möglichen gemeinsamen Fluchtpunkten der derzeit noch heterogenen europäischen Sterbepolitiken.

Mit der Frage „Gibt es einen Tod nach dem Leben?" eröffnet *Rudi Visker* seinen Beitrag. Er sichtet die klassischen philosophischen Denktraditionen, welche das todestheoretisch Selbstverständliche prägen, aber auch den Blick auf das Verhältnis und den Zusammenhang von Leben und Tod verstellen. Wovor haben wir heute Angst, wenn wir Angst vor dem Tod haben?

Vier eher philosophische Autoren, die ein Verdrängen des Todes diagnostizieren, werden im Beitrag von *Andreas Hetzel* vorgestellt: Walter Benjamin warnt vor dem Verlust der Erzählbarkeit des Todes, Georges Bataille vor einem Verlust des dem Leben radikal Heterogenen, Jean Baudrillard umschreibt die Subversion des Todes, Zygmunt Bauman stellt die Todesverdrängung in den Zusammenhang einer technisierten, nur mehr Krankheiten bekämpfenden und auf das Phantasma eines Tötens des Todes fixierten Medizin.

Jedes Dasein habe sich als ein „Sein zum Tode" zu verstehen: Dieser für das 20. Jahrhundert bezeichnenden Endlichkeits-Metaphysik Martin Heideggers sind die Überlegungen von *Marc Rölli* gewidmet, der Heideggers Ansatz einer quasi-religiösen Sinnstiftung zugunsten einer Wiedergewinnung der Aufmerksamkeit auf wirkliches Sterben dekonstruiert. Existieren wir uneigentlich, wenn wir den Tod verdrängen, und dämmert uns unser Schicksal, wenn wir ihm entschlossen begegnen – oder werden nicht eher durch diesen Heideggerschen Heroismus des „Vorlaufens in den Tod" die Wirklichkeit des „Verfallens", die sozialen Phänomene Sterben und Tod kaschiert?

Mit dem Theoriemotiv eines Denkens „nach Auschwitz" befasst sich als abschließender Beitrag der Aufsatz von *Christian Grüny*. Wie ist der von Theodor W. Adorno erstmals vorgebrachte Topos einer elementaren Betroffenheit zu verstehen? Grüny verfolgt die Umarbeitungen des Motivs „nach Auschwitz" durch die Werke zweier weiterer Autoren, Jean-François Lyotard und Giorgio Agamben. Den drei Autoren stellt er seine eigene Lesart der appellativen Denkfigur entgegen.

Darmstadt und Berlin im Januar 2007
Petra Gehring, Maxine Saborowski, Marc Rölli

Soziologische Perspektiven

Werner Fuchs-Heinritz

Soziologisierung des Todes?
Der halbherzige Diskurs über das Lebensende

Die Soziologie hat sich bis heute außerordentlich schwer getan, den Tod als Gegenstand zu behandeln. Deshalb ist zu vermuten, dass sie, anders als andere „Lebenswissenschaften", kaum dazu beigetragen hat, Tod und Sterben anwendungsorientiert zu thematisieren, eventuell die medizintechnische Verfügung über den Tod zu unterstützen sowie eine „technische" Denkform zur Problematik Tod kulturwirksam zu befördern. Das soll in einem ersten Schritt anhand eines kurzen Rückblicks auf ihre Geschichte belegt werden.

1. Anfänge einer soziologischen Thematisierung des Todes (Comte, Durkheim, Simmel)

Auguste Comte, der etwa ab 1820 eine positive Philosophie entworfen und darin als krönende Wissenschaft die Soziologie – auch der Name stammt von ihm – vorgesehen hat, entdeckt neben der Kooperation der in einer Gesellschaft lebenden Menschen und Gruppen (durch Arbeitsteilung, Austausch usw.) eine Kooperation der Generationen.[1] Indem eine jede Generation die nächstfolgende erzieht und diese wiederum die folgende und so fort, wird nicht nur das soziale Leben erhalten und fortgesetzt, sondern es ergibt sich die geschichtliche Entwicklung der Menschheit. Die lange Kette von erziehenden Eltern und erzogenen Kindern, die wiederum später selbst Kinder erziehen, bringt die Geschichte der Gattung in ihrem sozialen Wesen (weil durch Erziehung und nicht wie bei den Tieren durch bloße Aufzucht) zustande. Über den Tod hinweg verwirklicht sich die Geschichte der Menschheit, und zwar durch jene Prozesse, die wir heute Sozialisation nennen würden bzw. – in ihrer geschichtlichen Relevanz – historische Sozialisation.

---

[1] A. Comte: *Système de politique positive*. Bd. 1, Paris 1851, S. XXXIV. Vgl. W. Fuchs-Heinritz: „Auguste Comte: Die Toten regieren die Lebenden". In: K. Feldmann, W. Fuchs-Heinritz (Hg.): *Der Tod ist ein Problem der Lebenden*. Frankfurt a. M. 1995, S. 24 ff.

Ein zweites Motiv in Comtes Schriften ist eine heftige Polemik gegen jede Duldung der Selbsttötung, im Vergleich zum ersten Thema zwar eher in verstreuten Bemerkungen vorgebracht und weniger dicht entwickelt, aber doch zentral.[2] In keiner Gesellschaft dürfe der Selbstmord erlaubt sein, insbesondere die katholische Tradition habe das immer gewusst und kämpferisch zu erreichen versucht. Der Selbstmord könne nicht toleriert werden, weil die Menschen nicht das Recht haben dürfen, sich nach eigenem Belieben aus dem sozialen Leben davonzumachen. In dem Moment, in dem die Individuen die Möglichkeit zugestanden bekämen, sich den Verpflichtungen und den Regeln des sozialen Lebens durch eigene Entscheidung zu entziehen, sei die Wirkung der sozialen Kontrolle für alle Gesellschaftsmitglieder grundlegend in Frage gestellt. Nur wenn die Individuen den Vorschriften und Regeln der Gesellschaft nicht durch Selbstmord ausweichen könnten, hätten diese Vorschriften und Regeln ein hinreichendes Steuerungspotenzial.

In seiner zweiten Lebenshälfte ist Comte zu einer religiösen Variante seiner Theorie übergegangen und hat eine Kirchengründung betrieben (mit sich selbst als künftigem Oberhaupt). Der Soziologie hat er in diesem Zusammenhang die Aufgabe einer Art praktischer Religionswissenschaft zugewiesen. Kleine Gemeinden von dieser Religionsgründung her (Comtisten) gibt es in Europa bis heute. In Brasilien ist diese Konfession immerhin jahrzehntelang offizielle Staatsreligion gewesen; noch heute führt die brasilianische Nationalflagge die Losung von Comte: Ordem E Progresso (Ordnung und Fortschritt).

Die späteren Soziologen haben diese religiöse Phase im Werk von Comte nicht ernst genommen und die einschlägigen Schriften meist nicht gelesen. Sie haben sich geniert, dass die Begründung ihrer Disziplin in so engem Zusammenhang mit einer Sektengründung stand. Heute führen viele Comte nur noch als denjenigen an, der der Soziologie den Namen gegeben hat, und geben erst der Generation von Durkheim, Simmel, M. Weber die Ehre, die Soziologie als Wissenschaft begründet zu haben. Jedoch finden sich in diesem religiösen Spätwerk von Comte durchaus Gedanken, die für unser Thema relevant sind, insbesondere im Zusammenhang mit Comtes Vorstellung von „Göttlichkeit".

Das als höchstes verehrte Wesen dieses Glaubens ist die „Humanité", die Menschheit.[3] Dieses höchste Wesen besteht jedoch Comte zufolge keineswegs aus der Gesamtheit der je gegenwärtig lebenden Menschen, sondern ganz im Gegenteil gehören ihm Menschen zu, die gelebt *haben*. Diese Gesamtheit der Toten ist deshalb verehrungswürdig, weil sie durch ihre Taten, Leistungen und praktischen Errungen-

---

[2] Z. B. A. Comte: *Soziologie. Bd. 2: Historischer Teil der Sozialphilosophie. Theologische und metaphysische Periode.* Jena 1907, S. 323.
[3] Vgl. W. Fuchs-Heinritz: *Auguste Comte. Einführung in Leben und Werk.* Opladen, Wiesbaden 1998, S. 238 ff.

schaften, durch ihre Erziehung und Liebe für unser Leben die fundamentalen Voraussetzungen geschaffen haben.

Wenn einer von den gegenwärtig Lebenden stirbt, so wird er unter bestimmten Voraussetzungen Teil dieses höchsten Wesens und erlangt somit „subjektive Unsterblichkeit".[4] Nicht jeder wird bei seinem eigenen Tode zur Menschheit, zu der eben auch die Toten gehören, zugelassen, sondern nur diejenigen, die edel und verdienstvoll gelebt haben und an deren Werke und Taten sich die Lebenden dankbar erinnern. Sie erhalten Denkmäler auf ihrem Grab, die Gemeinschaft der Lebenden gedenkt ihrer regelmäßig an bestimmten Festtagen, eventuell aber auch durch tägliche Gebete. Die Verbrecher und andere hingegen, die nicht altruistisch gehandelt haben, werden bei ihrem Tode nicht ins höchste Wesen aufgenommen. Sie werden ohne Grabstein in einem Seitentrakt der öffentlichen Friedhöfe begraben. Die Priester der von Comte ausgedachten Religion werden das Zulassungsverfahren zum höchsten Wesen durchführen.

Lassen wir die Details und die Absonderlichkeiten dieser ausgedachten Religion beiseite, so wird der erste Grundgedanke sichtbar: Die Hoffnung, dass sich die Lebenden an uns dankbar erinnern, wenn wir eines Tages gestorben sein werden, soll unsere Lebensführung vorweg bestimmen. Wir werden uns, so denkt Comte, darum bemühen, altruistisch zu leben und uns für die Gemeinschaft und für die gesellschaftlichen Belange einsetzen, weil wir hoffen, dass unserer eines Tages gedacht werden wird. Eine zentrale Hoffnung auf Fortleben nach dem Tode, die seit der modernen Gesellschaft verbreitet auftritt, wird als Mittel der sozialen Regulation konzipiert.

Der zweite Grundgedanke im religiösen Spätwerk von Comte heißt: „Die Toten regieren die Lebenden".[5] Das höchste Wesen als Insgesamt der (verdienstvollen) Toten bestimmt die Lebensführung der Lebenden, weil sie dazu so viele Voraussetzungen durch ihre Werke und Gedanken, die über die Generationen hinweg weitergegeben werden, bereitstellen. Die meisten praktischen Dinge und Gerätschaften, die wir benutzen, die meisten Gewohnheiten, denen wir folgen, die meisten Gedanken, die wir denken, die meisten Kunstwerke, die wir bewundern, usw. finden wir als Ertrag des Lebens der vor uns Gestorbenen vor. Statt diese Beziehung zu den Toten Tradition, Überlieferung, kulturelles Erbe o. ä. zu nennen, besteht Comte darauf, dass in ihr die Toten die Lebenden regieren (also steuern), und zwar je mehr die Menschheitsgeschichte bzw. die Generationsabfolge voranschreitet und sich also die Überlieferungen und Vorgaben von den Toten her akkumulieren, umso mehr.

Der Begründer der Soziologie oder jedenfalls derjenige, der dieser Wissenschaft den Namen gegeben hat, hat das Thema des Todes intensiv durchdacht und es gera-

---

[4] Z. B. Comte: *Système de politique positive*, a. a. O., S. 140.
[5] Z. B. A. Comte: *Système de politique positive*. Bd. 4, Paris 1854, S. 36.

dezu ins Zentrum seiner Überlegungen gestellt, wenngleich ohne jede empirische Bemühung. Eine solche Zentralität des Themas ist später nie wieder aufgenommen worden.

Émile Durkheim ist der zweite Soziologe, der sich mit dem Tod befasst hat, vor allem in seinem 1897 erschienenen Buch *Der Selbstmord*.[6] Dieses Buch war die erste empirische soziologische Studie, bis heute gilt es für soziologische Analysemethoden bei aller Kritik im Einzelnen als modellhaft. Durkheim hat sich nun nicht für die Selbstmordhandlung, nicht für die Motive oder die biographischen Horizonte, aus denen heraus jemand sich selbst tötet, und auch nicht für die situativen Umstände, in denen eine solche Handlung geschieht, interessiert, sondern allein für die Selbstmordrate, für die durchschnittliche Häufigkeit, mit der in einer bestimmten Region, einer Nation, einer Gruppe usw. Selbstmorde vorkommen. Anhand von Statistiken zeigt Durkheim, dass diese Selbstmordrate nach Region, Nation, Konfession, Geschlecht usw. sehr unterschiedlich ist. Die Ungarn z. B. neigen relativ stark zum Selbstmord, die Franzosen jüdischen Glaubens relativ wenig. Solche Unterschiede sind über Jahrzehnte hinweg recht stabil. Deshalb fasst Durkheim die Selbstmordrate als Wahrscheinlichkeit, dass sich Mitglieder einer Gruppe, Nation usw. selbst töten, wie eine Eigenschaft dieser Gruppe auf, wie einen von der Gruppe ausgehenden Druck auf ihre Mitglieder, Selbstmord zu begehen. Umgekehrt kann er Sozialitätsformen identifizieren, die die Menschen davon abhalten, Selbstmord zu begehen, z. B. die Ehe, die Familie, die Eingebundenheit in eine Glaubensgemeinschaft.

Durkheims Buch wird man als Versuch verstehen müssen, an einem abgelegenen, der Soziologie nicht gerade kongenialen Thema, das man ja sonst eher dem Aufgabenbereich der Psychologie zuordnen würde, die Analysekraft der von ihm entworfenen Soziologie vorzuführen. Nicht der Selbstmord wird so eigentlich Gegenstand, sondern die als Eigenschaft einer Gruppe konzipierte Tendenz, dass sich ihre Mitglieder selbst töten. Ähnlich wie die Demographie etwa die Gründe für eine unterschiedlich lange Lebensdauer in Merkmalen von Gruppen sucht, kann nun die Soziologie nach den Gründen für die Selbstmordrate in Gruppenmerkmalen forschen. An dem sonst als höchst individuell und hauptsächlich als seelisch verursacht gedachten Vorgang des Selbstmords will Durkheim zeigen, wie Kräfte der Gruppen wirksam sind. Jedoch ist gerade diese Wendung, dass nämlich die Selbstmordbereitschaft eine variable Eigenschaft der sozialen Gruppen ist, in der Rezeption seiner Studie selten beachtet worden; ein Anstoß jedenfalls zur Thematisierung von Tod und Sterben in der Soziologie ergab sich von hier aus nicht.

---

[6] É. Durkheim: *Der Selbstmord.* (1897) Frankfurt a. M. 1983.

Georg Simmel hat sich in seiner philosophischen Spätschrift *Lebensanschauung*[7] mit der Endlichkeit des Lebens befasst. Der Tod forme unser ganzes Leben, heißt es dort, in jedem Momente unseres Lebens seien wir Sterbende. Mit Tod ist dabei aber nicht der Tod als Skelett, als Parze, als Folge drohender Gefahr o. ä. gemeint, sondern die Begrenzung aller unserer Pläne und Entwürfe durch ein begrenztes Leben. Von Kind auf sind wir es gewohnt, unsere Absichten und Wünsche auf ein endliches Leben hin zu entwerfen. Wir leben nicht wie Götter, sondern ziehen eine prinzipiell begrenzte Zeit der Lebensentwicklung immer mit in Betracht (auch im Hinblick auf die Kräftigkeit der Lebensentwicklung). Als Horizont ist uns das endliche Leben in allem, was wir tun und denken, mitgegeben.

Indem wir nun in Rücksicht auf die Endlichkeit unseres Lebens handeln und denken, entwickeln wir die je besondere Gestalt unserer Persönlichkeit. Die Individualität ist gewissermaßen die andere Seite der Tatsache, dass wir unser Handeln, Denken und Wünschen auf eine endliche, wenn auch nach ihrer Dauer nicht bekannte Zeit einrichten. Umgekehrt heißt das, dass das Todesproblem überhaupt nur in solchen soziokulturellen Epochen auftritt, in denen es entwickelte Individualität gibt. In den so genannten primitiven Gesellschaften, in denen es eine entwickelte Individualität nicht gegeben hat, gab es im Grunde auch nicht das Todesproblem. Simmel steigert diesen Gedanken bis zur Konsequenz, dass nur richtig gestorben werde, wenn der Verlust der Individualität als Gefahr gegeben ist (in den archaischen Gesellschaften also nicht). Mit einem Bild sucht er diese Überlegung zu verdeutlichen: Wenn eine antike Statue im Garten zerbricht, so haben wir ein viel intensiveres Gefühl, dass etwas auf immer zugrunde gegangen ist, als wenn ein Blumentopf zerbricht.

Auf die weitere Entwicklung der Soziologie hatten diese Überlegungen Simmels zum Zusammenhang von Tod und Individualität wenig Einfluss. Seine Spätschriften sind so gut wie nicht gelesen worden. Einen empirischen Zugang zum Thema hat Simmel nicht angeregt. Überhaupt ist sein Werk ja erst seit den 1970er Jahren neu entdeckt worden und hat zuvor kaum Leser gefunden.

2. Einflüsse der 1960/70er Jahre (Parsons, Strauss)

Allgemein viel einflussreicher ist Talcott Parsons gewesen, auch durch seine Überlegungen zum Thema Tod in mehreren Aufsätzen des späten Werkes.[8]

---

[7] G. Simmel: „Lebensanschauung". (1918) In: *Gesamtausgabe*. Bd. 16. Frankfurt a. M. 1999, S. 209-425.

[8] T. Parsons: „Illness and the Role of the Physician". In: M. Kluckhohn (ed.): *Personality in Nature, Society and Culture*. New York: Knopf 1953; ders.: „Social Change and Medical Organisation in the

Parsons geht grundsätzlich davon aus, dass es unterhalb des Sozialen ein biologisches Substrat gibt, nämlich das biologische Leben als Fundament des sozialen Systems. Diesen Sachverhalt müsse die Soziologie immer mit bedenken. Denn dieses Substrat hat den entwicklungsgeschichtlichen und soziokulturellen Sinn, dass der Tod der Individuen Erneuerung, Innovation, sozialen Wandel möglich macht. Einen ähnlichen Gedanken hatte ja schon Comte ausgesprochen: Dass die Menschen einander in der Generationsfolge ablösen, ist die Grundbedingung für die Entwicklung von Kultur und Gesellschaftsgeschichte.

Vielleicht wichtiger noch: Im Zusammenhang mit seinen professionssoziologischen Studien hat sich Parsons mit der Situation der Kranken im Krankenhaus und mit den sie behandelnden Ärzten beschäftigt. Kranksein bedeute in der modernen Gesellschaft, zur normalen Ausübung von sozialen Rollen nicht (vollständig) fähig zu sein. Krankheit ist so etwas wie ein Mangel an Rollenkompetenz, besser: an Rollenbefähigung. Die Ärzte haben die Aufgabe, diese Rollenbefähigung der Kranken wiederherzustellen. Die Sterbenden nun tun so, als ob sie Kranke wären, und die Ärzte behandeln sie so, als ob sie Kranke wären. Das führt zu weit reichenden Missverständnissen, insbesondere dazu, dass der Arzt dem Sterbenden auch dann noch medizinische Hilfe und Rehabilitationsmaßnahmen zuteil werden lässt, wenn es für die Verlängerung der Lebensdauer keinen Sinn mehr hat, und dass er den Tod des Patienten als seine Niederlage erlebt. Die Fassung des Problems, Sterbende seien wie Kranke zu behandeln, lässt die Sterbenden wie störrische Kranke erscheinen, die sich gewissermaßen nicht mehr gesund machen lassen wollen. Entsprechend werden sie eventuell von den Ärzten behandelt. Dies sei, so Parsons, keine sinnvolle institutionelle Rahmung. Mit diesem Gedanken, dass in den Krankenhäusern ein Missverhältnis zwischen den heilenden Berufen und den Sterbenden besteht, lenkt er als einer der Ersten die Aufmerksamkeit auf ein Problem innerhalb der Institution Krankenhaus und innerhalb der professionellen Pflichten des Arztes, das uns inzwischen gut bekannt ist. Übrigens hat Parsons mit diesem Gedanken die Entwicklung der neuen Disziplin Pflegewissenschaft, die aus den Vereinigten Staaten von Amerika stammt, unterstützt.

Erst in den 1960er Jahren hat das Thema Tod und Sterben in der Soziologie stärkere Beachtung gefunden, und zwar ziemlich gleichzeitig in der deutschen, der französischen und der amerikanischen.

United States: A Sociological Perspective". In: *The Annals of the American Academy of Political and Social Science* 346 (1963), S. 21-33; ders.: „Death in American Society: A Brief Working Paper". In: *The American Behavioral Scientist*, Mai 1963, S. 61-65. Vgl. auch K. Feldmann: „Leben und Tod im Werk von Talcott Parsons". In: ders., W. Fuchs-Heinritz (Hg.): *Der Tod ist ein Problem der Lebenden*, a. a. O., S. 140-172.

Als Beispiel seien die Arbeiten des amerikanischen Soziologen Anselm Strauss genannt. Er kann der Strömung des Symbolischen Interaktionismus zugerechnet werden und trägt die Idee vor, dass das Sterben eine Statuspassage ist, nachdem er intensiv in Krankenhäusern geforscht und den Umgang der Ärzte, Pfleger und Krankenschwestern mit den Sterbenden und die Rolle der Familienangehörigen und Freunde dabei beobachtet hat.[9] Statuspassage bezeichnet in den Sozialwissenschaften ganz allgemein den Übergang von einem sozialen Status zu einem anderen. Diesen Begriff aufs Sterben anzuwenden, wirkt auf den ersten Blick kurios, denn das Sterben führt zwar aus einem bisherigen Status heraus, aber danach kommt kein neuer Status (jedenfalls kein irdischer). Andererseits ist der Begriff aber sehr geeignet, um das Sterben als Prozess beschreibbar zu machen, z. B. wie der Sterbende zunächst vielleicht nur ahnt, dass es mit ihm bald zu Ende gehen wird, wie er nach Anzeichen sucht, um sich eine zuverlässige Kenntnis über seinen Zustand zu verschaffen, wie einerseits die Ärzte und das Pflegepersonal, andererseits die Verwandten und die Freunde Informationspolitik betreiben, um ihn zu schonen, um dem unangenehmen Thema aus dem Weg zu gehen, oder ihn mit realistischen Informationen versehen. Für diese Vorgänge des ungleichmäßigen Wissens über den Sterbevorgang und ihre Bedeutung hat Strauss das erste Mal den empirischen Blick geöffnet. Darin war er sehr anregend für die weitere Forschung; bis heute wird an einschlägigen Studien gearbeitet.

Strauss hat die beobachteten Wissenskonstellationen zwischen dem Sterbenden, dem Krankenhauspersonal und den Angehörigen und Freunden in einem theoretischen Konzept gefasst: Bewusstheitskontext (*awareness context*). Bewusstheitskontexte sind Varianten davon, wer in einer Interaktionskonstellation wann was über den Fortgang des Sterbens des Sterbenden weiß. Dieses Konzept ist übrigens auch geeignet, ganz andere Konstellationen als den Sterbeprozess aufzuschließen (z. B. Doppelleben, verdeckter Agent, Untreue in der Ehe).

Ein zweiter Bereich, durch den die Soziologie den Tod mindestens indirekt behandelt, ist die Soziologie des Lebenslaufs, die sich etwa seit den 1960er Jahren und verstärkt dann in den 1970er Jahren entwickelte. Sie hat die Feststellung vorgetragen, dass es einen „normalen Lebenslauf", von dem wir als Orientierungsrahmen im Alltag selbstverständlich ausgehen, überhaupt erst seit der modernen Gesellschaft gibt.[10] Mehrere Gründe werden dafür angeführt:

---

[9] Vor allem A. Strauss: *Awareness of Dying*. Chicago: Aldine 1965.
[10] Zum Überblick: M. Kohli: „Thesen zur Geschichte des Lebenslaufs als soziale Institution". In: Ch. Conrad, H.-J. Kondratowitz (Hg.): *Gerontologie und Sozialgeschichte*. Berlin 1983, S. 133-147; ders.: „Die Institutionalisierung des Lebenslaufs. Historische Befunde und theoretische Argumente". In: *Kölner Zeitschrift für Soziologie und Sozialpsychologie* 37/1 (1985), S. 1-29.

Erstens: In früheren Gesellschaften hatten keineswegs alle Menschen die Chance, bis ins Alter zu leben. Die Epidemien, die Säuglingssterblichkeit, die hygienischen Verhältnisse und die der Gesundheitsvorsorge sowie die dauernden Kriege ließen z. B. im Mittelalter die meisten Menschen weit vor ihrem Greisenalter sterben. Erst seit etwa 1850 wird aufgrund der veränderten Hygiene, der erneuerten Medizin, der veränderten Lebensgewohnheiten und einer durchdachteren Ernährung so etwas wie eine Erwartung möglich und normal, einen vollständigen Lebenslauf durchleben zu können. Erst jetzt können alle hoffen, die biologischen Ressourcen ihres Lebens bis ans Ende ausleben zu können.

Zweitens: Der Lebenslauf, der jetzt biologisch für fast alle möglich geworden ist, wird nun sozial organisiert. Das Modell dafür, das eine Abfolge von Lebensaltersstufen vorsieht, war natürlich schon lange bekannt und ist immer wieder allegorisch dargestellt worden. Aber erst seit dem 19. Jahrhundert entstehen die verschiedenen „Lebenslaufinstitutionen", die die Menschen nacheinander durchlaufen und die zusammen eine Verlaufsorganisation des Lebens bilden: Kindergarten, allgemeinbildende Schule, Berufsausbildung, Berufstätigkeit, staatlich garantiertes Rentnerdasein. Zum ersten Mal also garantiert die Gesellschaft für (fast) alle einen Lebenslauf als Abfolge der Lebensabschnitte und der darauf bezogenen Institutionen, vom Baby-Schwimmen bis zum Pflegeheim.

Drittens: Dieser sozial organisierte Lebenslauf wird durch Altersnormen und Mündigkeitsalter in sich chronologisch geordnet. Vorschriften, in welchem Alter man welche Stufe erreicht haben sollte bzw. welche Pflichten dann gelten, und Vorschriften, von welchem Lebensalter an man welche Rechte nutzen kann, ordnen den Durchgang der Menschen durch die Lebensabschnitte und die ihnen zugeordneten Institutionen zum Teil detailliert. Man denke an die Vorschriften, ab wann man Alkohol trinken, allein ausgehen, den Führerschein machen, heiraten, an Wahlen teilnehmen darf, oder an die Regeln, in welchem Alter man die Berufstätigkeit beenden darf bzw. muss. So ordnet die moderne Gesellschaft den Lebenslauf für alle zum Teil sehr genau, so dass die Individuen wie durch einen Parcours hindurchgeführt werden und in jedem Stadium die künftigen Schritte vor sich sehen können. Wie auch immer – der Lebenslauf gewinnt auf diese Weise Normalität. Wir alle rechnen gewöhnlich damit, diesen Parcours bis zu Ende durchlaufen zu können.

Wie kommt nun der Tod in diesem normalisierten Lebenslauf vor? Zunächst als (unbestimmbare) Grenze, denn alle wissen, dass der Lebenslauf eines Tages aufhören wird. Zweitens bildet der Tod insofern ein Strukturierungsmoment, als ja die soziale Organisiertheit dieses Lebenslaufs sich an der Sterblichkeit der Individuen orientiert, den Weg hin zum Tode ordnet. Die auf bestimmte Lebensabschnitte bezogenen Institutionen folgen in einer bestimmten Reihenfolge aufeinander. Sie können ihre Sequenzstelle nicht beliebig verändern (der Kindergarten folgt nie auf das Altersheim, jedoch kann neuerdings sehr wohl ein Studium im höheren Lebensalter aufgenommen werden). Durch diese Einsichten hat die Soziologie des Lebenslaufs erheblich zur Bedeutung des Themas Tod in der Soziologie beigetragen.

Ein dritter Arbeitsbereich seit den 1960er Jahren beschäftigt sich mit den Vorstellungen und Einstellungen zu Tod und Sterben.[11] Hierbei geht es direkt oder indirekt meist um die Frage, ob die heute Lebenden die Endlichkeit ihres Lebens abschatten, ob sie den Tod verdrängen. Mehrfach ist versucht worden nachzuweisen, dass die säkularisierten Todesbilder keineswegs auf eine Verdrängung des Todes zurückgehen, wie das Theologen und Kulturkritiker seit den 1950er Jahren behauptet hatten, sondern dass sie den modernen Lebensverhältnissen in gewisser Hinsicht angemessen sind. Weil die Todeserfahrung nicht mehr das ganze Leben begleitet, sondern wegen der oben skizzierten modernen Lebenslaufbedingungen eine typische Erfahrung des Alters geworden ist, sei es nicht verwunderlich, dass die Menschen nicht dauernd an den Tod denken, dass sie das „Memento mori" aus ihrem Gesichtskreis schieben. Wenn (fast) alle damit rechnen können, im höheren Alter zu sterben, und wenn die soziale Ordnung des Lebenslaufs daraufhin gebaut ist, dann verblasst die Vorstellung, permanent in Konfrontation mit der Sterblichkeit leben zu müssen.

Wenn man diese Stationen der Thematisierung des Todes durch die Soziologie überblickt, dann lässt sich sehen, dass – abgesehen von Comte ganz am Anfang der Disziplin – eine zentrale Bedeutung der Problematik nie erreicht worden ist. Natürlich ließen sich durch gründliches Suchen viele einzelne „Stellen" dokumentieren. Aber weder für die Allgemeine Soziologie noch für einzelne Theorien der Gesellschaft hat der Gegenstand Sterben und Tod große Bedeutung. Das Sterben im Krankenhaus wurde erst seit den 1950er Jahren ein Diskussionsthema, ein entschieden empirisches Verhältnis zum Gegenstand wurde überhaupt erst seit den 1960er Jahren erreicht. Der Begriff „Thanatosoziologie" ist bis heute ein Programmbegriff, der nicht einmal besonders oft benutzt wird. Die Soziologen und Soziologinnen in Deutschland, die sich heute regelmäßig mit Tod und Sterben befassen und dazu publizieren, kann man fast an zwei Händen abzählen. Dazu fehlt ihnen jede Verankerung in einem Fachverband, es gibt (anders als in Großbritannien z. B.) keine einschlägige Zeitschrift, keine Buchreihe, keine Tagungsreihe.

Dazu fallen im Spektrum der Thematisierung große Lücken auf: Die Massenmorde des 20. Jahrhunderts haben die Soziologie kaum interessiert, ebenso wenig die Weltkriege. Die moderne Gesellschaft oder die Modernisierung als Prozess werden zwar keineswegs als konfliktlos angesehen; aber dass Tod und Sterben aufgrund gesellschaftlicher Gewalt zu ihnen gehören, wird in der Disziplin gewöhnlich ver-

---

[11] Vgl. A. Hahn: *Einstellungen zum Tod und ihre soziale Bedingtheit. Eine soziologische Untersuchung.* Stuttgart 1968; W. Fuchs: *Todesbilder in der modernen Gesellschaft.* Frankfurt a. M. 1969.

nachlässigt. Auch die neueren Probleme, die mit der gewachsenen medizinisch-technischen Verfügung über Leben und Tod (Hirntod, Transplantation, Sterbehilfe, pränatale Diagnostik usw.) entstanden sind, haben die Soziologie bislang kaum interessiert. Zusammengenommen wird man also den soziologischen Diskurs über Tod und Sterben und auch über die technische Verfügung über den Tod als ausgesprochen zögernd kennzeichnen können.

Vielleicht ist dieser Tatbestand nicht kontingent, vielleicht hängt er mit der grundlegenden Denkform der Soziologie zusammen. Vielleicht lässt sich die Zögerlichkeit des Diskurses nicht vom Thema Sterben und Tod her klären, sondern indirekter aus dem Kern des soziologischen Denkens. Nun ist es gewiss ein halsbrecherisches Unternehmen, den grundlegenden soziologischen Denkansatz in kurzen Abschnitten skizzieren zu wollen – es sei dennoch mit allen Vorbehalten versucht.

3. Einige Grundannahmen soziologischen Denkens

Die Soziologie geht davon aus, dass es in der Wirklichkeit das Soziale gibt. Gleichgültig, ob als abgrenzbarer Seinsbereich, ob als Kraftfeld, als Konstellation von Strukturen oder als Interaktionszusammenhang aufgefasst – dieses Soziale bestimmt das Leben der Individuen. Es gilt als dem Staat, der Politik, der Nation, der Geschichte, den Territorialverbänden, den Sprachgemeinschaften, der Abstammungsgruppe, der Familie, der Religionsgemeinschaft usw. sozialontologisch vorgeordnet, es gilt gegenüber allen diesen Kollektiven, in denen sich die Menschen sonst zu Hause fühlen, als prioritär. Das ist gewissermaßen der erste Glaubensartikel der Soziologie.

Der zweite lautet ungefähr so: Das Soziale entwickelt sich relativ kontinuierlich durch die Zeit hindurch, es hat im Grunde keinen rechten geschichtlichen Charakter. Denn Katastrophen, große Umbrüche und Krisen, gar Zusammenbrüche liegen nach soziologischer Sichtweise gewissermaßen auf einer nachgeordneten Ebene, der der Gesellschaftsformationen, der Politik, der Staatlichkeit, der Wirtschaftsformen, der Kultur o. ä. Das Soziale hingegen wird als in relativ kontinuierlicher Entwicklung befindlich angesehen, oft auch als einigermaßen zielstrebig und als insgesamt friedlich: als Modernisierung, als industrielle Gesellschaft, als soziokulturelle Evolution o. ä.

Dritter Glaubensartikel: Im Sozialen (als Kerngegenstand der Soziologie) kommen die Individuen nur als eine Vielzahl individueller Leben vor, als Vielzahl von individuellen Epochen zwischen Geburt und Tod. Das individuelle Leben wird nicht aufgefasst als Leben in der Gemeinschaft der Christen in der Verantwortung vor Gott oder im Hinblick auf den Jüngsten Tag, nicht als Leben in der Hoffnung auf

Erlösung nach dem Tode oder im Hinblick auf ein anderes Schicksal der Seele nach dem Tode, sondern immer nur als je individuelle Epoche zwischen Geburt und Tod.

Es ist nicht schwer zu sehen, dass diese Grundannahmen der Soziologie eine radikale Verweltlichung des Todes implizieren, besser: eine Immanentisierung des Todes. Der Tod kann überhaupt nur noch als Moment des weltlichen Lebens verstanden werden. Der Gedanke hinter dieser Grundauffassung ist natürlich die Idee, dass eine vernünftige Gestaltung der Gesellschaft nur zustande kommen könne, wenn die Gesellschaftsmitglieder ihr Handeln nicht mehr religiös herleiten, sondern die Mitgliedschaft in der Glaubensgemeinschaft kündigen oder mindestens für weithin handlungsirrelevant ansehen, die Hoffnung auf die Wiederkehr Christi aufgeben, ihr Tun allein auf die Gestaltung einer als weltlich begriffenen Gesellschaft ausrichten.

4. Paradoxien und Lösungsansätze

Wenn man diese Überzeugungen im Hinblick auf Tod und Sterben ausbuchstabiert, ergibt sich Folgendes: Das individuelle Leben soll seinen Sinn und seine Erfüllung in sich selbst finden bzw. herstellen. Der Tod ist nichts als das Ende dieser Tätigkeit, der Suche nach und der Produktion von Lebenssinn. Diese Auffassung klingt sehr plausibel, aber hauptsächlich deshalb, weil wir im Alltag gewöhnlich auch so denken und sprechen. Genau besehen ist diese Auffassung hochkompliziert: Das Leben soll einerseits genutzt werden zur Produktion von Lebenssinn, während es doch andererseits mit einem nach Zeitpunkt, Umständen und Art nicht absehbaren Tod enden wird. Wie also soll das Leben seinen Sinn finden und selbst produzieren, wenn es nicht weiß, wann und wie es sich selbst wieder verlieren wird? Der Vorschlag, angesichts einer unberechenbaren Endlichkeit des Lebens nach dem Sinn dieses Lebens zu suchen, wirkt genau besehen ratlos.

Diese innere Ratlosigkeit zum Thema prägt keineswegs nur die Soziologie, sondern auch weithin die im Alltag vorherrschenden Interpretationen seit Beginn der Neuzeit. In seiner Untersuchung über die bürgerliche Weltanschauung im Frankreich des 16., 17. und 18. Jahrhunderts hat Bernhard Groethuysen[12] herausgefunden, dass der Tod fremd und widerspruchsvoll bleibt inmitten der Weltanschauung der sich etablierenden bürgerlichen Klasse, die sich ganz auf die Autarkie der Lebenswerte gründet. Wenn das Leben auf dieser Welt für selbständig und in sich selbst begründet gelebt werden soll, wie kann dann noch der Tod begriffen werden?

---

[12] B. Groethuysen: *Die Entstehung der bürgerlichen Welt- und Lebensanschauung in Frankreich.* 2 Bde. Halle an der Saale 1927 und 1930.

An diese widerspruchsvolle Lösung der Soziologie wie des modernen Alltagsdenkens, dass nämlich das Leben sinnhaft gelebt werden soll, ohne dass man weiß, warum, wann und wie dieser Sinn wieder zerfallen wird, können zwei miteinander verbundene Fragen gerichtet werden: Wie soll das Individuum mit dieser problematischen Deutung leben? Was bietet die Kultur an Deutungsmustern und Strukturvorgaben, um diese Lebensdeutung akzeptabel zu machen? In einem ersten Überblick können fünf soziokulturelle Deutungsmuster identifiziert werden, die dazu beitragen, dass die genannte Konstellation von den Individuen gelebt werden kann, ohne dass permanent ihre innere Problematik spürbar wird und das eventuell die Lebensführung irritiert.

Die erste Lösung heißt: Das Kollektiv, die Gesellschaft, ist unsterblich und nimmt die Leistungen der Individuen dankbar erinnernd in sich auf. Diese Lösung ist in der Renaissance zum ersten Mal ausformuliert worden, von Petrarca und anderen. Aber auch in den soziologischen Konzepten von Entwicklung, Fortschritt, Modernisierung, Zivilisation usw. ist dieser Gedanke enthalten, insofern darin alle neueren Entwicklungen auf die Vorleistungen der Toten zurückgreifen. Das Kollektiv also gilt als unsterblich, es bedient sich der Leistungen der Toten und erinnert sich ihrer dankbar.

Das entsprechende soziale Gedächtnis an die Toten ist in unserer Kultur vielfach institutionalisiert. Fast jeder Vorname erinnert an einen großen Toten, auch viele Namen von Straßen und Plätzen tun das. Feiertage, Denkmäler, Museen, Archive und Sammlungen erinnern an die bedeutenden Vorfahren. In Geschichtsbüchern wird der Künstler, Entdecker, Erfinder, Staatsmänner usw. gedacht. Bibliotheken bewahren die Schriften von wissenschaftlichen und anderen Autoren auf; indem wir deren Gedanken und Forschungsergebnisse weiter benutzen und für relevant erachten, nehmen wir ihre Leistungen auf. Viele Menschen haben zu Hause kleinere Sammlungen von Aufzeichnungen der Eltern oder Großeltern, Fotografien, Briefe usw. Jedoch ist dieses soziale Gedächtnis, durch das das unsterbliche Kollektiv die Leistungen der sterblichen Individuen aufbewahrt, sozial selektiv: Es erinnert sich kaum der „durchschnittlichen" Individuen, die nicht durch eine beachtenswerte Leistung (oder durch eine große Missetat) hervorgetreten sind.[13] Hier dürfte sich eine Grenze der Tröstungsleistung dieser Lösung abzeichnen.

Eine zweite Lösung in den soziokulturellen Deutungen der Problematik, wie das Leben Sinn gewinnen soll im sicheren Wissen, dass es zu Ende gehen wird, ist das seit der Aufklärung mehr oder weniger deutliche Versprechen, der Tod werde eines

---

[13] Vgl. W. Fuchs-Heinritz: „Die zerbrochene Vase, der zerbrochene Blumentopf. Überlegungen zur Ungleichheit der Toten im sozialen Gedächtnis". In: U. Becker, K. Feldmann, Fr. Johannsen (Hg.): *Sterben und Tod in Europa*. Neukirchen-Vluyn 1998, S. 128-134.

Tages abgeschafft werden können. Ausdrücklich hat das Condorcet[14] formuliert, aber auch neuere Autoren haben es ausgesprochen, z. B. Ernst Bloch, der den Tod nicht für ein endgültiges Schicksal des Menschen hält, weil (vor dem Sozialismus) noch nicht alle Möglichkeiten der Gattung ins Sein getreten sind.[15] Es spricht einiges dafür, dass dieses Versprechen in der Medizin und bei den Ärzten als „medizinische Utopie" wirksam ist. Und auch die verbreiteten Hoffnungen, besonders schlimme und besonders unerwünschte Krankheiten würden eines Tages heilbar sein, enthalten möglicherweise die Hoffnung, dass die Menschen eines Tages nicht mehr sterben müssen.

Drittens könnte die Kultur darauf setzen, dass die Menschen, wiewohl sie wissen, dass ihr Leben und ihr Lebenssinn eines Tages zu Ende gehen werden, zwischendurch ganz frohgemut sein können. Das nennt Max Scheler – anthropologisch verallgemeinert – den „metaphysischen Leichtsinn"[16] der Menschen. Wenn die Menschen tanzen, singen und lachen, vergessen sie eine Zeit lang, dass es mit ihnen und ihrem Lebenssinn zu Ende gehen wird. Diese Lösung hat unsere Kultur gleichfalls vielfach institutionalisiert, nämlich durch gesellige Veranstaltungen, durch die Urlaubs- und Freizeitangebote, durch die Erlaubnis zum Alkoholgebrauch und durch eine Vielzahl anderer Möglichkeit, aus der Zugkraft des Lebensablaufs eine Zeit lang in „künstliche Paradiese"[17] auszuweichen.

Viertens könnte die Kultur darauf setzen, dass die Individuen schon von sich aus mit der Problematik zurechtkommen werden und mittels ihrer eigenen Phantasien und Sinnressourcen je individuelle Lösungen dafür finden werden, dass ihr Lebenssinn auf Endlichkeit gebaut ist. Der klassische Vorschlag der Neuzeit hierzu ist der, eine Autobiographie zu schreiben und einen biographischen Sinnzusammenhang für die bisherige Lebensführung auszuarbeiten, weil die Stoffe, aus denen der autobiographische Sinn konstituiert werden soll, strikt aufs individuelle Leben zwischen Geburt und Tod beschränkt sind. Darüber hinaus spricht heute vieles dafür, dass die Menschen sich aus gegebenenfalls sehr unterschiedlichen religiösen und philosophischen Überlieferungen individuelle Todesbilder basteln. Umfragen zufolge glaubt ein bemerkenswerter Anteil der Christen heute an die Reinkarnation, also an eine ganz und gar unchristliche Idee. Die christliche Überlieferung vom Leben nach dem Tode wird selbst von den Kanzeln herab kaum noch dargelegt. Synkretismen aus Christentum, Buddhismus, Hinduismus, Spiritismus, Materialismus usw. kann man

---

[14] J. A. N. de Condorcet: *Entwurf einer historischen Darstellung der Fortschritte des menschlichen Geistes*. (1794) Frankfurt a. M. 1976.
[15] Vgl. E. Bloch: *Das Prinzip Hoffnung*. (1938-1947) Bd. 1. Frankfurt a. M. 1959, S. 539 ff.
[16] M. Scheler: „Tod und Fortleben" (1911-1914). In: *Schriften aus dem Nachlaß. Bd. 1. Zur Ethik und Erkenntnislehre*. Bern ²1957, S. 28.
[17] So A. Hahn: *Soziologie der Paradiesvorstellungen*. Trier 1976, S. 55.

in jedem Bio-Laden, in jedem Reformhaus und in jeder Esoterik-Abteilung der Buchhandlungen finden. Die Todesbilder haben zunehmend individualisierten Charakter.

Die fünfte Lösung dafür, wie damit umgegangen werden könnte, dass die Menschen endlich sind, aber bis zu diesem Ende ihren eigenen Lebenssinn entwickeln sollen, ist das, was oben mit Institutionalisierung des Lebenslaufs angesprochen wurde. Das Kollektiv überlebt die Individuen und nimmt deren biologischen Lebensgang sozial in die Hand, das Kollektiv organisiert geradezu den biologischen Lebensbogen. Hierin ist mehrerlei impliziert: Die Menschen haben gewissermaßen ein verbrauchbares Reservoir an Lebenskräften, das aus biologischen Gründen irgendwann an sein Ende kommt. Dieses Reservoir an Lebenskräften soll nach Möglichkeit vollständig ausgelebt werden, vorzeitige Todesfälle sollen sozial vermieden werden. Spätestens seit dem 19. Jahrhundert haben sich die Gesellschaften (jedenfalls in Friedenszeiten) außerordentlich angestrengt, den vorzeitigen Tod zu verhindern und allen Lebenssicherheit zu garantieren. Diejenigen, die durch Unfall oder plötzliche Krankheit in Lebensgefahr geraten, müssen nach Möglichkeit gerettet und rehabilitiert werden, damit sie ihre natürlichen Lebenskräfte gegebenenfalls ausleben können.

Die Gesellschaft strengt sich sehr an, den Tod zu einem Vorfall zu machen, der möglichst nur im höheren Alter geschieht. Dazu gehört natürlich auch, dass die Institutionalisierung des Lebenslaufs seit dem 19. Jahrhundert eine arbeitsfreie Altersphase garantiert. In dieser sind die Menschen von den Arbeitsrollen entlastet und können ihre verbliebenen oder jetzt auch wieder besseren Lebenschancen ergreifen, bis dann eben das Ende kommt. Auch hat die Gesellschaft große Anstrengungen gemacht, das Sterben zu begleiten. Die mobilen Pflegekräfte, die Alters- und Pflegeheime, die ärztlichen Notdienste, die Rettungswagen und andere Einrichtungen greifen ständig ein, um das Sterben nicht allein geschehen zu lassen, sondern mit Rat und Tat zu begleiten oder gegebenenfalls aufzuhalten.

In der Folge und mittels der Institutionalisierung des Lebenslaufs hat die Gesellschaft unseren Lebensgang in ihre Obhut genommen, in gewisser Weise organisiert sie unsere Sterblichkeit. Dadurch ist ein einigermaßen voraussehbarer Lebensgang entstanden, an dessen Ende allerdings immer noch der Tod steht. Diese soziale Organisation von Tod und Sterben kann den vorzeitigen Tod verhindern bzw. ihn ins hohe Alter hinausschieben, aber sie kann den Zusammenhang von Leben und Tod nicht deuten. Sozialpsychologisch gefasst: Seit der Kindheit bekommen die Menschen eine Fülle von Ratschlägen mit auf den Weg, wie sie Identität und Lebenssinn aufbauen und gestalten können, aber sie bekommen keinen einzigen Rat, wie sie das wieder abgeben bzw. verlieren sollen. Es gibt in der modernen Gesellschaft keine *ars moriendi,* niemand wird durch soziokulturelle Vorgaben auf die Endlichkeit von Leben und Lebenssinn vorbereitet. Der Weg hin zum Tode wird zwar sozial vielfältig organisiert und begleitet, aber das erbringt keine Deutung, sondern bestenfalls eine prozedurale Ordnung. Zusammengefasst: Die moderne Gesellschaft nimmt die Lebenskräfte der Menschen in ihre Obhut und organisiert sie als Lebenslauf. Dieser wird durchorganisiert und geleitet bis an sein Ende. Allerdings geschieht dies ohne eine plausible abschließende kulturelle Sinndeutung.

Die soziale Organisation des Lebenslauf bis zu seinem Ende hat übrigens ein paar Voraussetzungen für ihr Funktionieren, insbesondere die, dass die Individuen es auch wollen oder sich mindestens fügen müssen, dass Lebenslaufinstitutionen ihren Lebensgang führen. Sie dürfen nicht verzweifeln angesichts der Tatsache, dass der Tod kulturell nicht mehr gedeutet ist, sie müssen sich freiwillig oder wenigstens widerstandslos in die entsprechenden Prozeduren begeben. Sie sollten nach Möglichkeit nicht Selbstmord begehen oder alle ihre sozialen Pflichten von sich werfen, wenn sie die Diagnose einer schweren Krankheit erhalten. Sie sollten im sicheren Wissen, nur noch kurze Zeit leben zu können, keinen Rachegelüsten nachgeben oder jene bizarren Taten begehen, von denen sie immer schon phantasiert haben. Sie sollten in den einschlägigen Institutionen nicht auffällig werden, keine Querulanten oder „Problemfälle" für das Personal sein. Nach allem Überblick bringen die allermeisten Menschen diese institutionell verlangte Gemütsruhe auf, vielleicht, weil sie die soziale Geordnetheit des Geschehens schon lange Jahre vor sich gesehen und sich an die Führung durch Lebenslaufinstitutionen gewöhnt haben. Also: Wiewohl die Sterblichkeit nicht kulturell gedeutet, sondern nur prozedural geführt werden kann, bleiben große Aufwallungen fast ganz aus.

Es steht zu vermuten, dass in erster Linie die Institutionalisierung des Lebenslaufs dafür verantwortlich ist, dass die Menschen die unvollständige Deutung der Todesproblematik in der modernen Gesellschaft ganz gut aushalten. Die anderen Lösungen, die oben angeführt wurden (Hoffnung auf Abschaffung des Todes; Hoffnung auf Aufnahme ins soziale Gedächtnis; Pausen durch Beschäftigungen, die die Zugkraft des Lebensgangs unterbrechen; individualisierte Todesbilder), dürften Hilfsfunktionen haben, um die Problematik lebbar zu machen.

Sozial wie soziologisch also scheint das wichtigste Problem nicht das der technischen Verfügung über den Tod zu sein, sondern das der sozialen „Verwaltung" der Endlichkeit, bei der eine verbindliche kulturelle Deutung ausbleibt. Die Sterblichkeit der Menschen kann nach dem Verblassen der religiösen Deutungen nicht mehr erklärt, sondern nur noch prozedural organisiert werden. Dennoch scheint das außerordentlich normalisierend zu wirken; es beruhigt offenbar die allermeisten Menschen und fordert die Soziologie nicht zu intensiverer Befassung heraus. Diese Konstellation verlangt zwar keine technische Verfügung über den Tod, stellt aber eventuell günstige Bedingungen für sie bereit: Ist erst einmal der Weg durch das Leben durch die Abfolge der Lebenslaufinstitutionen geordnet, ist erst einmal die Erhaltung des biologischen Lebens in die Verantwortung von sozialen Sicherungseinrichtungen gelegt, haben die Menschen erst einmal die Fügsamkeit entwickelt, sich durch den Parcours des Lebens bis zum Ende führen zu lassen, so kann die medizintechnische Verfügung über den Tod als bloße Fortsetzung der schon etablierten gesellschaftlichen Verantwortung erscheinen.

Peter Fuchs

„Media vita in morte sumus"
Zur Funktion des Todes in der Hochmoderne – systemtheoretisch beobachtet

> *Der Tod! – der Tod? – Das Wort erschreckt mich nicht,*
> *Doch hab' ich im Gemüt ihn nicht erfaßt,*
> *Und noch ihm nicht geschaut in's Angesicht.*
> Adalbert von Chamisso

> *es haucht die Sage*
> *des Tods stündlich mein Fenster an*
> Ingeborg Bachmann

Das Sterben und der Tod sind soziologisch bearbeitet worden.[1] Thanatosoziologie (oder: Soziothanatologie) ist längst nichts Abartiges mehr, kein Sonderinteresse von in die Soziologie verschlagenen Metaphysikern. Das verwundert auch nicht angesichts der sozialen Imposanz des Todes, der ja nicht, wie man alltagstheoretisch meinen könnte, in der Moderne einer Verdrängung, einer Tabuisierung unterliegt, sondern geradezu durch eine vor allem massenmedial dauerpräsente Nekrophilie (oder: Todesversessenheit mit ihrem Pendant der Lebensbesessenheit) gekennzeichnet ist.[2] Tod und Sterben sind so allgegenwärtig wie vermutlich nie zuvor in der Geschichte. Allenfalls der 'konkrete' Kontakt (jenseits der Simulacra) kommt offenbar lebenszeitlich typisch später als in vergangenen Zeiten[3], aber auch das wird man

---

[1] Vgl. als Übersicht zu den 'Klassikern' die Aufsätze in: K. Feldmann, W. Fuchs-Heinritz (Hg.): *Der Tod ist ein Problem der Lebenden. Beiträge zur Soziologie des Todes.* Frankfurt a. M. 1995. Siehe auch A. Nassehi, G. Weber: *Tod, Modernität und Gesellschaft. Entwurf einer Theorie der Todesverdrängung.* Opladen 1989. A. Nassehi, I. Saake: „Konturen des Todes. Eine Neubestimmung soziologischer Thanatologie". In: H. Knoblauch, A. Zingerle (Hg.): *Tod – Sterben – Hospiz. Beiträge zur Soziothanatologie.* Berlin 2005.

[2] Vgl. A. Hahn: „Tod, Sterben, Jenseits- und Höllenvorstellungen in soziologischer Perspektive". In: ders.: *Konstruktionen des Selbst, der Welt und der Geschichte. Aufsätze zur Kultursoziologie.* Frankfurt a. M. 2000, S. 119-236, S. 192 ff., zur These, dass Todesverdrängung zwar eine allgemein verbreitete Idee sei, aber soziologisch keinen Gegenhalt habe.

[3] Vgl. Hahn: „Tod, Sterben, Jenseits- und Höllenvorstellungen in soziologischer Perspektive", a. a. O., S. 126 et passim.

nicht über die Kernzonen funktionaler Differenzierung hinaus umstandslos behaupten können.[4]

Diese Omnipräsenz gestattet die Frage, ob der Tod und das Sterben in der Hochmoderne eine spezifische soziale Funktion übernommen haben. Ist der Tod *die* Schnittstelle zwischen Natur und Gesellschaft?[5] Ist Sterben ein ultimater Statusübergang?[6] Ist der Tod ein 'Biographiegenerator' im Übergang von Stratifikation zu funktionaler Differenzierung?[7] Ist es die Wählbarkeit der Beziehung zum Tod, die in der Moderne funktional besetzbar wird?[8] Ist der Tod ein Vergessensgarant im Blick auf das soziale Gedächtnis? Ein De-Sedimentator?

Die folgenden Überlegungen gehen der Frage nach, ob sich diesen (erweiterbaren) Einschätzungen eine systemtheoretisch inspirierte Analyse beigesellen lässt.

I.

Geht man das Problem fundamentaltheoretisch an, so zeigt sich erst einmal, dass autopoietische Sinnsysteme *ihren* Tod (*ihr* Ende, wenn man soziale Systeme vor Augen hat) im Unterschied zum Sterben[9] nicht beobachten können.[10] Dieser Gedanke ist (obwohl ein alter Topos der Philosophie) auf den ersten Blick trivial. Rekonstruiert man ihn aber aus der Perspektive einer Theorie der Sinnzeit, so erhält man mehr als die Idee, dass man seinen Tod nicht erleben kann, weil man – lebend – nicht tot ist, und wenn man tot ist, nichts mehr erlebt. Man sieht dann nämlich, dass Sinnsysteme *keine letzten Ereignisse* produzieren können, die (für sie) *nicht beobachtete* Ereignisse wären. Die Sinnzeit ist definiert als die Zeit, in der jedes Ereignis durch Folge-Ereignisse gleichsam hinbeobachtet wird (und als singuläres Ereignis keine Identität hätte), und das bedeutet, dass sowohl *erste wie letzte Ereignisse* bedeutungsunfähig sind. Die ersten Ereignisse, weil sie nur dann erste wären, wenn

---

[4] Und für diese Kernzonen gilt, dass im 20. Jahrhundert die Gelegenheit grauenhaft oft gegeben war, den Tod und das Sterben biographisch früh kennen zu lernen.

[5] Vgl. G. Owen et al.: „The Sociology of Death". In: R. Fulton, R. Bendiksen (eds.): *Death and Identity*. Bowie, Maryland: Charles Press 1976, S. 59.

[6] Vgl. B. Glaser, A. Strauss: *Status Passage*. London: Routledge and Kegan Paul 1971, S. 16.

[7] Vgl. A. Hahn: „Identität und Selbstthematisierung". In: ders., V. Kapp (Hg.): *Selbstthematisierung und Selbstzeugnis: Bekenntnis und Geständnis*. Frankfurt a. M. 1987, S. 9-24.

[8] Vgl. Hahn: „Tod, Sterben, Jenseits- und Höllenvorstellungen in soziologischer Perspektive", a. a. O., S. 193.

[9] Wenn man darunter nicht mehr versteht als den Zustand des Darüber-Informiert-Seins, dass der Tod bevorsteht.

[10] Eine sehr schöne Illustration ist das Bild „Auge" von Maurits Cornelis Escher (1946), s. R. Stöckli: *Zeitlos tanzt der Tod. Das Fortleben, Fortschreiben, Fortzeichnen der Totentanztradition im 20. Jahrhundert*. Konstanz 1996, S. 16.

ihnen ein Ereignis folgt, das sie als erste Ereignisse definiert, so dass eigentlich die zweiten Ereignisse immer die ersten wären und so weiter; die letzten Ereignisse, insofern sie keinen Nachfolger haben, der sie definiert. Sie sind sozusagen jenseits von Sinn, in einem prä-signativen 'Raum',[11] in einem Weder-Noch, in einem 'Unzustand'.[12]

Sinnsysteme sind mithin, wie man formulieren könnte, für sich *unanfänglich* und *unendlich*.[13] Jeder Anfang hat immer schon angefangen, er ist für das System immer Rekonstruktion.[14] Aus dem gleichen Grunde ist das Ende des Systems für das System nicht erreichbar, es sei denn als 'Ante-Konstruktion', die für psychische Systeme das Sonderproblem mit sich bringt, nur sozial verfügbar gemachte Bilder des Todes imaginieren zu können,[15] sich aber den Tod selbst so wenig vorstellen zu können wie die Zeit vor der eigenen Geburt. Der Tod ist im präzisen Verständnis *unvorstellbar*, und wenn man ihn sich vorstellen könnte, wäre er „knowledge of nothing", also zutiefst paradox. Deshalb kann „'Ende' [...] keine autologische Bestimmung eines Systems sein."[16] Aber gerade deshalb bleibt nichts für solche Systeme zu tun als: sich den Tod, der nicht vorstellbar ist, vorzustellen.

Oder anders ausgedrückt: Der Tod kann nur *fremdbeobachtet* werden. Er ist ausschließlich *fremdreferentiell* appräsentiert.[17] Er ist im denkbar genauesten Sinne:

---

[11] Vgl. J. Ditterich, R. Kaehr: „Einübung in eine andere Lektüre. Diagramm einer Rekonstruktion der Güntherschen Theorie der Negativsprachen". In: *Philosophisches Jahrbuch* 2/1979, S. 385-408, S. 386.

[12] Auch die Idee des 'Fragmentes' würde vorzüglich passen. Vgl. E. Ostermann: „Der Begriff des Fragments als Leitmetapher der ästhetischen Moderne". In: *Athenäum. Jahrbuch für Romantik* 1/1991. Paderborn 1991, S. 189-205, hier S. 194 f.

[13] „Der Tod ist kein Ereignis des Lebens. Den Tod erlebt man nicht. Wenn man unter Ewigkeit nicht unendliche Zeitdauer, sondern Unzeitlichkeit versteht, dann lebt der ewig, der in der Gegenwart lebt. Unser Leben ist ebenso endlos, wie unser Gesichtsfeld grenzenlos ist." L. Wittgenstein: *Tractatus logico-philosophicus*. (1921) Frankfurt a. M. 1984, Nr. 6.4311. Im mathematischen Kontext formulierte R. Dedekind: *Was sind und was sollen die Zahlen?* (1888) Braunschweig ^{9}1961, S. 13: „Ein System S heißt unendlich, wenn es einem echten Teile seiner selbst ähnlich ist." Und Sinnsysteme haben (im diskutierten Zeitbezug) nur selbstähnliche Teile.

[14] Zur Figur des anfanglosen Anfangs (also zur Begründung eines Kalküls aus einem Nachtrag, einem re-entry heraus) lässt sich auch Hegel heranziehen, für den Prinzipien auch erst nach dem Durchgang dessen, was sie begründen, begründbar werden. Vgl. A. Kreß: *Reflexion als Erfahrung. Hegels Phänomenologie der Subjektivität*. Würzburg 1996, S. 59.

[15] Etwa Matthias Claudius: „Ach, es ist so dunkel in des Todes Kammer, / Tönt so traurig, wenn er sich bewegt / Und nun aufhebt seinen schweren Hammer / Und die Stunde schlägt."

[16] Vgl. Hahn: „Tod, Sterben, Jenseits- und Höllenvorstellungen in soziologischer Perspektive", a. a. O., S. 154.

[17] Ein kleines Indiz dafür ist, dass der Etymologie von 'Sterben' das Starrwerden, das Erstarren beigegeben ist. Für 'Tod' ist die Abstammungsgeschichte unklar, aber es scheint eine Urverwandtschaft mit 'funus' zu geben, also: Beerdigung, aber auch mit 'Ausatmen', 'Keuchen' und 'Erwürgung'.

sozial konstituiert, eine soziale Realität sui generis, und in keiner Weise für psychische Systeme *erfahrbar*. Der Tod hat keine Psychologie. Sie kann immer nur Psychologie der *imagines agentes*[18] vom Tode sein, wobei gilt, dass eben diese Bilder (die zweifelsfrei psychische Folgen haben) nicht aus der Psyche stammen, sondern aus der Sphäre sozial konstituierter Zeichen, Mythen, Mythologien. Die Frage wäre dann: Hat denn der Tod eine *soziale Form*, und wenn ja, welche?

Eine Antwort auf diese Frage setzt einen Formbegriff voraus, hier die Annahme, dass eine Form bezeichnet ist, wenn man angeben kann, was durch den Begriff, der gerade interessiert, unterschieden wird *und* was sich genau von dieser Unterscheidung unterscheidet, oder anders: was durch jene Unterscheidung ausgeschlossen wird, weil der Begriff, wenn er das Ausgeschlossene einschlösse, nichts mehr anschlussfähig bezeichnen könnte.[19] Form ist demnach durch eine doppelte Differenz charakterisiert, die daran anbindbare Heuristik nichts anderes als die Suche nach der Unterscheidung, die der Begriff macht, und nach der Unterscheidung dessen, wovon sich die Differenz des Begriffes (als Differenz) unterscheidet.

Das Besondere der Unterscheidung, die durch 'Tod' aufgeblendet wird, ist, dass sie auf der einen Seite den Nicht-Tod (das Leben) markiert, auf der anderen Seite aber: nichts. Die Bezeichnung des Todes auf der rechten Seite der Unterscheidung 'bläst' die Gegenseite auf: zu einem 'All' des Nicht-Nichts. Deutlichstes Signal dafür: Der Tod ist sozial und psychisch nur in der Immanenz des Wiedereintritts der Unterscheidung auf der Seite des Nicht-Todes zu haben.[20] Die Unterscheidung hat eine Grenze, die ausschließlich auf der linken (Innen-)Seite im Wege des re-entry gekreuzt werden kann, weil auf der rechten Seite keine Information ist, eben: nichts.[21] Oder anders ausgedrückt: In Sinnsystemen ist der Tod ausnahmslos

---

[18] Der Ausdruck „agentes imagines" findet sich meines Wissens zuerst in: Anonymus: *Rhetorica ad Herennium*. (ca. 86 v. Chr.) München 1994, S. 176 (Lib. III, 22, 37). Man muss natürlich nicht an dieser 'Bildhaftigkeit' kleben. Man könnte auch von 'intellectus agens' sprechen, jedenfalls in der thomistischen Tradition. Vgl. K. Rahner: *Geist in Welt. Zur Metaphysik der endlichen Erkenntnis bei Thomas von Aquin*. Innsbruck, Leipzig 1939, S. 93 ff. et passim. Ein ferner Nachklang: „Wir könnten da auch sagen, wir lebten nicht in der Zeichensprache, wohl aber im gemalten Bilde." L. Wittgenstein: *Zettel*. In: *Werkausgabe*. Bd. 8. Frankfurt a. M. 1989, S. 323, Nr. 232.

[19] Dieser Formbestimmung liegt zugrunde: „We take as given the idea of distinction and the idea of indication, and that we cannot make an indication without drawing a distinction. We take, therefore, the form of distinction for the form." G. Spencer-Brown: *Laws of Form*. London: Allen & Unwin 1969, S. 1.

[20] J. Stambaugh: *The Formless Self*. Albany: State University of New York Press 1999, S. 92: „Expressed another way, 'the Undifferentiated exists only through its own differentiation.'"

[21] „When we die the self-boundary eventually disappears. Before it did so, we ascribed a huge value to what we called 'inside' of ourselves, and comparatively little value to what we called 'outside'. The death experience is thus ultimately the loss of the selective blindness to see both sides of every distinction equally. This by definition is absolute knowledge or omniscience, which is mathematically impossible except as equated with no knowledge at all. In the ascription of equal values to all sides,

konventionell präsent, als Thema, als Zeichen – und erneut: niemals anders als in der Weise der Fremdreferenz.

Wenn wir sagen, dass der Tod durch die Unterscheidung von Tod und Leben unterschieden wird, dann wird erstaunlicherweise diese Unterscheidung unterschieden von *religiös angesetzter Transzendenz*, wenn und insoweit sie dem Jenseits des Todes die Form eines wie auch immer spezifizierten Lebens ansinnt.[22] Der Tod ist dann eine *immanente* Durchtrittsstelle zur Transzendenz, ein 'Aus-der-Zeit-Nehmer', wenn man so will, der im Danach des Todes kein 'Danach' mehr zulässt, stattdessen die Ewigkeit anderer Existenzformen (je nach zugrunde gelegter Religion), die gerade nicht 'tot' sind. Der Tod hat demzufolge keinen 'Stachel' mehr[23], weil er nicht mehr formlos ist, sondern ein 'Tor', nach dessen Durchschreiten (oder Durchschlüpfen) sich die Projektionsfläche für immanent gewonnene Jenseitsvorstellungen aufspannt.[24] Als Tor (und dies ist selbst schon eine soziale Projektion) ist er 'Öffnung zu einem anderen Leben' und nicht 'Un-Zustand'.[25]

Es liegt nahe, anzunehmen, dass nach dem Ausfall von nicht-kontingent gesetzten Transzendenzprojektionen, nach der Arbitrarisierung dessen, was in dieser Hinsicht geglaubt werden muss, kurz: nach dem 'Tode Gottes', der Tod (damit auch das Sterben) freigegeben wird für andere Besetzungen, andere Projektionen.[26] Der Tod ist dann nicht mehr flächendeckend der Durchgang zu anderen Formen der Existenz, er bezeichnet auch und für viele Leute den unwiderruflichen Abschluss der individuellen Existenz, so dass die Erwirtschaftung eines Lebenssinnes[27] zurückverlagert

---

existence has ceased altogether, and the knowledge of everything has become knowledge of nothing." Spencer-Brown, *Laws of Form*, a. a. O., S. 194.

[22] Es ist interessant, dass vielleicht deswegen der Tod in der Religion eine zentrale Rolle spielt. „Das Recht gibt dem Tod rechtliche Konsequenzen. [...] Die Medizin stellt mit dem Tod ihre Bemühungen ein. Aber in keinem dieser Fälle berührt der Sinn des Todes die Funktion des Systems zentral. Für die Religion scheint dies anders zu sein." N. Luhmann: *Die Religion der Gesellschaft*. Frankfurt a. M. 2000, S. 47.

[23] 1. Kor. 15.

[24] Es scheint, dass Nahtod-Visionen sich dieser Projektionen bedienen. Man muss ausdrücklich erwähnen, dass religiöse Virtuosität, wie man sie im Zenbuddhismus findet oder auch in der Mystik, die Projektion in die Immanenz leitet. Vgl. T. Izutsu: *Philosophie des Zen-Buddhismus*. Hamburg 1979, S. 35. Vgl. auch den Aufsatz über Zen in N. Luhmann, P. Fuchs: *Reden und Schweigen*. Frankfurt a. M. 1989.

[25] Zur Formlosigkeit des Todes gehört ja auch, dass er nicht als Zustand definiert werden kann. Er ist: 'unzuständig'.

[26] Vgl. R. L. Lifton: *Der Verlust des Todes – über die Sterblichkeit des Menschen und die Fortdauer des Lebens*. München 1986.

[27] Was für eines Sinnes auch immer, sei es der eines passionierten Hedonismus, der einer ungehemmt betriebenen (gesunden) Lebensverlängerung oder gar der eines frühzeitigen Sterbens für Zwecke, für die zu leben sich auch gelohnt hätte. Unübertroffen: „J'en vois d'autres qui se font paradoxalement tué pour les idées ou les illusions qui leur donnent une raison de vivre." A. Camus: *Le mythe de Sisyphe. Essai sur l'absurde*. Paris 1942, S. 16.

werden kann in die kurze Frist des 'Daseins', das sich als 'Sein zum Tode' begreifen, ja geradezu 'aufgipfeln' lässt.[28]

Der Vorgang wird komplizierter, wenn man die Gegenseite der Unterscheidung (Leben) genauer in Augenschein nimmt. Denn unter 'Leben' kann man in unserem theoretischen Kontext kaum etwas Biologisches verstehen. Es liegt schließlich auf der Hand, dass Sinnsysteme gerade *nicht* lebende Systeme sind. Bei Sozialsystemen dürfte sofort darüber Konsens bestehen. Es bedarf keines hohen Begründungsaufwandes, wenn man zeigen will, dass sie sich nicht einmal aus lebenden Einheiten zusammensetzen. Sozialsysteme sind weder tot noch lebendig. Sie entziehen sich dieser Unterscheidung. Dasselbe wird aber hier für psychische Systeme behauptet, nämlich, dass sie infrastrukturell zweifelsfrei auf Leben angewiesen sind und ohne Leben nicht zustandekämen, *dass sie aber ihre eigentümliche Existenz nicht als Leben fristen.* Namentlich das Bewusstsein kennt das Leben nur vom Hörensagen.

Leben ist (wie wir oben sagten) selbstverständlich eine für die Psyche relevante Umweltvoraussetzung. Wenn es endet, wird eine zentrale Bedingung der Möglichkeit psychischer Systeme gekappt. Aber die Autopoiesis solcher Systeme arbeitet nicht auf elementaren (lebenden) Einheiten, sondern auf der Basis selbstverfertigter Ereignisse, ob man sie nun Gedanken, Intentionen, Vorstellungen oder Zitate nennt, Ereignisse, die darüber hinaus auch nicht identitäre (substantielle, substrathafte) Formen sind, sondern im Zuge einer komplizierten Nachtragszeit (im Zuge der *différance*) ermittelt werden: als Nichtdinge, als 'Unheiten', als 'Sichten', die von Anschluss zu Anschluss andere Bedeutungen annehmen können – von Moment zu Moment.

Das heißt aber, dass die Unterscheidung von Leben und Tod auf ihren beiden Seiten für Sinnsysteme *imaginär* erscheint. Ihnen ist das Leben so wenig zugänglich wie der Tod. *Das* Leben ist selbst ein *imago agens*, das durch die Zeiten hindurch sozial auf immer andere Weise appräsentiert wird. Es ist nicht erlebbar.[29] Man sieht dies formal daran, dass die Einheit der Unterscheidung von Tod und Leben beiden Seiten der Unterscheidung entnommen werden kann: *Tod = Leben/Tod* oder *Leben = Leben/Tod.*[30] Die Einheitsformel kann wechseln, je nachdem, wie die Unterscheidungen des Todes, des Lebens sozial konditioniert sind.

---

[28] Vgl. M. Heidegger: *Sein und Zeit.* (1927) Tübingen [10]1963, S. 252 ff.
[29] „Er lebt und erlebt nicht nur, sondern er erlebt sein Erleben", formuliert H. Plessner: *Die Stufen des Organischen und der Mensch. Einleitung in die philosophische Anthropologie.* (1928) Frankfurt a. M. 1981, S. 364.
[30] Vgl. G. Simmel: „Zur Metaphysik des Todes" (1910). In: ders.: *Brücke und Tür.* Stuttgart 1957, S. 31.

Dazu, dass dies so ist, gibt es viele Arbeiten, die teils historisch, teils soziohistorisch den sozialen Umgang mit Tod und Sterben nachzeichnen.[31] Hier aber interessiert der Sonderfall, dass die Unterscheidung des Todes den Bedingungen einer funktional differenzierten Gesellschaft ausgesetzt wird.

II.

> *Da steht der Tod, ein bläulicher Absud*
> *in einer Tasse ohne Untersatz.*
> Rainer Maria Rilke

Funktionale Differenzierung bedeutet, dass im Zuge der soziokulturellen Evolution zentrale Funktionen der Sozialität aus der Schicht- und Ständeordnung herausgenommen und an autonom operierende Funktionssysteme delegiert werden, die nach mehrhundertjährigen Krisen des Übergangs von Stratifikation zur funktionalen Differenzierung nun die primäre Differenzierungsform der Gesellschaft ausgeprägt haben, die sich grundsätzlich als eine 'Zerlegtheit' der besonderen Art kennzeichnen lässt. Das Besondere liegt darin, dass die Funktionssysteme (wie Kunst, Wirtschaft, Recht, Politik, Wissenschaft, Religion etc.) eine irgendwie 'kompossible' Einheit bilden, aber dass diese Einheit nicht mehr ist als ein viables Selektionsmuster nach dem Löschen 'in-kompossibler' Möglichkeiten.[32] Sie ist nicht *repräsentabel* und die moderne Gesellschaft demzufolge kein *selbst-repräsentatives* System. Sie enthält kein *pars pro toto*, ein Sachverhalt, der gewöhnlich mit den Ausdrücken der Polykontexturalität, der Heterarchie und der Hyperkomplexität belegt wird.

Schlechthin jeder Sinn, der in dieser komplexen Gesellschaftsform prozessiert wird, wäre kontingent, wäre: gegenbeobachtbar, eine ihrer Schlüsselstrategien oder zentralen Strukturmerkmale deswegen (und vielleicht im Gegensatz zu eher geläufigen Einschätzungen) die *Exstirpation von Gegenbeobachtbarkeiten* und der allenthalben anfallende Versuch, die Welt, die sie aufblendet, mit Kontingenzfestigkeiten zu durchsetzen, mit Unbezweifelbarkeiten, mit fraglos orientierenden Ontologien.[33]

---

[31] Siehe für viele Ph. Ariès: *Bilder zur Geschichte des Todes*. München 1984; ders.: *Geschichte des Todes*. München 1999; M. Diers: *Vom Nutzen der Tränen. Über den Umgang mit Leben und Tod im Mittelalter und heute*. Köln 1994; C. Jones: *Die letzte Reise. Eine Kulturgeschichte des Todes*. München 1999; N. Ohler: *Sterben und Tod im Mittelalter*. München 1990. Für die Gegenseite dessen, was als Leben projiziert wird, scheint es entschieden weniger Arbeiten zu geben.

[32] Wir beziehen uns hier allusiv auf die Leibnizsche Idee der Kompossibilität, aber es genügt, sich einfach ein 'Miteinander-Können' vorzustellen.

[33] Der Plural ist hier gegenüber der Tradition entscheidend. Im Übrigen wird hier unter Ontologie nur die Auffassung verstanden, dass etwas auch ohne Beobachter 'vorhanden' ist. Vgl. K. Krippendorff:

Man könnte sagen, dass diese Gesellschaft ihre Welt 'abscannt' nach Kandidaten für als sicher behauptbare 'Entitäten' und dass sie diese Suche camoufliert durch die vage Semantik der Postmoderne: Anything goes, aber Geld ist Geld, Macht ist Macht, Recht ist Recht, der Chef ist der Chef, Schnaps ist Schnaps, und deutscher Meister ist, wer deutscher Meister ist.[34]

Polykontexturalität (als Strukturmerkmal) ist der Motor, das primum movens einer epochalen Recherche nach ihrem Gegenteil: monokontexturalen Verhältnissen, die alles, was der Fall ist, auch der Fall sein lassen. Der Ausfall des 'Essenzenkosmos' zwingt – so gesehen – in eine 'plurale Essentialität' hinein.[35] Pointiert formuliert: Auf heterarcher und polykontexturaler Grundlage entwickelt sich eine Pluralität von Ontologien[36], von, wie man auch und paradoxerweise im Plural sagen könnte: von nicht ineinander verrechenbaren *Verweisungsganzheiten*.[37]

Die zentrale Errungenschaft, mit deren Hilfe funktionale Differenzierung möglich wurde, war im Zusammenhang mit sich entwickelnden symbolisch generalisierten Kommunikationsmedien die Installation von Codes, binären Unterscheidungen mithin, die eine Position mit einer Negation so kombinieren, dass durch die Negation der Seite, die jeweils markiert ist, die Gegenseite wie automatisch 'entsteht'.[38] Codes instruieren Beobachter im Blick auf *mögliche* Negation, im Blick auf Gegenwerte der *einen* Realität.[39] Sie sind *totalisierende* Konstruktionen der Welt – für das System, das sie ordnen. Sie sind bereichsspezifisch fungierende Hochabstraktionen, insofern sie in sich nur immer auf die Gegenseite und auf nichts außerhalb ihrer Verwendung verweisen.

„Wenn ich einen Stuhl sehe – sehe ich dann wirklich nur ein Zeichen?" In: *Form* 5/2 (1998), S. 98-106, S. 98, Fn. 2.

[34] Anders gewendet: Ontologien entstehen auf dem „Boden der zerstörten Naivität. Die Tiefen der direkt gegebenen Wirklichkeit werden nur durch ein Erdbeben enthüllt, welches eine zu selbstverständliche Oberfläche aufreißt." C. A. v. Peursen: „Die Phänomenologie Husserls und die Erneuerung der Ontologie" In: *Zeitschrift für philosophische Forschung* 16/1962, S. 489-501, hier S. 489.

[35] Siehe zu Konsequenzen des Ausfalls R. Glanville: „The Nature of Fundamentals Applied to the Fundamentals of Nature." In: G. J. Klir (ed.): *Applied General Systems Research: Recent Developments and Trends*. New York, London: Plenum Press 1978, S. 401-409. Das macht vielleicht auch die Schmerzen der (nicht nur) systemtheoretischen De-Ontologisierung der Welt aus.

[36] Jedes Funktionssystem etabliert zumindest eine fungierende, eine 'Regionalontologie'.

[37] Von Welten, wie man ebenfalls sagen könnte. Vgl. H. Rombach: *Welt und Gegenwelt. Umdenken über die Wirklichkeit: Die philosophische Hermetik*. Basel 1983. Vgl. für den Kontext der Physik F. Rohrlich: „Pluralistic Ontology and Theory Reduction in the Physical Sciences". In: *Brit. J. Phil. Sci.* 39/1988, S. 295-312.

[38] Zahlung/Nicht-Zahlung (Wirtschaft), Innehaben-von-Ämtern/Nicht-Innehaben (Politik), Immanenz/Transzendenz (Religion), wahr/unwahr (Wissenschaft), schön/hässlich (Kunst), Recht/Unrecht (Recht), Fall/Nicht-Fall (Soziale Arbeit) etc. pp.

[39] N. Luhmann: *Ökologische Kommunikation. Kann die moderne Gesellschaft sich auf ökologische Gefährdungen einlassen?* Opladen 1986, S. 77.

Codes sind 'Informationsraffer' par excellence.[40] In dieser Informations- oder Weltraffung, in dieser Askese-Leistung begründen sie Weltzugriffsdomänen, von denen aus schlicht alles, was geschieht, in strikter und je spezifischer Binarität geordnet wird. Sie erzeugen – bezogen auf *die* Gesellschaft – 'partielle Totalisierungen'.[41] Jede dieser codegesteuerten Verweisungsganzheiten ist *Kontextur*, wenn man darunter einen 'Bezirk' versteht, der durch seine zentrale Unterscheidung ein 'Tertium datur' ausschließt. *Polykontexturalität* bezeichnet dann den Fall der Pluralität von Kontexturen, also einer Mehrzahl von simultan operierenden Tertium-non-datur-Einheiten, die sich, wie wir gesagt haben, nicht mehr auf *eine* Einheit hin durchstilisieren können. Polykontexturale 'Ordnungen' sind demnach auch nicht: hierarchisierbar. Sie sind stattdessen *heterarch*, wenn man darunter versteht, dass ihre 'Teile' weder *einem* heiligen Grund entspringen noch auf einen finalen Grund zusteuern. Sie können als Systeme (hier: Funktionssysteme) ko-operieren, aber kein 'Meta-System' bilden, das sie (hierarchisch) vertritt.[42] In einer etwas anderen Redeweise ließe sich auch von 'heterotopen' Einheiten sprechen.[43]

Jede dieser Einheiten für sich (wir nennen sie: Funktionssysteme wie etwa das Recht, die Politik, die Wirtschaft, die Wissenschaft, die Kunst, die Erziehung, die Religion etc.) bewerkstelligt ihre Ordnung durch die 'gnadenlose' Härte ihres Codes; die Einheiten zusammengenommen (hier: Gesellschaft), ergeben nicht nur ein 'und so weiter', sondern: ein 'woanders vollkommen anders weiter' gesellschaftlich prozessierten Sinns. Und zugeschnitten auf unser Problem: Die Gesellschaft erweist sich auf der Ebene ihrer primären Differenzierung als gebildet aus 'Zusammenhängen' von Kommunikationen, die Unterschiede machen, ohne als *Einheit* einer alles fassenden *Übereinheit* zugewiesen werden zu können, durch die sie reguliert würden.

Die operative Einheit der Gesellschaft ist Kommunikation, so dass Gesellschaft darstellbar ist als das System, zu dem zählt, was immer als Kommunikation von Kommunikation beobachtet (i. e. angeschlossen) wird, gleichgültig, wovon diese Kommunikationen handeln; aber es kommt dabei kein Konnex von Operationen

---

[40] Siehe zu diesem Ausdruck G. Günther: „Bewußtsein als Informationsraffer". In: *Grundlagenstudien aus Kybernetik und Geisteswissenschaften* 10/1969, S. 1-6.

[41] Genau in dieser Paradoxie besteht die Chance für Parasiten oder nützliche 'Auslasspunkte'. Vgl. etwa J. Derrida: *Auslassungspunkte*. Wien 1998, S. 247; M. Serres: *Der Parasit*. Frankfurt a. M. 1981.

[42] J. Ditterich, G. Helletsberger, R. Matzka, R. Kaehr (Projektteam): *Organisatorische Vermittlung verteilter Systeme. Forschungsprojekt im Auftrag der Siemens-AG*. München 1985 [MS Forschungsstudie], S. 96. Man kann auch sagen, es gibt in ihnen keine äquipotenten Punkte. Vgl. M. Serres: *Hermes I. Kommunikation*. Berlin 1991, S. 14.

[43] Vgl. (Bezug nehmend auf Foucault) J. Brauns: „Heterotopien". In: *Wissenschaftliche Zeitschrift. Hochschule für Architektur und Bauwesen 'Weimar'* H. 3/4 (1992), S. 163-169.

zustande, der das 'Gesamt' der Gesellschaft 'spiegeln' könnte. Indem sie eine Mehrheit von Kontexturen zirkulieren lässt, *de-ontologisiert* sie sich selbst, und zwar genau dadurch, dass sie monokontexturale Systeme (bereichsspezifische Ontologien, in denen das Tertium-non-datur gilt) entwickelt, die in ihrer Mehrzahl die Möglichkeit einer einheitlichen Weltkonstruktion aus einem Grund und Ziel heraus sabotieren.[44] Diese Produktion einer Allokation von nicht kontingenten Domänen führt dazu, dass kein Ereignis gesellschaftlich als *ein* Ereignis beobachtet werden kann. Alle Ereignisse sind Mehrfachereignisse. Die Möglichkeit einer davon abgelösten (absoluten) Beobachtungsperspektive fällt zur Gänze aus.

Man kann annehmen, dass dann die Recherche nach Dennoch-Unbezweifelbarkeiten, dieses Abtasten der Sinnwelt auf nicht nur lokale Sicherheiten hin, das Such-Muster der Codeförmigkeit einsetzt, weil sich die Codes ja als Insulationen der Unstrittigkeit ihrer Geltung lokal, aber eben auch *totalisierend* bewährt haben. Das eine große (abendländische) Muster der Sein/Nichts-Unterscheidung ist zwar durch die Form der funktionalen Differenzierung aufgelöst worden. Dieses Schema wird reanimiert in der Hausse der Fundamentalismen, die sich in der modernen Gesellschaft schon durch ihren Plural selbst diskriminieren. Aber für die intellektuelle Beobachtung der Welt ist es unmöglich geworden, die Gültigkeit von Etwas (oder deren Gegenteil) durch den Verweis zu begründen, dass *es ist* (bzw. nicht ist). Man kann nicht mehr vermeiden zu wissen, dass die Beobachtung der Welt im Seins-Schema *informationslos* ist oder nur darüber informiert, dass der Seinsstatus jederzeit bestritten (gegenbeobachtet) werden kann.

Eine Unterscheidung, die aber zugleich eindeutig code-förmig ist und in dieser Eindeutigkeit absolute Gültigkeit zu haben scheint, ist die des Todes. Man kann weder ein bisschen tot noch ein bisschen lebend sein.[45] Es kann Zweifel darüber geben, was der Tod, das Sterben und das Leben zu bedeuten haben, aber *dass* gelebt, *dass* gestorben wird, lässt sich ubiquitär als die Tatsächlichste aller Tatsachen bestimmen. Das Todes-Schema, so gesehen, ist 'mächtigste' Ontologie.

Wir haben bei diesen Überlegungen nicht im Sinn, dass die Unterscheidung des Todes der 'Code' irgendeines auf Todesangelegenheiten spezialisierten Funktionssystems sei. Es geht nur darum, dass diese Unterscheidung die Form des Codes hat und so eine scharfe Opposition inszeniert, die sich nicht dimensional verhandeln lässt. Die These ist, dass die Gesellschaft im Zuge ihrer funktionalen Differenzie-

---

[44] Deutliches Symptom: Weder *die* Gesellschaft noch ihre Funktionssysteme haben eine soziale Adresse. Vgl. P. Fuchs: *Das System „Terror". Versuch über eine kommunikative Eskalation der Moderne.* Bielefeld 2004.

[45] In Übergangszonen kann es Schwierigkeiten für Beobachter geben, dies festzustellen, aber auf Dauer ist die Frage entscheidbar, ob jemand lebt oder nicht lebt. Ob aufrechterhaltenes Leben (etwa in lang währenden Koma-Lagen) als Leben zu bezeichnen ist, ist eine Frage der praktischen Philosophie oder des Glaubens.

rung in der Referenz auf die Codeförmigkeit des Todes die Chance aufgreift, quer zur Kontingenz aller Beobachtungsmöglichkeiten, die durch ihre Funktionssysteme aufgeblendet werden, und in Bezug auf ihre gesamte relevante Umwelt eine (ebendiese) Unterscheidung als ontologisch stabil auffassen zu können, und zwar als 'extrasoziale' Tatsache, mit der soziale Systeme (und: psychische Systeme) rechnen müssen, wiewohl sie ihnen nur fremdreferentiell gegeben ist: als Markierung einer nicht hintergehbaren Faktizität.[46]

Auch wenn wir nicht von einem einschlägigen Funktionssystem sprechen, ist es nicht untersagt, den Versuch zu unternehmen, das soziale Prozessieren des Todesschemas *funktional* zu bestimmen. Funktionale Analyse ist im Methodenarsenal der Systemtheorie definiert als Konstruktion eines Problems, im Blick auf das ein interessierendes Phänomen als Lösung unter vergleichbaren Lösungen gedeutet werden kann.[47] Wir haben versucht zu zeigen, dass das Schema des Todes 'einrangiert' in ein Grundmuster funktionaler Differenzierung, das sich auf das Ermitteln von Kontingenzfestigkeiten bezieht – auf einer Bandbreite von der Installation von Codes, der Dissemination von Organisationen (die durch lokale Hierarchien die Heterarchie der Gesellschaft punktuell außer Kraft setzen), durch Fundamentalismen etc.

Das Schema des Todes erwies sich in diesem Kontext als 'ontologisch mächtig'. Wie die Codes, will das heißen, ist es abstrakt im genauesten Verständnis, eine Hochabstraktion, informationsarm, extrem asketisch, ohne Instruktionswert für daran anschließende soziale Prozesse, die sich ihre jeweilige Todes-Prozeduralität von den historisch vielgestaltigen und wandelbaren Programmen abziehen müssen, die den Umgang mit Tod und Sterben konditionieren.

Aber dieses 'Hineingleiten' des Schemas in die Moderne (eben als inkontingente, ontologische Mächtigkeit) ist funktional, wie man vielleicht klassisch gesagt hätte, nicht tief genug bestimmt. Es erscheint – so gesehen – noch zu sehr anderen Lösungsmöglichkeiten äquivalent, noch zu wenig exklusiv, um die Todes- und damit Lebensbesessenheit der Gesellschaft zu erklären. In einem modischeren Vokabular gesagt: Es fehlt das Alleinstellungsmerkmal, das die Prominenz der Unterscheidung plausibilisieren könnte. Gestorben und gelebt wurde schließlich immer. Damit mögen psychische Systeme Probleme haben, aber zunächst nicht die Gesellschaft, solange in der Umwelt todesbedingter Prozessorenschwund durch entsprechenden Lebensnachwuchs kompensiert wird. Die Gesellschaft ängstigt sich nicht, trauert

---

[46] Vgl. dazu E. Bronfen: „Der Traum vom Tod: The Others, Femme Fatale, In the Cut". www.bronfen.info/writing/texts/2004_11_traumtod.html. Stand: 17. Januar 2007.

[47] Vgl. P. Fuchs: „Die Theorie der Systemtheorie – erkenntnistheoretisch". In: J. Jetzkowitz, C. Stark (Hg.): *Soziologischer Funktionalismus. Zur Methodologie einer Theorietradition*. Opladen 2003, S. 205-218.

nicht, sie ist als Gesellschaft (wie das, was man Natur nennt) indifferent gegenüber tragischen so gut wie gegenüber komischen Lagen.

Die Frage ist, was macht gerade das Todesschema so attraktiv für die Gesellschaft?

III.

Arm oder reich, der Tod macht alle gleich.
Sprichwort

Der Tod ist die eine Totale.
Peter Rudl

Mors ultima linea rerum est.
Horaz

Das Schema des Todes kommt aus dem Mittelalter (sozusagen passgenau andockfähig) in die sich entwickelnde funktionale Differenzierung, und zwar als Form radikaler kaum noch zu denkender *All-Inklusivität*[48], als Letzthorizont unüberbietbarer Gleichheit. Diese Formulierung ist prima facie merkwürdig, da man das Sterben zwar leicht als ein Problem der Entwicklung von Formen der Noch-Inklusion angesichts der drohenden Totalexklusion (Tod) auffassen könnte, schwerlich aber den Tod als einen Modus gesellschaftlicher Inklusion. Diese Schwierigkeit tritt jedenfalls auf, solange man Inklusion oder Exklusion als Einschluss bzw. Ausschluss von 'Leuten' begreift, die entweder partizipieren oder weniger partizipieren oder gar nicht partizipieren und alles in allem mehr oder weniger drinnen oder draußen sind.

Die Sache ändert sich, wenn man mit der Systemtheorie Inklusion/Exklusion auf den Grad bezieht, in dem soziale Adressen (also nicht: Leute) für Kommunikation als relevant in je bestimmten Hinsichten markiert werden.[49] Soziale Adressen sind kommunikativ wirksame Strukturen, die ebenfalls weder leben noch sterben und auch nicht tot sein können. Sie sind Kombinationsspielräume, die darüber befinden, auf welche Weise und wie intensiv und ob überhaupt die durch die Adressen (Rol-

---

[48] Vgl. zum Schema Inklusion/Exklusion grundsätzlich N. Luhmann: „Inklusion und Exklusion". In: ders.: *Soziologische Aufklärung 6. Die Soziologie und der Mensch.* Opladen 1995, S. 237-264.

[49] Siehe zum Zusammenhang von Inklusion/Exklusion und der Adressabilitätstheorie P. Fuchs: „Adressabilität als Grundbegriff der soziologischen Systemtheorie". In: *Soziale Systeme* 3/1 (1997), S. 57-79; als Detailstudie ders.: „Weder Herd noch Heimstatt – Weder Fall noch Nichtfall. Doppelte Differenzierung im Mittelalter und in der Moderne". In: *Soziale Systeme* 2/1997, S. 413-437; ders.: „Moderne Identität – im Blick auf das europäische Mittelalter". In: A. Hahn, H. Willems (Hg.): *Identität und Moderne.* Frankfurt a. M. 1999, S. 273-297; ders.: *Der Eigen-Sinn des Bewußtseins. Die Person, die Psyche, die Signatur.* Bielefeld 2003.

len, Personen) bezeichneten Leute an Kommunikationskontexten teilnehmen können. Diese Spielräume – so die These – kovariieren mit den jeweiligen Differenzierungsformen der Gesellschaft. Wenn man schärfer abstrahiert, könnte man von 'Adressenformularen' sprechen, die zu einer gegebenen Zeit für konkrete Adressen nur bestimmte Eintragsmöglichkeiten zur Verfügung stellen.

Unter stratifizierten Bedingungen sieht dieses Formular kaum Einträge für Individualität oder für Gleichheit vor, da die Form der Schichtung einerseits vorschreibt, wie zu leben (und auch zu sterben) ist in der Schicht, in die man eingeboren wurde. Das wäre der Ausschluss idiosynkratischen (i. e. nur individuell deutbaren) Verhaltens. Andererseits ist Stratifikation die soziale Perpetuierung der Ungleichheit von Lebens- und Kommunikationschancen zwischen den Schichten, kurz: Hierarchie. Funktionale Differenzierung dagegen bricht, wie wir sagten, die Schichtordnung auf zugunsten autonom operierender Funktionssysteme, denen man nicht mehr qua Geburt zugerechnet werden kann. Die so differenzierte Gesellschaft projiziert eine Umwelt, für die gilt, dass die Prozessoren, die sie relevant ausmachen, Anschluss finden können müssen an alle Funktionssysteme – der Chance nach zumindest. Sie sind im Blick auf diese Chance gleich und im Blick auf deren unterschiedliche (individuelle) Ausnutzung individuell. Es ist kein Zufall, dass sich mit der funktionalen Differenzierung (dort, wo sie greift) die Semantik der Gleichheit und der Individualität flächendeckend durchgesetzt hat und heute eine kaum dekonstruierbare (wie selbstverständlich gültige) 'Phantasmatik' etabliert.[50]

Die dadurch anfallende Schwierigkeit ist evident: Dieselbe Gesellschaft, die die Phantasmen der Gleichheit und der Freiheit (geradezu als Prinzip ihrer Legitimität, als laufend mitgeführtes Moment ihrer Selbstbeobachtung/Selbstbeschreibung) pflegt, generiert auf ihrer Kehr- und Schattenseite die unvermeidbare Erfahrung, dass Individualität gerade nicht kommunizierbar, dass sie inkommunikabel sei, und – hier wichtiger – eine im Blick auf Lebens- und Kommunikationschancen tatsächlich *hoch ungleiche* Umwelt. Die Codes der Funktionssysteme erfassen auf Grund ihrer totalisierenden Form jeden und jede, sie sind in ihrer Geltung, wie man sagen könnte, nicht limitiert durch schichtförmige Restriktionen, durch ethnische Zugehörigkeiten, durch Geschlecht etc.[51] Aber in ihrer Instruktionsarmut, in ihrer 'Leere' präjudizieren sie nicht, *wie* jene Chancen zu verteilen sind. Sie offerieren statt dessen ein Tableau für Verteilungen, auf dem es Milliardäre *und* Hartz-4-Empfänger gibt, Yacht-Besitzer *und* Obdachlose, allein erziehende Mütter am Rande des Existenzminimums *und* Mütter mit einer Entourage von bezahlten Hilfskräften.

---

[50] Eine Phantasmatik, die „unter Schlagworten wie Freiheit und Gleichheit für alle zur Zielformel der bürgerlichen Bewegung wird." N. Luhmann: *Funktion der Religion*. Frankfurt a. M. ²1982, S. 20. Vgl. auch P. Fuchs: „Das Phantasma der Gleichheit". In: *Merkur* 570/571 (1996), S. 959-964.
[51] Vgl. Luhmann, *Funktion der Religion,* a. a. O., S. 202.

Die kontrafaktisch angesetzte Gleichheit erzwingt das fortgesetzte Entdecken von faktischer Ungleichheit. Gegen die Leitbilder der Inklusion fallen die Gegenbilder der Exklusion sofort auf als etwas, das nicht sein kann, weil es nicht sein darf, aber so ist, wie es ist, und auch nicht geändert werden kann, solange die primäre Differenzierung der Gesellschaft auf hoch abstrakten Leerformeln (Codes) aufruht, die nicht darüber informieren, wie die Ressourcen dieser Gesellschaft 'gerecht' zu verteilen sind, Leerformeln, die nicht einmal in die Nähe einschlägiger Moralen kommen, weil sie von der Unterscheidung Achtung/Missachtung nicht (und funktionalerweise nicht) tangiert werden.

Etwas anders ausgedrückt: Im Blick auf die formerzwungene Gleichheit der Inklusionschancen in der funktional differenzierten Gesellschaft hat man es mit einer gleichsam 'locker' möglichen Gegenbeobachtbarkeit zu tun. Diese Gleichheit erweist sich, um es paradox zu formulieren, als offensichtlich nicht notwendige Notwendigkeit. Wenn dieser 'Wert' dennoch aufrechterhalten bleiben muss (anderenfalls würde funktionale Differenzierung evolutionär nicht plausibel gehalten werden können), steht zu erwarten, dass im Blick auf Gleichheit minimale Notwendigkeitskomponenten 'ausgemendelt' werden, ein nicht-negierbares Gleichheitsareal, eine Kontingenzabweisung, durch die die gesamte relevante Umwelt der Gesellschaft als in einer (minimalen) Hinsicht gleich behandelt wird.

Wir wollen vermuten, dass das Schema des Todes geradezu zwanglos in diese Funktionsstelle einrückt[52] (oder sich, wie wir weiter unten sagen wollen, zumindest bislang in dieser Position evolutionär begünstigt fand). Es ist, wie oben ausgeführt wurde, von hoher 'ontologischer Mächtigkeit', eine ausnahmslos geltende 'Gültigkeit'. Es wird gelebt, es wird gestorben. Leben und Tod sind nicht bestreitbar.[53] Und: Sie lassen niemanden aus. Das Todesschema offeriert einen *inviolate level* der Gleichheit (in diesem Sinne: der All-Inklusivität). Es kopiert zugleich die Code-Form, insofern die Schemaseiten sich wechselseitig negieren, nur in sich selbst auf sich selbst verweisen, und mit der Codeform auch die typische Präferenzstruktur, hier die positive Markierung der Seite des Lebens: dass es besser sei zu leben – als nicht zu leben.

Welche ungeheuren sozialen Apparate der Todes- und Lebensbefasstheit sich daraus ergeben haben, ist hinlänglich bekannt.[54] Die Frage ist, ob denn das Todes-

---

[52] Und sei es nur, weil es in dieser Funktion verfügbar war, wie die *danses macabres* des Mittelalters zeigen.

[53] Man kann allerdings die Existenz des Menschen durchaus an ein lebensfeindliches Prinzip knüpfen, den Geist. So etwa M. Scheler: *Die Stellung des Menschen im Kosmos.* (1928) Bern ⁹1978, S. 37 f.

[54] Wir erwähnen nur am Rande, dass auf diese Weise auch verstehbar ist, welche Prominenz der Husserlsche Lebensweltbegriff in einer älteren Phase der Soziologie gewonnen hat. „Lebenswelt ist die Welt unseres Lebens, und unser natürliches Leben ist als solches Weltleben. Die Lebenswelt ist der Boden jeglicher Erfahrung, das Je-Worin aller sensitiven, volitiven und kognitiven Akte […]", so

schema sich tatsächlich so vollständig isolieren lässt gegen polykontexturale Weltbeobachtung. Ist es a-historisch? Oder sind wir Zeugen einer tief einschneidenden Transformation des Schemas selbst? Dieser Frage soll abschließend in der Weise der Spekulation nachgegangen werden.

IV.

> *Der Tod geht ans Lebendige.*
> Walter Ludin

Legt man sich die Verhältnisse noch einmal zurecht, dann bezieht sich die Unterscheidung des Todes (und gemeint ist tatsächlich 'Beziehen' im Sinne sozial appräsentierter Beobachtungsmöglichkeiten) nicht auf die Gesellschaft selbst, die weder leben noch sterben kann, sondern auf ihre relevante Umwelt (Mitwelt), also auf die psychosomatischen Prozessoren, die nur 'umwegig' miteinander zu tun bekommen: eben in der Form der Sozialität, i. e. Kommunikation. Jene Referenz auf den Tod (und damit auf das Leben) erfasst die Gesamtheit der Mitwelt – ausnahmslos.[55] Niemand, der lebt, stirbt nicht, und niemand, der tot ist, hat nicht gelebt.[56] Es kommt für die Gesellschaft darauf an, *dass* überhaupt 'gelebt' wird (nicht darauf, wer lebt oder wie einer lebt). Die dadurch markierte Relevanz (des 'dass' überhaupt) kommt über den internen Gegenwert des Todesschemas (Leben) ins Spiel.

Das einschlägige Theoriestück heißt: *Penetration*. Leben ist nämlich die *conditio sine qua non* psychischer Systeme, insofern es ihnen seine vorkonstituierte Eigenkomplexität zur Verfügung stellt (das eben ist: Penetration)[57], aber – im Unterschied zur *Interpenetration* – nur in einer Richtung. Leben (wie der Tod) nimmt dann in

---

Husserl zusammenfassend: H. Hohl: *Lebenswelt und Geschichte*. Freiburg 1962, S. 25. Dazu passt, dass sich der Lebenswelt sogar heilende Kräfte zuschreiben lassen. Siehe dazu W. Marx: „Vernunft und Lebenswelt." In: R. Bubner et al. (Hg.): *Hermeneutik und Dialektik. Aufsätze I*. Tübingen 1970, S. 217-231. Vgl. ferner prominent Th. Luckmann: *Lebenswelt und Gesellschaft*. Paderborn 1980; B. Waldenfels: *In den Netzen der Lebenswelt*. Frankfurt 1985. Siehe kritisch dazu N. Luhmann: „Die Lebenswelt – Nach Rücksprache mit Phänomenologen". In: *Archiv für Rechts- und Sozialphilosophie* 72/1986, S. 176-194.

[55] Man könnte einwenden, dass Kommunikation auch über die utterances längst gestorbener Leute verläuft, aber auch dabei setzt sie eine aktuell 'lebende' (wahrnehmungsfähige) Mitwelt voraus, die sie liest, oder eine zukünftig lebende Umwelt, die lesen kann, was jetzt geschrieben wird. Kommunikation ist immer in die Aktualität einer durch Leben ausgezeichneten Mitwelt hineinverklebt, obwohl diese Mitwelt selbst: nicht kommuniziert.

[56] Hier machen wir schon Gebrauch davon, dass die große Außenseite der Form des Todes durch Transzendenz bezeichnet ist, in der weitergelebt werden kann. Wir reden also nicht von 'Christus' oder postmortal irgendwie lebenden, also adressablen Heiligen.

[57] Luhmann, *Soziale Systeme*, a. a. O., S. 290.

jenen Systemen eine eigentümliche Form an, die des sinnförmig 'beobachteten' Lebens, das aber als Umweltgegebenheit, wie Luhmann formuliert, „orientierungslos und erratisch"[58] verbleibt, oder, wie man auch sagen könnte: nur als sinnfreie Unzugänglichkeit Sinn macht, als 'reine' Indifferenz.[59] Diese Umweltgegebenheit ist nicht spürbar, nicht registrierbar trotz ihrer Fundamentalität, die bewirkt, dass psychische und soziale Systeme nur in ihren Effekten existieren, wohingegen sie selbst unverfügbar ist – oder: war.

Luhmann macht nämlich in diesem Kontext eine überaus interessante Nebenbemerkung: „Im Falle von Penetration kann man beobachten, daß das *Verhalten* des penetrierenden Systems durch das aufnehmende System mitbestimmt wird".[60] Wenn wir im Augenblick ignorieren, dass nicht ganz ausgemacht ist, ob man 'Leben' als System auffassen kann, dann bedeutet dies, dass das Leben von der Form des penetrierten Systems moduliert oder überformt wird.[61] Gemeint ist damit nicht, dass sich die Reproduktion organischer Moleküle, an die 'Leben' geknüpft zu sein scheint, in einem Raum wie ein 'Ding' im Laufe der Zeit transformieren würde, sondern dass sich die Weise, wie Sinnsysteme dem Leben adaptiert sind, auswirkt auf die Weise, wie (in welcher Form) Leben zur Verfügung steht.

Wir wollen diese Annahme, die für die Lebensbewirtschaftung aller Differenzierungstypen gilt, ergänzen um die These, dass die Hochmoderne der funktionalen Differenzierung darüber hinaus dazu führt, dass *Penetration für Sinnsysteme in einem nicht-ignorablen Maße zugriffsfähig geworden ist und dass mehr und mehr tatsächlich darauf zugegriffen wird*.[62] Es ist nicht nur so, dass sich viel Wissen um die Funktionsweise des Lebens angehäuft hat, sondern darüber hinaus so, dass Lebenstechnologien entstanden sind (und sich immer mehr ausdifferenzieren), die dieses Wissen um die Funktionsweise ausnutzen, sowohl im Blick auf die Erzeugung neuen Lebens, der tiefgreifenden Veränderung aktueller Lebensprozesse (etwa durch Gentechnologie), als auch durch Verhinderung von Leben, das sich ohne Ein-

---

[58] Ebd.
[59] Also 'Natur'. Vgl. F. W. J. Schelling: „Einleitung zu dem Entwurf eines Systems der Naturphilosophie". In: ders.: *Schriften von 1799-1801*. Darmstadt 1982, S. 309.
[60] Luhmann, *Soziale Systeme*, a. a. O., S. 290.
[61] Dieses Mitbestimmen, Modulieren oder Überformen stellt man sich am besten unter der Differenz 'Assimilation/Akkomodation' vor. Vgl. grundlegend J. Piaget: *Das Erwachen der Intelligenz beim Kinde*. Stuttgart ²1973.
[62] Siehe anregend zu dieser 'Kolonisierung' P. Gehring: „Bioforschung und Biotechnik". In: J. Jonas, K.-H. Lembeck (Hg.): *Mensch – Leben – Technik. Aktuelle Beiträge zur phänomenologischen Anthropologie*. Würzburg 2006, S. 203-222.

griff eingestellt hätte.[63] Die Unverfügbarkeit des Lebens, des Todes gerät unter die Herrschaft der 'Machenschaft'.

Allerdings kommt man mit solchen Formulierungen in die Nähe einer mittlerweile kaum noch vermeidbaren, kulturkritischen Attitüde und der dazu gehörigen kanonischen Phraseologie, die nicht sehr weit führt.[64] Argumentiert man kühler, würde die These, dass Penetration (bezogen auf Leben) technisch manipulierbar wird, nur bedeuten, dass die 'Gefährlichkeit' des Lebens in *Riskanz* transformiert wird.[65] Leben und Tod sind nicht mehr relativ eingriffsresistente, gegenüber Sinnprozessen indifferente 'Naturgegebenheiten', denen sich nicht ausweichen lässt, sondern: Sie sind Risiken, die durch die technologische Expansion fortwährend in ihrer Riskanz gesteigert werden. Das Todesschema wird, wie man vielleicht sagen könnte, zunehmend 'ent-schicksalt', es offeriert 'haltlose' Komplexität.[66]

Das aber bedeutet, dass die 'ontologische Mächtigkeit' des Schemas gebrochen wird: durch Beobachtungsstrategien, die sich der Polykontexturalität der Gesellschaft einordnen lassen. Leben und Tod als 'Letzt-Tatsächlichkeiten' werden kontingent im Moment, in dem sie als Risiko begriffen sind und nicht mehr nur als unabweisbare Gefahr.

Wäre das noch funktional?

V.

Bibamus, moriendum est.
Seneca

Moriendum est!
Octavian

Diese Frage erscheint schwierig deshalb, weil das Problem, im Blick auf das Gesellschaft als Problemlösung (also funktional) beobachtet werden kann, bis heute nur ansatzweise formuliert ist im Unterschied zu den Funktionssystemen, für die teil-

---

[63] Siehe zu einer vielfältigen Diskussion der Frage des Menschen im Kontext von Biologie (Gentechnologie) und digitalisierter Welt die (nicht immer tiefenscharfen, aber anregenden) Beiträge in: G. Stocker, Ch. Schöpf (Hg.): *LifeScience*. Linz 1999.

[64] Vgl. zu diesem Ausdruck H. Schleichert: „Über die Bedeutung von 'Bewußtsein'". In: S. Krämer (Hg.): *Bewußtsein. Philosophische Beiträge*. Frankfurt a. M. 1996, S. 54-65, S. 54.

[65] Siehe zu dieser Unterscheidung N. Luhmann: „Risiko und Gefahr". In: *Aulavorträge* 48. St. Gallen 1990; ders.: *Soziologie des Risikos*. Berlin 1991; ders.: „Risiko und Gefahr". In: W. Krohn, G. Krücken (Hg.): *Riskante Technologien: Reflexion und Regulation*. Frankfurt a. M. 1993, S. 138-185.

[66] Vgl. zur Metapher der Haltlosigkeit (im Blick auf Komplexität und Kontingenz) N. Luhmann: „Haltlose Komplexität". In: *Soziologische Aufklärung 5. Konstruktivistische Perspektiven*. Opladen 1990, S. 59-76. Dort wird Technologie aber als Technik des Gegenhalts diskutiert.

weise sehr klare Funktionsbestimmungen vorliegen. Luhmann formuliert, dass „Gesellschaft funktional definiert werden kann als dasjenige Sozialsystem, das im Voraussetzungslosen einer durch physische und organische Systembildungen strukturierten Umwelt soziale Komplexität regelt – das heißt den Horizont des Möglichen und Erwartbaren definiert und letzte grundlegende Reduktionen einrichtet."[67] Und: „Die Funktion der Gesellschaft liegt danach in der Ausgrenzung unbestimmbarer und der Einrichtung bestimmter oder doch bestimmbarer, für ihre Teilsysteme und letztlich für das Verhalten tragbarer Komplexität."[68]

Wer genau hinsieht, bemerkt einen Zirkel, insofern im 'Voraussetzungslosen' offenbar soziale Komplexität reguliert werden muss, deren 'Vorhandenheit' schon Sozialität voraussetzt. Das Problem ist ähnlich gelagert wie das des Begriffes 'Gesellschaftsvertrag', der ja auch mit der Paradoxie der nichtvertraglichen Grundlagen eines Vertrages zu kämpfen hat. Entweder müsste man davon ausgehen, dass Gesellschaft selbst ausdifferenziert und nicht immer eine Universaltatsache der Sozialität war, oder stipulieren, dass stets dort, wo Soziales auftritt, auch schon Gesellschaft impliziert ist.

Im Sinne einer kontrollierten Spekulation gehen wir hier davon aus, dass die Gesellschaft *nicht* mit der Sozialität selbst startet. Sozialität beginnt mit Kommunikation, die zwar nicht grenzfrei gedacht werden kann, weil die Form ihres Vorkommens sie strictissime unterscheidet von dem, was psychisch, organisch oder sonst wie geschieht, die aber nicht wie automatisch ein 'All des Sozialen überhaupt' erzeugen muss. Man kann sich helfen, indem man lokale Begrenztheiten (Horden, tribale Einheiten, sogar Großreiche) mit dem Titel 'Gesellschaft' versieht, hat es aber dann mit dem uneleganten Schluss zu tun, dass Gesellschaft (als Totum des Sozialen) pluralisiert werden müsste: zu *Gesellschaften*, eine Redeweise, die sich noch häufig findet, wenn man etwa von der amerikanischen, der europäischen, der asiatischen Gesellschaft spricht, die dann addiert werden müssten zu der *einen* Weltgesellschaft, zu – wenn man so sagen darf – einem Totum der Tota, was im übrigen nichts weiter wäre als eine Art Revival der Ganzes/Teil-Unterscheidung.

Zwischenschritte überspringend, ist die Vermutung, dass die Gesellschaft sich ausdifferenziert *im Zuge* der Differenzierung von Funktionssystemen, die – indem sie sich der Sozialität einschreiben – erzeugen, was sie ermöglicht: ebendiese Gesellschaft als *Welt ihrer Einschreibung*. Anders ausgedrückt: Die Entstehung der Funktionssysteme proliferiert die paradoxe 'Unitas' des (bis auf die Form der Kommunikation) absolut Diversen.[69]

---

[67] N. Luhmann: „Gesellschaft". In: ders.: *Soziologische Aufklärung 1*. Opladen 1970, S. 137-153, hier S. 145.
[68] Luhmann, „Gesellschaft", a. a. O., S. 149.
[69] Vgl. Luhmann, *Soziale Systeme*, a. a. O., S. 222 f.

Dies vorausgesetzt, kann man nach der Funktion von Sozialität fragen *und* nach der Funktion der Gesellschaft. Die erste These ist, dass Sozialität[70] sich deuten lässt als effektive Lösung des Zentralproblems, wie unter äußerst prekären Lebensbedingungen der Tod eine Zeit lang verhindert werden kann.[71] Sozialität ordnet sich damit funktional in den Kanon von Überlebensnotwendigkeiten ein wie etwa Essen, Trinken, Schlafen. Es geht um Lebenserhaltung, die sich – weil Kommunikation Sinn disseminiert – verfeinern und ausweiten kann bis hin zur Lebens*unter*haltung, oder genauer: zur Bewusstseinsunterhaltung, die über Jahrmillionen hin so komplexe Formen annimmt, dass das Zentralproblem des Überlebens nahezu laufend verdeckt wird, obwohl sich noch immer schnell plausibilisieren lässt, dass ohne Kommunikation für Menschen kein Leben möglich ist.[72]

Die zweite These bezieht sich auf die Idee, dass *die* Gesellschaft (als evolutionärer Spätankömmling) gar nichts mit der Subsistenz der Leute zu tun hat. Sie dreht sich nicht um Leben oder Tod. Sie ist *fungierende* Hochabstraktion im eben diskutierten Sinne. In ihr machen alle Kommunikationen Unterschiede, die für sie (die Gesellschaft) keinen Unterschied machen. „Mithin besteht die Gesellschaft aus dem Zusammenhang derjenigen Operationen, die insofern keinen Unterschied machen, als sie einen Unterschied machen."[73] Ihre Funktion wäre dann das laufende Einspielen einer Garantie für 'Un-Unterschiedenheit', für das 'Und-so-oder-anders-Weiter', für die operative Realisierung einer Logik des 'Und'.[74]

Fungierende Hochabstraktion, das heißt aber auch: Es findet sich kein *coefficient d'adversité*[75], keine 'Widerständigkeit'[76], keine 'harte Realität' in dieser (nicht einmal adressierbaren) gewaltigen Gleichgültigkeit, dieser geradezu naturhaften *Indifferenz* und reinen 'Konstelliertheit'. *Die* Gesellschaft schließt nichts aus, sie geschieht, wie sie geschieht, sie verbietet nichts, sie erlaubt nichts, sie leitet zu nichts

---

[70] Die sich in der Form einer Verhaltensabstimmung auch im Tierreich beobachten lässt.
[71] Schutz vor dem Tod als gesellschaftliche Zentralfunktion über Jahrtausende hin – so jedenfalls N. Elias: *Über die Einsamkeit der Sterbenden in unseren Tagen*. Frankfurt a. M. 1983, S. 11. Wir würden hier nur Gesellschaft gegen Sozialität austauschen.
[72] Auch für Menschen nicht, die selbst unfähig sind, an Kommunikation zu partizipieren. Vgl. K. Jaspers: *Vernunft und Existenz*. Groningen: Batavia 1935 (Aula-Vordraachten der Rijksuniversiteit te Groningen Nr. 1), S. 52.
[73] N. Luhmann: *Die Gesellschaft der Gesellschaft*. Bd. 1. Frankfurt a. M. 1997, S. 91.
[74] G. Deleuze: *Unterhandlungen 1972-1990*. Frankfurt a. M. 1993, S. 67 f. Vgl. auch R. Stichweh: „Zur Theorie der Weltgesellschaft". In: *Soziale Systeme. Zeitschrift für soziologische Theorie*. 1/1995, S. 29-45.
[75] Der nach Bachelard Realität bezeichnen würde. Vgl. B. Waldenfels: „Intentionalität und Kausalität". In: A. Métraux, C. F. Graumann (Hg.): *Versuche über Erfahrung*. Bern 1975, S. 113-135, S. 132, Anm. 1.
[76] Vgl. Scheler, *Die Stellung des Menschen im Kosmos*, a. a. O., S. 53 f.

an, sie orientiert nichts und niemanden. Sie ist der „Großmandatar" der Sinnproduktion.[77]

Relevanzen müssen deswegen, wie man vermuten kann, 'umwegig' lanciert werden durch thematische Attraktoren, die sich lesen lassen, *als ginge es um die Gesellschaft*.[78] Dieses 'als ginge es um' lässt sich als die Funktion des Todes-Schemas deuten. Die Annahme ist, dass diese Attraktion, diese Einspiegelung, diese Irritation nicht über Tod und Leben (wie in der Prämoderne) geschieht, sondern über die Supercodierung ebendieses Schemas durch das Schema der Riskanz, durch das Betroffenheiten und Betreffbarkeiten projiziert werden, die die darauf bezogene Kommunikation massiv stimulieren.

Die Funktionalisierung des Schemas ist geknüpft an die Technisierung von Leben und Tod als Riskanz-Inszenierung auf der Fundamentalebene der Penetration. Das hat den Vorteil, dass die gesamte Umwelt im Blick auf dieses Risiko betroffen ist (das ist das Erbe der ontologischen Mächtigkeit des Schemas). Aber zugleich ist dieses Risiko der Form der modernen Gesellschaft adaptiert: durch Introjektion von Kontingenz selbst im Blick auf die bis dahin als 'Inmanipulata' auffassbaren Bezirke des Lebens und des Todes.

Weitere Forschung, weitere Analyse müsste demnach am Begriff der Penetration ansetzen. Denn durch ihn ist das Problemniveau bezeichnet, auf dem man sich den wie eh und je und dennoch verändert drängenden Fragen nach dem Leben, nach dem Tode nähern müsste.

---

[77] Vgl. zu diesem Ausdruck F. Nietzsche: „Nachgelassene Fragmente". In: ders.: *Sämtliche Werke. Kritische Studienausgabe in 15 Bänden*. Bd. 13. München 1980, S. 599.

[78] Vgl. zu dieser Figur des Relevanzimports mutatis mutandis J. Markowitz: *Verhalten im Systemkontext. Zum Begriff des sozialen Epigramms. Diskutiert am Beispiel des Schulunterrichts*. Frankfurt a. M. 1986, S. 54.

Reimer Gronemeyer

Von der Lebensplanung zur Sterbeplanung
Eine Perspektive der kritischen Sozialforschung

De Dod gehört halt zum Lewe.[1]

In Franken erhielten Jugendliche ehemals bereits zur Konfirmation das Leichenhemd. In bestimmten Gegenden Chinas wurde Personen zum 55. Geburtstag von den Kindern ein Sarg geschenkt.[1] „Sobald ein Mensch zum Leben kommt, sogleich ist er alt genug zu sterben", sagt der böhmische Ackermann.[2] Dass der Tod zum Leben gehört, das ist eigentlich eine Binsenweisheit. Man kann vermutlich alle Kultur überhaupt als das Gebilde begreifen, welches aus der Auseinandersetzung mit dem Tod entsteht. *Cultura* ist ja ursprünglich der Ackerbau, in dem das Leben dem Tode abgerungen wird: „Wenn das Weizenkorn nicht in die Erde fällt und erstirbt, bleibt es allein: wenn es aber erstirbt, bringt es viel Frucht", heißt es im Neuen Testament und bringt damit genau diesen Zusammenhang zum Vorschein.[3] Dass der Tod zum Leben gehört, das sagt sich leicht dahin. Der Satz ist heute auf das Niveau einer Kalenderweisheit heruntergekommen, der man zustimmt, um sie sogleich zu vergessen. Dann wendet man sich dem Alltäglichen, dem Leben also zu. Bewusst oder unbewusst, abgespalten oder integriert: Dass der Tod zum Leben gehört – das ist als Mahnung oder Exercitium oder als krudes Faktum letztendlich eine simple Wahrheit.

Über diesen Zusammenhang von Kultur und Tod sagt Jacques Derrida: „Die Kultur selbst, die Kultur im allgemeinen ist im wesentlichen vor allem, ja wir können sogar sagen a priori Kultur des Todes; und infolgedessen Geschichte des Todes. Es gibt keine Kultur ohne den Kult der Vorfahren, ohne die Ritualisierungen der Trauer und des Opfers, ohne Orte und Modalitäten institutionalisierter Bestattung, und wäre es selbst für die Asche einer Verbrennung."[4] Nicht nur der Tod gehört zum

---

[1] W. Stolle, G. Bamberger: *Der Tod. Zur Geschichte des Umgangs mit Sterben und Trauer.* [Ausstellungskatalog. Hessisches Landesmuseum Darmstadt.] Darmstadt 2001, S. 7. Das (hessische) Motto ist ebenfalls dem genannten Ausstellungskatalog entnommen.
[2] Zit. in: Thomas Macho: „Heideggers Todesbegriff". In: *Manuskripte* 104/1989, S. 37-47, S. 45.
[3] Joh 12, 24.
[4] J. Derrida: *Aporien. Sterben – Auf die 'Grenzen der Wahrheit' gefaßt sein.* München 1998, S. 77.

Leben, sondern es haben eben immer auch die Toten zu den Lebenden gehört – geliebt, gefürchtet, vergottet oder angefleht. Selbst die religiös eher kühlen Römer zogen sich an bestimmten Tagen des Jahres in ihre Häuser zurück, weil dann die Toten aus einem Erdgang, der in die Unterwelt führt, hervorkommen und sich in der Stadt ergehen.

Die spätindustriellen Gesellschaften erst brechen mit dieser Tradition – und vielleicht zerbrechen sie damit die Möglichkeit der Kultur überhaupt. Man kann die spätindustriellen Gesellschaften als *a-mortale* Welten beschreiben, in denen – wohl zum ersten Mal in der Geschichte der Kulturen – keine Toten anwesend sind. Zwei deutliche Anzeichen dafür liegen auf der Hand: Die Ahnen – die auf unterschiedliche Weise in Gesellschaften anwesend waren – sind heute verschwunden und die Toten werden immer öfter anonym bestattet. Und während die Metropolen, die Megastädte, im 21. Jahrhundert wachsen, beginnen die Nekropolen zugunsten von Landschaften, in denen die Asche anonym verstreut wird, zu schrumpfen. Der kirchliche Beerdigungs-Ritus, in dem von Schuld und Strafe, von Sünde und Erlösung geredet werden konnte, weicht dem unverbindlich-freundlichen Trauerredner, der seinerseits eine Übergangserscheinung ist, nach der mutmaßlich gar nichts mehr kommt als die unauffällige, kostengünstige Entsorgung. Die Hinterbliebenen sollen auch nicht trauern, und wenn doch, dann können die Angehörigen heute – wenn sie wollen – ihre „Probleme" an professionelle Trauerbegleiter abgeben, Probleme, die dort entsprechend gegen Gebühren entsorgt werden. Was wäre gewesen, wenn Antigone schon die Möglichkeit gehabt hätte, auf professionelle Trauerbegleitung zurückzugreifen? Hätte sie auch dann ihren Bruder gegen das Gebot des Königs bestattet – mit den bekannten tödlichen Folgen für Antigone?

Ich will damit keineswegs erneut behaupten, dass der Tod in der modernen Gesellschaft ein 'Tabu' sei. Das kann man schon angesichts von Dutzenden und Hunderten von Medientoten, die sich allabendlich im Fernsehprogramm zählen lassen, nicht behaupten. Sie tragen dort im Wesentlichen zur abendlichen Entspannung bei. Der Tod ist zum Material der Unterhaltung geworden. Das unablässige zeitgenössische Geschwätz über Sterben und Tod, das uns überschwemmt, zeigt nur, dass die moderne Gesellschaft dem Tod noch nicht einmal mehr den Rang eines Tabus einzuräumen imstande ist. Sie duldet keine Ahnen, minimiert Friedhöfe und beklagt verschwundene Rituale, aber sie plappert über das Sterben, genießt den Tod als Unterhaltungsware und entschärft ihn durch Nivellierung – sie beseitigt ihn, indem sie ihn im konsumistischen Alltag aufgehen lässt.

„Wenn man eine Grenze passiert, ändert man den Tod. Man wechselt den Tod, man entspricht nicht mehr dem gleichen Tod da, wo man nicht mehr die gleiche Sprache spricht. Der Bezug zum Tod ist nicht der gleiche diesseits und jenseits der Pyrenäen. [...] Jede Kultur ist charakterisiert durch ihre Art und Weise, das Verscheiden aufzufassen, zu behandeln, ja man könnte sogar sagen 'zu leben'. Jede Kultur hat ihre eigenen Beerdigungsriten, ihre Repräsentationsformen des Sterbenden, ihre Praktiken der Trauer und Bestattung, ihre eigene Bewertung des Preises der Existenz, des kollektiven Lebens oder des individuellen Lebens."[5]

Die Sätze bleiben richtig wohl nur, wenn man sie ins Perfekt setzt. Innerhalb weniger Jahrzehnte ist es gelungen, in Europa fast alle Sterbe-Dialekte zum Verschwinden zu bringen. Diesseits oder jenseits der Pyrenäen, in Rom, London, Berlin oder Paris setzt sich ein Sterbemuster durch, das jeden lokalen 'Geschmack' verloren hat. Bis jetzt war ein gewaltiger bunter Teppich in Europa ausgebreitet, in dem jedes Land, jede Region, jedes Dorf seine Farben und Muster hinterlassen hatte, in denen Sterben und Tod ihren Ausdruck fanden. In welcher Kleidung und wie lange getrauert wurde, dazu gab es z. B. in Hessen detaillierte Bräuche und sogar landesherrliche Anweisungen. Selbst für Kleinkinder und Babys galten die Trauerregeln: „In der Schwalm trugen die Kleinkinder trauernder Familien schwarze Kleidchen, 'die höchstens kleine weiße Punkte oder Blüten aufweisen durften' und die Babys schwarze 'Tretzermützchen' [...]. Sogar die Wickelschnur der Säuglinge war mit einem vorwiegend links gestrickten Trauermuster versehen. [...] Den jeweiligen Härtegrad der Trauer, der von Ort zu Ort zeitlich von unterschiedlicher Dauer sein konnte, erkannte der Eingeweihte an der jeweiligen Kleidung und Stoffart, ferner an Farbe und Glanz."[6] Es gab aufwendige Totenkronen, mit denen besonders die Begräbnisse von Kindern und ledig Verstorbenen ausgezeichnet wurden. Diese Totenkronen waren wohl in erster Linie Brautkronenersatz oder Tugendkronen, mit denen ein jungfräuliches Leben geziert wurde.[7]

An die Stelle solcher lokalen Riten treten Regelungen mit globalem Anspruch wie sie zum Beispiel die *WHO* formuliert hat, in denen sich vor allem medizinische und pflegerische Standardisierungen für den Umgang mit Sterbenden durchsetzen.[8]

In den Mustern dieses nun weitgehend verschwundenen Teppichs der Sterberituale, der ars moriendi, gab es einen Webfaden, der durch alle Muster hindurch lief: Die Vorstellung und Auffassung, dass der Tod komme, dass der Tod dem Menschen zustößt, dass der Tod ihn holt. In einfachen Gesellschaften galt und gilt der Tod immer als Tat: Ein Ahne, der den Menschen holt, ein böser Geist bisweilen. In der christlichen Kultur ist es Gott, der den Menschen aus dem Leben ruft. Erst in der Neuzeit gibt es da einen radikalen Bruch, in dem nun vom natürlichen Tod geredet wird. Damit ist der Weg in die Medikalisierung des Todes beschritten: Die Todesur-

---

[5] Derrida, *Aporien*, a. a. O., S. 48.
[6] Ebd., S. 79 f.
[7] Ebd., S. 99. Zum Ganzen vgl. natürlich auch die Arbeiten von Philippe Ariès.
[8] Vgl. dazu R. Gronemeyer, M. Fink, M. Globisch, F. Schumann: *Helfen am Ende des Lebens. Hospizarbeit und Palliative Care in Europa.* Wuppertal 2004.

sache wird im Körper des Gestorbenen lokalisiert, man öffnet den Körper, kann nun sehen, dass die Leber zerstört ist oder das Herz.[9] Und damit bahnt sich auch eine Individualisierung des Todes an: So kann der Mensch z. B. für seine zerstörte Leber verantwortlich gemacht werden. Alkohol, Tabak, Übergewicht, mangelnde Bewegung, psychische Störungen – alles wird zum Argument, dem Menschen seinen Tod anzulasten. Nicht mehr die Götter oder Gott holen den Menschen aus dem Leben, sondern medizinisch definierbare Ursachen. Und wenn es dann ein Krebs ist, der ohne erkennbare oder verstehbare Ursachen über einen Menschen hereinbricht, dann wird es zur Aufgabe dieses Menschen, die Krankheit zu bewältigen und schließlich auch mit Sterben und Tod *in eigener Verantwortung* umzugehen. Dem Menschen wird noch eine letzte Lebensleistung auferlegt, ein letzter Imperativ serviert: „Man muß gut sterben"[10]. Es ist im Grunde eine Zumutung, dass diesem modernen Individuum, dem man seinen eigenen Tod in die Schuhe geschoben hat und das in radikaler metaphysischer Obdachlosigkeit lebt, nun auch noch abverlangt wird, es möge bitte das gute Sterben (ars de bene moriendi) hinkriegen. Die ars moriendi kommt aus einer religiösen Tradition, in der es christlich, buddhistisch oder sonst wie darum geht, sich auf ein anderes Leben vorzubereiten. Dem Homo modernissimus, dem man erst ein „Gott ist tot!" ins Ohr schreit und den man dann für sein eigenes Sterben verantwortlich macht – dem wird schließlich auch noch gesagt, er möge gefälligst gut sterben. Das kann rebus sic stantibus überhaupt nichts anderes heißen, als dass er sich mit dem Zusammenbruch des Systems, das sein Körper darstellt, abzufinden lernen soll. Er soll sich nicht empören, nicht herumschreien, nicht klagen, sondern – statt mit der letzten Ölung – mit Schmerzmitteln gut versehen ins Nichts abtreten. Schmerz- und Betäubungsmittel sind ja längst das Äquivalent für eine geistliche Tröstung, die dem modernen Menschen versagt ist.

Zur Individualisierung von Sterben und Tod gehört auch, dass der letzte Lebensabschnitt immer mehr zum Gegenstand von Forschung, Differenzierung und Behandlung wird. Elisabeth Kübler-Ross hat vorzeiten damit begonnen, das Sterben in Phasen einzuteilen. Und es kann niemanden überraschen, dass diese Ordnung des Lebensendes spezielle, stufenbezogene therapeutische Interventionen nach sich zieht. So wie die Entwicklung des Säuglings zum Gegenstand von Überwachungen, Kontrollen und Planungen geworden ist, so wird auch das Ende des Lebens für Planung und Intervention erschlossen. Diese Ordnung des letzten Lebensabschnittes kann man als einen Versuch verstehen, Ängste zu bannen und zugleich durch Systematisierung das Chaos des Todes in den Griff zu bekommen.

---

[9] M. Foucault: *Die Geburt der Klinik. Eine Archäologie des ärztlichen Blicks* (1963). Frankfurt a. M. 1973, passim.
[10] Derrida, a. a. O. S. 101.

Giovanni Savonarola hat vor seiner Hinrichtung im Florenz des 15. Jahrhunderts zu seinem Mitbruder Domenicus gesagt: „Du kannst deinen Tod nicht wählen, sondern nur den Tod hinnehmen, der dir bestimmt ist, und darauf hoffen, dass du ihn mit Würde ertragen kannst."[11] Das ist im Grunde der verschwundene Kontrapunkt zu dem, was heute normal zu werden verspricht: Der Tod in eigener Regie.

Ivan Illich hat diese Entwicklung, die zum Verschwinden des intransitiven Sterbens führt, so resümiert: „Wir befinden uns auf dem Weg in eine a-mortale Gesellschaft. Um das zu illustrieren, könnte ich den Computer hochfahren und dir zeigen, was ein Crash ist, der Zusammenbruch eines Zustandes. Oder ich könnte dich in eine Intensivstation mitnehmen, wo über dem Patienten der Monitor der Hirnströme läuft und beobachtet wird, wann diese flach werden. Oder ich könnte dir eine Reklamefläche an der Straße zwischen Claremont und Los Angeles zeigen, die mich und manche meiner Freunde so beeindruckt hat. Auf ihr sind Hirnwellen zu sehen und dann eine gerade Linie und darunter in riesigen Buchstaben der Name einer Versicherungsgesellschaft. Nichts davon hat irgendetwas mit dem Sterben zu tun. Sterben ist ein intransitives Tätigkeitswort. Etwas, das ich tun kann, wie laufen oder nachdenken oder sprechen. Ich kann nicht 'gestorben werden'. Ich kann getötet werden. Auch wenn nur ein paar Sekunden oder Minuten übrig bleiben, selbst dann kann ich mich ganz darauf einlassen, mich zu verabschieden. [...] Dieser Zustand der A-Mortalität spiegelt sich in der Forderung, dass nun Ärzte zu Henkern werden sollen. Die Einführung dieser Dienstleistung wäre ein beispielloser Beleg für den landesweiten Verlust an Zurechnungsfähigkeit."[12]

Als die Ärzte aufhörten, Patienten zu versorgen – so Ivan Illich – und statt dessen zu „Managern des Lebens" wurden, haben sie eine Schwelle überschritten, die nun auch in Räume führt, in denen das Sterben eine Managementaufgabe wird, für die eine wachsende Zahl von Experten ausgebildet wird und zur Verfügung steht und die nun natürlich auch ökonomische Interessen zu wahren versucht.

Das moderne Individuum, das es gelernt hat, sein Leben als eine Projekt- und Planungsaufgabe zu begreifen, beginnt nun zu realisieren, dass auch der letzte Lebensabschnitt Planungsaufgaben stellt. Dabei stehen ihm heute im Wesentlichen zwei Wege offen: Der eine ist der in den Niederlanden, Belgien und der Schweiz beschrittene Weg zur Euthanasie bzw. zum assistierten Selbstmord. Der andere ist das Angebot von Palliative Care, das in der Palliativmedizin und der Hospizarbeit

---

[11] Zitiert bei I. Illich: *In den Flüssen nördlich der Zukunft. Letzte Gespräche über Religion und Gesellschaft mit David Cayley*. München 2006, S. 149. Siehe dort auch „Über das Sterben-Können: Die letzten Tage von Savonarola", S. 179-182.

[12] Illich, a. a. O., S. 192. Vgl. auch die Analysen von A. Heller, B. Heller: „Sterben ist mehr als Organversagen. Spiritualität und Palliative Care". In: B. Heller (Hg.): *Aller Einkehr ist der Tod. Interreligiöse Zugänge zu Sterben, Tod und Trauer*. Freiburg i. Br. 2003, S. 7-21.

seinen Niederschlag findet. Palliative Care tritt auf mit dem Anspruch, den Gedanken an Euthanasie im Keim ersticken zu können. Nicht immer dürfte das gelingen. Zu bedenken ist in jedem Fall, dass beide Angebote, die sich immer deutlicher als ein neues Element europäischer Kultur konstituieren, zwei Seiten einer Medaille sind – in denen in gefährlich vergleichbarer Weise das Element der Sterbeplanung in den Vordergrund tritt. Es ist absehbar, dass sich in den nächsten Jahren die Debatte um eine europäische Euthanasiegesetzgebung verstärken wird. In der anhebenden europäischen Euthanasiedebatte steht dabei nicht mehr und nicht weniger zur Debatte als eine *Industrialisierung des Sterbens*, die Kontingenz in eine beherrschbare Struktur umwandeln will. Dass aus dem Gewordenen das Gemachte werden soll, das ist ein Grundzug – um nicht zu sagen: eine Zwangsidee – der modernen Gesellschaften. Sie wird heute besonders am Anfang und am Ende des Lebens virulent: Ebenso wie am Anfang des Lebens immer deutlicher die Produktion des Menschen auf der Agenda steht, so will sich am Ende des Lebens eine kontrollierte Entsorgung durchsetzen.[13] Der Mensch wird auf diese Weise allmählich in einen Produktionszyklus nach industriellem Muster eingebettet. Die Identifikation und Aussortierung von behindertem Leben, die durch Pränataldiagnostik möglich geworden ist, findet ihre symbolische Entsprechung in der Sterbehilfe-Debatte, die im Grunde auf eine Definition zielt, die unterscheidbar machen will, was lebenswertes und lebensunwertes Leben ist. Dann drängt schließlich alles darauf, Kriterien zu entwickeln, die jenseits der Wahrnehmungen des Subjektes objektive Voraussetzungen für die Möglichkeit und 'Bewilligung' von Euthanasie schaffen. Dies ist an der niederländischen und belgischen Gesetzgebung zu studieren.

Eine Industrialisierung des Sterbens bringt notwendigerweise die Geldfrage auf den Tisch. Es ist ohnehin unübersehbar, dass in einem alternden Europa mit einer großen Zahl von Schwerstkranken, Sterbenden und Gestorbenen dieser Bereich finanziell hoch interessant wird. Das Geschäft mit dem Sterben hat auf der Ebene privater Unternehmerinitiative Zukunft.[14] Es hat aber auch Folgen für Administration und Politik. Die Gesundheitsetats sind überlastet und die Idee, an den besonders teuren und zugleich hinfälligen Alten zu sparen, muss nahe liegen. Palliative Care, die als Alternative zum Sterbewunsch und zur Sterbehilfe auf den Weg kommt, wird schon hier und da als Sparmodell angepriesen. So schreibt der Erlanger Bioethiker Jochen Vollmann: „Die zahlenmäßige Zunahme von alleinstehenden und älter werdenden Menschen in einer dynamischen, individualisierten und wertepluralistischen

---

[13] Vgl. zur Kritik der Reproduktionsmedizin A. Gorz: *Wissen, Wert und Kapital. Zur Kritik der Wissensökonomie*. Zürich 2004.

[14] Die neue Dienstleistungsrichtlinie der Europäischen Union bezieht Pflegeleistungen in den Prozess ein, der grenzübergreifend den Wettbewerb der Dienstleister stärken soll: Man wird mit einem Preisdumping auch im Bereich der palliativen Angebote rechnen müssen.

Gesellschaft macht eine rechtzeitige Entscheidungsfindung und Planung für den Fall von Krankheit und Sterben erforderlich [...]. Vor dem Hintergrund begrenzter Ressourcen im Gesundheitswesen wird auch eine medizinisch und ethisch begründete Prioritätensetzung zwischen kurativer und palliativer Medizin unvermeidbar sein. Angesichts hoher Krankenhausbehandlungskosten am Lebensende wird insbesondere bei hochbetagten Patienten zu entscheiden sein, ob diese Ressourcen nicht besser in eine gemeindenahe palliative Medizin investiert werden sollen."[15] Was hier auf Palliative Care bezogen wird, kann unschwer auf den Bereich Euthanasie übertragen werden – und Ansätze dazu gibt es schon.

Die ethischen Dilemmata, die aus den Fortschritten der Medizin erwachsen, treten besonders am Lebensende hervor. Was soll mit komatösen Patienten geschehen? Wie viel kurative Medizin ist sinnvoll und human? Soll die anstehende Rationierung von medizinischen Leistungen und Angeboten vom Alter oder von Geld abhängig gemacht werden? Wird es eine Budgetierung am Lebensende geben, die jedem im Rahmen einer festgesetzten Summe die begrenzte Wahl von Behandlungen ermöglicht? Setzt die Fallpauschalenregelung am Ende des Lebens eine versteckte Euthanasie in Gang?

Die Anwälte der Euthanasie beanspruchen für sich, aus humanitären Gründen zu handeln. Dem Einzelnen, der diesen Anspruch erhebt, soll er nicht bestritten werden. Aber es ist kaum zu übersehen, dass sich die immer deutlicher hörbare Debatte in gesamtgesellschaftliche Entwicklungen fügt, die bedacht sein wollen. Eine radikale Markt-, Konkurrenz- und Leistungsgesellschaft sieht sich mit einer wachsenden Zahl von Hochaltrigen konfrontiert, die – legt man die Kriterien dieser Geldgesellschaft zugrunde – hinderlich und systemwidrig sind. Die Hochaltrigen, die Pflegebedürftigen repräsentieren alles, was diese Gesellschaft nicht sein will. Insofern stellt sich die Humanitätsfrage nicht zuerst als die Frage nach der Abschaltbarkeit dieser Menschen, sondern im europäischen Kontext wird sich in den nächsten Jahrzehnten die Frage vor allem so stellen: Wie geht diese europäische Gesellschaft mit ihren Schwächsten um? Die Lösung, die sich da – gegen den Willen der Kirchen – abzeichnet, dürfte auf eine Wahlmöglichkeit hinauslaufen: Palliative Care oder Euthanasie. Der Weg zur Euthanasie wird sich dabei nicht als äußerer Zwang gestalten, sondern als ein Weg, bei dem die Individuen den gesellschaftlichen Imperativ in sich hineinverlegen und so den Wunsch nach Euthanasie als den eigenen begreifen.

Das 21. Jahrhundert antwortet auf die Todesängste der Menschen nicht mehr mit Philosophie, auch kaum noch mit Religion, sondern zuerst mit *Versorgung*. Die Institutionalisierung des Sterbens und des Todes, die sich vor unseren Augen entwickelt, kann auch begriffen werden als der Versuch, die Schrecken des Todes zeitge-

---

[15] Zit. nach Ch. Winter, K.-P. Görlitzer: „Rechtsanspruch auf den Tod?" In: *Bioskop* 21/2003, S. 3-4, S. 3.

mäß zu domestizieren. Unfraglich befinden wir uns inmitten eines Prozesses der Säkularisierung und Medikalisierung von Sterben und Tod. Das Seufzen der Kreatur gilt nicht mehr der Furcht vor der Waage, auf der die Seele nach dem Tode als zu leicht befunden werden könnte, sondern das Seufzen der Kreatur gilt der Angst vor Schmerzen, der Atemnot, der Inkontinenz, der nicht gewünschten Lebensverlängerung, der Intensivmedizin. „Dignitas" steht für die Tendenz, der kontrollierten Abwicklung des Lebens einen neuen Baustein hinzuzufügen: Die Sicherheit eines problemlosen Abgangs. Wir hatten gesagt, dass organisierte Euthanasie wesentlich industrielle Dimensionen aufweist. Man muss hinzufügen: Sie hat auch Züge einer auf die Absicherung und Versicherung von Lebensbedingungen fixierten Gesellschaft: Sie ist die Vollendung eines „Rund-um-sorglos-Paketes", das Versicherungen heute anbieten.

Warum sollen wir sie nicht abschalten? In einer radikalisierten Waren- und Wachstumsgesellschaft ist die Frage nicht mehr ohne weiteres zu beantworten, warum hinfällige Alte am Leben erhalten werden sollen. Je deutlicher christliche und aufklärerische Fundamente wegbrechen, desto heikler werden ethische Fragen. Aus welchen Quellen sollen sie beantwortet werden? Kann der säkulare Staat moralische Ressourcen aus sich heraus entwickeln?[16] Noch scheint es einen gesicherten europäischen Konsens darüber zu geben, dass „nutzlos" gewordene Menschen nicht entsorgt werden. Ist dieser Konsens den christlichen und aufklärerischen Resten in den europäischen Gesellschaften zu danken? Die Euthanasiefrage ist nicht nur eine praktische oder juristische oder medizinische Frage. Sie ist zuerst eine ethische Frage in einer Lebenswelt, der die Grundlagen ihrer Ethik weitgehend abhanden gekommen sind. Vielleicht ist die Euthanasiedebatte auch mit der Chance verbunden, die Bindung an abendländische Traditionen als unaufgebbar wahrzunehmen, weil sonst einer Pseudo-Ethik der Nützlichkeit nichts mehr entgegenzusetzen ist. Und eine Orientierung an der Nützlichkeit hat über kurz oder lang einer industrialisierten Euthanasie nichts mehr entgegenzusetzen.[17]

Zur Lebensplanung tritt wohl zukünftig die Sterbeplanung als geradezu selbstverständlich hinzu. „Wilde Selbstmorde und wilde Sterbeverläufe" werden in den industrialisierten, reichen Regionen der Welt nur noch am Rande vorkommen. Aus diesem Areal des Lebens wird ein betreuter Bezirk werden.[18] Dieses geplante Sterben dürfte sich als neues Ideal etablieren, das „einerseits allgemein gesetzlichen

---

[16] Vgl. dazu die Debatte zwischen Kardinal Ratzinger und dem Philosophen Habermas: J. Habermas, J. Ratzinger: *Dialektik der Säkularisierung*. Freiburg 2005.

[17] Vgl. R. Spaemann: „Sind alle Menschen Personen? Über neue philosophische Rechtfertigungen der Lebensvernichtung". In: J.-P. Stössel (Hg.): *Tüchtig oder tot. Die Entsorgung des Leidens*. Freiburg 1992, S. 133-147.

[18] Vgl. dazu K. Feldmann: „Suizid und die Soziologie von Sterben und Tod". In: *Österreichische Zeitschrift für Soziologie* 23/4 (1998), S. 7-21.

Normen entspricht, andererseits individuelle Spielräume zuläßt."[19] Sterben nach Maß. Der Suizid – so Klaus Feldmann – wird sich wahrscheinlich in einer humanisierten, individualisierten und rechtlich kontrollierten Form wie die Scheidung oder die Abtreibung gegen den erbitterten Widerstand von gesellschaftlichen Gruppen als Institution etablieren. Sie wird einen unverfänglichen Namen tragen und eigene professionelle medizinische, ökonomische, praktische und psychotherapeutische Beratung ausbilden. Soll man spekulieren? Wird man von Lebensabschnitt-Begleitung für das Ende reden? Von Ausgangsexperten? Vom Institut „Schlafes Bruder"? Das Sterbegeld, das man einmal bekam, um die Beerdigung zu sichern, dürfte auch unter anderem Namen wiederkehren und für die Abtritts-Kosten zu nutzen sein – ausgezahlt aus einer speziellen Versicherungspolice oder aus der Krankenkasse? War einmal zu christlichen Zeiten dem Selbstmörder nur ein Schand-Eckchen auf dem Friedhof zugestanden, so dürfte künftig der Mix aus assistiertem Selbstmord und Euthanasie zum gesellschaftlichen Ideal und dann zur Selbstverständlichkeit werden. Die Vorbereitung auf das Sterben hätte in dieser Zukunft zuerst einen medizinischen, dann einen therapeutischen und schließlich einen praktischen Teil. Die Sterbevorsorgeuntersuchung würde nach anfänglichen Widerständen so selbstverständlich werden wie die Vorsorgeuntersuchung für Schwangere oder für Krebs. „Es könnten verschiedene Messungen von körperlichen Funktionen regelmäßig vorgenommen werden. Hierauf werden allgemeine Schwellenwerte oder Parameterkombinationen festgelegt, bei denen ärztliche oder persönliche Eingriffe der Beendigung des Lebens legal sind. Die tatsächliche Festlegung der terminalen Werte erfolgt jedoch durch die Person."[20] Hier sieht man auch, dass die Patientenverfügung ein noch stümperhafter Anfang auf dem Wege zur Sterbeplanung ist.

---

[19] Feldmann, a. a. O. S. 19.
[20] Feldmann, a. a. O., S. 20, Anm. 15.

Wirklichkeitsfelder

Martin W. Schnell

Das Lebensende im Zeichen der Patientenverfügung
Anmerkungen aus Sicht der Pflegewissenschaft

Heideggers Bestimmungen der Jemeinigkeit des Todes und der Unvertretbarkeit des Sterbens spiegeln sich heute wider in einer Position der *Selbstbestimmung* in Angelegenheiten der Biomedizin am Lebensende: Ich bestimme, was mit mir getan werden darf bzw. soll. Aus dem jederzeit möglichen Verlust der faktischen Selbstbestimmung ergibt sich für den Einzelnen die Notwendigkeit, seine Interessen und Präferenzen vorsorgend zu formulieren. Für die Pflege und ihre Wissenschaft ist allerdings nicht meine Sorge um meinen Tod, sondern die Sorge um den Anderen und sein Lebensende zentral. Ein Paradigmenwechsel ist also nötig.

„Der Tod des Anderen ist der erste Tod."[1] Mit Emmanuel Levinas geht die Pflege davon aus, dass dem Dasein eine Nicht-Indifferenz gegenüber dem Anderen eigen ist.[2] Ich bin in meiner so genannten Eigentlichkeit dadurch definiert, für den Anderen verantwortlich zu sein, der ein Sterblicher ist. Die Möglichkeit eines „Sterbens für den Anderen" bedeutet, dass der „Tod des Anderen stärker als die Sorge um sich selbst ist."[3]

Dass die Verantwortung für das Enden des sterblichen Anderen von einer „Nichtindifferenz"[4] beseelt wird, besagt noch nicht, *was* die Pflege im Sinne einer guten Sterbebegleitung *wie* zu tun hat. Das Was und das Wie muss vielmehr als im pflegerischen Handlungsbereich liegend noch bestimmt werden. Diese Aufgabe besteht, seitdem Menschen überhaupt eine *cura sui* betreiben. Die Bedingungen der Bestimmung des Was und des Wie der Sterbebegleitung sind allerdings variabel. In der Gegenwart muss die Pflege nun zur Kenntnis nehmen, dass das Lebensende des Menschen im Zeichen der Patientenverfügung steht. In deren Licht zählt die Pflege gar zu den Adressaten der Patientenverfügung.

---

[1] E. Levinas: *Gott, der Tod und die Zeit*. Wien 1996, S. 53.
[2] E. Levinas: *Unter uns. Versuche über das Denken an den Anderen*. München 1995, S. 239.
[3] Levinas: *Unter uns*, a. a. O., S. 248 f.
[4] E. Levinas: *Jenseits des Seins oder anders als Sein geschieht*. (1974) Freiburg, München 1992, S. 361.

Der von mir gewählte Begriff der *Adressierung* ist hinreichend unklar, um ausdrücken zu können, dass die Verfügung eine kommunikative Aktion ist. Ein Autor verfügt etwas bezüglich seiner eigenen Person an die Adresse anderer Menschen. Die Verfügung ist jemandem zugedacht, der vom Sender der Verfügung im Augenblick der Sendung möglicherweise persönlich gekannt wird oder auch nicht, der um die Adressierung an seine Person weiß oder auch nicht, der die Adresse annehmen will oder soll oder muss oder auch nicht. Klarer kann man es durch Sagen auch nicht machen, eine Verfügung ist schließlich kein Vertrag!

Die Pflege als Adressat der Patientenverfügung

Es sind derzeit etwa 180 Formulare auf dem Verfügungsmarkt erhältlich. Jeder Kunde kann heute entweder christlich oder gewerkschaftlich oder humanistisch oder noch anders geformt über sein Ende Aussagen tätigen. Wie in solchen Fällen üblich folgt auf eine Pluralisierung von Möglichkeiten eine Monopolisierung. Das heißt hier: eine Klarstellung dessen, was eine Patientenverfügung (inklusive ihrer Zusätze hinsichtlich Vorsorge und Betreuung) eigentlich ist, was sie leisten solle, und zwar von höchster Stelle aus.

Im September 2003 wurde von Bundesjustizministerin Brigitte Zypries eine Arbeitsgruppe zum Thema „Patientenautonomie am Lebensende" eingesetzt. Ausgangspunkt dieser Maßnahme war ein Beschluss des XII. Zivilsenats des BGH vom 17. März 2003. Darin hatte der BGH eine sachliche und gesetzliche Klarstellung der Verbindlichkeit und Durchsetzbarkeit einer Patientenverfügung angeregt. Die von Klaus Kutzer geleitete Arbeitsgruppe sollte in dieser Frage Sachaufklärung betreiben und einen Gesetzesentwurf vorbereiten. Aus dem Abschlussbericht vom 10. Juni 2004 möchte ich an dieser Stelle nur einen bestimmten Aspekt hervorheben, nämlich den der *Adressierung*. An wen richtet sich die Verfügung eines einwilligungsunfähigen Menschen in Fragen medizinischer und begleitender Maßnahmen eigentlich? Zu dieser Frage finden sich in den Absätzen 1a bis c des dritten Teils des Berichts der Kutzer-Kommission interessante Ausführungen.

„Die Willensbekundungen richten sich in erster Linie an die Ärztin oder den Arzt und das Behandlungsteam. Sie können sich zusätzlich an eine bevollmächtigte oder gesetzliche Vertreterin oder einen bevollmächtigten Vertreter richten und Anweisungen oder Bitten zur Auslegung und Durchsetzung der Patientenverfügung enthalten."[5]

---

[5] Abschlussbericht der Kommission „Patientenautonomie am Lebensende", www.bmj.bund.de/files/ 695/Bericht_AG_Patientenautonomie.pdf (10.06.2004). Stand: 05. Januar 2007.

Stellen wir an dieser höchst bemerkenswerten Stelle zunächst fest: Eine Patientenverfügung hat als Adressaten all jene Menschen, die verantwortlich an der Begleitung eines an seinem Lebensende angelangten und aktuell einwilligungsunfähigen Menschen mitwirken. Zu diesen Begleitern zählen Pflegepersonen. Pflegepersonen sind all jene, die pflegerisch tätig sind. Pflegerisch tätig ist jeder Mensch, pflegerisch tätig am Lebensende könnte potentiell jeder Mensch sein, ausgenommen ist natürlich der zu pflegende und einwilligungsunfähige andere Mensch selbst. Diese Sachlage wird in der Literatur über die Pflege kaum adäquat dargestellt, weil die Frage nach dem Adressaten nicht gestellt wird.[6]

Bemerkenswert ist die soeben vorgetragene Textstelle, weil sie klarstellt, dass eine Verfügung überhaupt einen Adressaten hat. Das ist den meisten Menschen, die heute eine Verfügung ausfüllen, gar nicht klar. Schuld an dieser Unklarheit sind, neben der unkritischen Fixierung auf die heideggersche Position, nicht zuletzt die Verfügungsformulare, wenn sie eine Titelspalte zum Thema *Vertrauensperson* gar nicht vorsehen. Erst in der letzten Zeit hat sich auf dem Markt der Verfügungsanbieter ein Qualitätsschub bemerkbar gemacht. Ich erwähne namentlich die überarbeitete Fassung der *Christlichen Patientenverfügung*, die von der Deutschen Bischofskonferenz und dem Rat der EKD vertrieben wird. Der Stellenwert der betreuenden Person wird dem Autor einer Verfügung nun deutlicher vor Augen geführt.

Vom *Vertrauen* kann im gesamten Bereich der Patientenverfügung als einer unklaren Grundrelation gesprochen werden. Wer autonom seinen Willen verfügt, vertraut darauf, dass andere ihn nicht enttäuschen werden. Für den Begleiter erscheint dieses als Zumutung des Vertrauens. Von einer unklaren Grundrelation kann hier gesprochen werden, weil eben unklar ist, ob Sache und Kategorie des Vertrauens überhaupt innerhalb der Form der Patientenverfügung diskutierbar sind. Als Form hat die Patientenverfügung ihre Exklusionen, also Dinge, die sie ausschließt, und sie hat zudem ihre inneren Konflikte, die in der Sache der Adressierung zur Geltung gelangen.

Die konflikthafte Qualität der Adressierung

Bemerkenswert ist die Textpassage aus dem Kutzer-Bericht, weil sie über die Adressierung hinaus auch etwas zur anscheinend konflikthaften Qualität der Adressierung aussagt. Zur Erinnerung – in der letzten Zeile der Textpassage heißt es, dass Willensbekundungen sich an jemanden „richten und Anweisungen oder Bitten zur Auslegung und Durchsetzung der Patientenverfügung enthalten."

---

[6] Deshalb irreführend etwa: R. Jox et al.: „Patientenverfügung. Entscheidungen am Lebensende. Praktische Hilfe für Pflegekräfte". In: *Die Schwester/Der Pfleger* 1/2005, S. 36-38.

Die Konflikthaftigkeit betrifft die Frage, in welcher Weise die vier zentralen Begriffe der Textpassage der Sache nach zusammenpassen.

Erster Begriff: *Anweisung*. Hiermit wird die starke Position des Autors der Verfügung betont, der seine Autonomie gegenüber der Mitwelt geltend macht, indem er dieser sagt, was er will, dass getan werden möge.

Zweiter Begriff: *Bitte*. Jetzt ist eine ungleich schwächere Position des Autors gemeint. Die Bitte ist ein Ersuchen um Hilfe der Adressaten, weil der Autor in der Situation, in welcher seine Verfügung zur Realisierung ansteht, als nichteinwilligungsfähiger Patient seine Eigenmacht eingebüßt hat und sein Schicksal in der Hand der Mitwelt liegt. Die Bitte ist das Ersuchen um Güte.

Dritter Begriff: *Auslegung*. Hier geht es um die Frage, wie etwas zu verstehen ist. Der Text der Verfügung kann schließlich mehrere Interpretationen zulassen. Deshalb muss die Auslegungssache geklärt sein. Manche Anbieter von Patientenverfügungen, so etwa die *Ärztekammer Berlin*, haben hierfür vorgesehen, dass ein Autor festlegt, wer die maßgebliche Entscheidung trifft. Wenn es nicht eindeutig ist, ob die verfügte Sachlage eingetreten ist, soll entscheiden: mein Arzt, der Ehemann, das Gericht oder der Zufall? Wir befinden uns hier im Bereich der politischen Hermeneutik, also der „entscheidenden Hobbes-Frage: Quis interpretabitur", wie Carl Schmitt formuliert.[7] Zu denken ist auch an Spinozas Bemerkungen über die „Autorität der Schriftauslegung".[8] Autorität heißt, dass jemand im Rahmen eines Spielraums verantwortlich interpretiert, wie ein verfügter Wille zu verstehen ist.

Vierter Begriff: *Durchsetzung*. Während es bei der Auslegung um Autorität geht, steht jetzt die Macht im Mittelpunkt. Ich zitiere Max Weber: „Macht bedeutet jede Chance, innerhalb einer sozialen Beziehung den eigenen Willen auch gegen Widerstreben durchzusetzen."[9] Eine Auslegung muss schließlich zur Geltung kommen, indem sie gegen Alternativen durchgesetzt wird. Die *Deutsche Gesellschaft für Humanes Sterben* wirbt dementsprechend mit ihrer Dienstleistung der, wie es in ihrer Werbung heißt, „Durchsetzung Ihres Willens, notfalls mit Rechtsanwalt und Gericht".[10]

Insgesamt wird hier deutlich, dass die vertrauensvolle Adressierung der Patientenverfügung einander entgegengesetzte Bestimmungen enthält und es somit darauf ankommt, dass der Adressat tut, was der Autor will, indem der Adressat von sich aus tätig wird. Das Problem liegt darin, wie, so die etwas verharmlosende, aber auch wieder richtige Formulierung der *Altenpflege* lautet, der „unausweichliche Spagat

---

[7] C. Schmitt: *Politische Theologie II*. (1970) Berlin 1984, S. 33.
[8] B. de Spinoza: *Theologisch-Politischer Traktat*. (1670) Hamburg 1984, S. 137.
[9] M. Weber: *Wirtschaft und Gesellschaft*. (1922) Tübingen 1980, S. 28.
[10] Nämlich im Spiegel vom 06. Juni 2005.

zwischen Selbstbestimmung und Fürsorge" möglich ist.[11] Oder anders gefragt: Kann es hier eine *Autonomie durch Stellvertretung* geben?[12]

Wenn Widerstreitigkeiten eine Sache selbst ausmachen, sind falsche Antworten nicht weit. Man versucht Komplexität zu reduzieren, indem man die Sache einfacher macht, als sie sich zeigt.

Entweder Selbstbestimmung oder Fürsorge!

Die erste Antwort, die von radikalen Individualisten im Bereich des Medizinrechts vertreten wird, setzt die Selbstbestimmung über das eigene Leben so hoch, dass diese auch gelten soll, wenn ich nicht an einer tödlichen Krankheit leide. Ich lege selbst fest, was meine Würde ausmacht, und binde mit meiner Patientenverfügung die Adressaten absolut.[13] Die Begleitung eines Menschen an dessen Lebensende würde eine Befehlsausführung ohne Ermessensspielraum sein, die nicht nur unmöglich, sondern auch gewissenlos wäre.

Die zweite Position glaubt, dass die Autonomie des Patienten überschätzt wird, dass die Institution der Patientenverfügung die vertrauensvolle Beziehung des Patienten zum Arzt verrechtlicht und dass die Patientenverfügung ein Türöffner für Euthanasie sein kann.[14] Als Alternative wird die Fürsorge des heilberuflichen Begleiterteams angesehen. Der gute Begleiter am Lebensende erfüllt alle Wünsche. Ein kritischer Maßstab zur Bemessung, ob sein Mitleid nicht vielleicht ein tödliches und wider den Willen des Patienten ist, fehlt indes.

Diese Streitigkeiten sind politisch bedeutsam, für die Sache der Sterbebegleitung aber eher nicht. Die Beschäftigung der Pflegewissenschaft mit einer Autonomie durch Stellvertretung ist hierzu eine mittlere Position und soll dazu beitragen, eine unter vielleicht anderen möglichen Antworten auf die eigentliche Frage zu geben.

Die eigentliche Frage

Es ist durchaus sinnvoll, noch einmal daran zu erinnern, dass es hier nicht in erster Linie um die Institution der Patientenverfügung geht, sondern um ein anderes Pro-

---

[11] Th. Weiss: „Unausweichlicher Spagat." In: *Altenpflege* 5/2002, S. 64-66, S. 66.
[12] Vgl. A. Meißner: „Patientenverfügung: Der Weg zur Autonomie führt über den Dialog." In: *Pflegezeitschrift* 12/2003, S. 22-26.
[13] Vgl. W. Putz, B. Steldinger: „Sterbenlassen – Aufgabe der Pflege?" In: *Die Schwester/Der Pfleger* 3/2003, S. 232-235.
[14] A. Zieger et al: „Sichern 'Patientenverfügungen' ein 'Sterben können in Würde'?" In: *Intensiv* 6/10 (2002), S. 223-234.

blem. Es stellt sich heute in spezifischer Weise die Frage, wie der bedürftige Mensch mit Lebensqualität, in Würde und möglichst großer Selbstbestimmung sein Lebensende durchleben kann und soll. Diese eigentliche Frage ist keine bloße Sache von Normen, sondern ebenso eine Angelegenheit gelebter Kultur. Die Tatsache, dass in der Hauptsache über die Patientenverfügung dennoch als normative Form gesprochen wird, zeigt, dass die Substanz einer gelebten Kultur schwindet. Normen sollen festschreiben, was es als solches nicht gibt, was aber offenbar dennoch erstrebenswert wäre! Menschen wünschen keine Patientenverfügungen, sondern ein würdiges Ende, wie Birgitt van Oorschott in ihrer diesbezüglichen Studie noch einmal herausgestellt hat.[15]

Palliativ behandelte Tumorpatienten leben mit der Endlichkeit ihrer Existenz vor Augen, fragen nach ihrem Lebensende und befassen sich in diesem Zusammenhang mit der Patientenverfügung. Es ist die latente Bedürftigkeit, die hier manifest wird und damit interesseleitend ist. Dieser Punkt ist deshalb so wichtig zu betonen, weil sehr viele Anbieter von Patientenverfügungen und ebenso viele Kunden ein ganz anderes Szenario zugrunde legen. Man solle 'in guten Tagen', wie es gelegentlich heißt, die Patientenverfügung seiner Wahl und seiner Wünsche ausfüllen. Die Beratung durch den Anbieter und die Situation des Kunden sind vom Charakter her wie beim Abschluss einer Zusatzversicherung gegen Wasserschäden am Eigenheim. Es gibt große Beerdigungsunternehmen, die eigentlich *Unser Lebensende wird schöner* heißen müssten, weil sie alles im Sorglospaket anbieten, wenn ein Mensch nicht mehr allein für sich sorgen kann: Pflegedienst, Heimplatz, Patientenverfügung, Sarg, Kranz, Beerdigung, Kaffeetrinken, Trauerseminar, Grabpflege (vgl.: die Dienstleistungen der *Anna Luise Altendorf Stiftung*).

Das Problem ist, dass die Frage des Zuendekommens des Lebens heute oft als Versicherungsfall ausgegeben wird, der durch einen guten Vertrag gelöst werden könne. Man muss nur bereit sein, die Möglichkeit konstitutiver Konflikte zu vergessen und Epikur zu glauben, dass, wenn es soweit ist, ich schon weg bin. Es wäre sehr interessant zu erfahren, wie François Ewald diese Konstellation interpretieren würde.

Die Haupt- und Staatsaktionen

Wir befassen uns hier mit einer Thematik, die nicht nur den Markt betrifft, sondern auch die offizielle Staatskultur. Gesundheitspolitik, Ärztekammer, Kirchen, Gewerkschaften, Verbände, Prominente (es fehlen nur der Papst und die wichtigsten

---

[15] Vgl. B. van Oorschot et al.: „Patientenverfügungen aus Patientensicht. Ergebnisse einer Befragung von palliativ behandelten Tumorpatienten." In: *Ethik in der Medizin* 2/2004, S. 51-63.

Fußballvereine) vertreten der Sache nach die *These*: Die Patientenverfügung ist eine Bedingung der Möglichkeit für ein würdiges, qualitätsvolles und selbstbestimmtes Sterben!

Die Pflegewissenschaft fragt: Stimmt das überhaupt? Wie kann die Patientenverfügung Autonomie und Fürsorge miteinander verbinden, worin offenbar das zentrale Problem liegt?

Im Forschungsseminar an der Universität Witten-Herdecke haben wir diese Frage anhand einer Diskursanalyse diverser Formulare von Patientenverfügungen untersucht. Was ist die kommunikative Form eines unausgefüllten Patientenverfügungsformulars? Meistens treffen wir auf einen unübersichtlichen Mix aus *Anweisungen* des Autors, *Bitte* an die Adressaten, *Einsetzung* einer fürsorglichen Person, *Interpretationsrichtlinien* und anderem mehr. Ich beschränke mich auf einige wenige Aspekte.

- Die Verfügungseröffnung: Ich *wünsche, erkläre, möchte, bitte, fordere* usw.
- Die Basisethik: kein *unwürdiges Dahinvegetieren, qualvolles Leiden* (DGHS), *Stille und Würde* (Sozialministerium Baden-Württemberg), *Meine Wertvorstellungen* (sehr häufig als Überschrift eines leeren Blattes).
- Der Inhalt der Verfügung:
  - heilberufliche Dienstleistungen: Schmerztherapie, ausreichend Schmerzmittel (Zentrum für Ethik RUB), krankenpflegerische und medizinische Grundversorgung (Anna Luise Altendorf Stiftung), lindernde pflegerische Maßnahmen, insbesondere Mundpflege zur Vermeidung des Durstgefühls (Bundstift e. V., Essen),
  - menschlich-professionelle Zuwendung: *menschliche und seelsorgerische Begleitung* (Aids-Aufklärung), *ärztlichen und pflegerischen Beistand* (Seniorenbüro Bergisch-Gladbach), *persönlicher* und/oder *geistlicher Beistand* (Ärztekammer Berlin), im Betreuungsfall: *Kontakt zu Kinder* und/oder *Enkelkindern* (ebd.), *menschliche Begleitung, Behandlung und sorgsame Pflege* (Arbeiterwohlfahrt Sachen-Anhalt), *ärztlichen und pflegerischen Beistand* (Bundstift e. V., Essen).

Diese Textphrasen, die den Autoren als anzukreuzende und zu ergänzende Grundworte vorgegeben sind, zeugen von den Versuchen der Formalisierung einer Bitte, mit der ein Mensch autonom jemand anderen um Fürsorge ersucht, und zwar durch die Form der Patientenverfügung.

Das Forschungsprojekt

Die Diskursanalyse der Formulare ist Teil eines Forschungsprojektes an unserer Universität zum Thema *Das Lebensende im Zeichen der Patientenverfügung.*

Das Projekt erforscht die Situation von Adressaten einer Patientenverfügung, also von Menschen, die jemanden, der eine Patientenverfügung erlassen hatte, an dessen Lebensende begleitet haben, in welchem die Patientenverfügung zum Einsatz gekommen ist. Im Sinne von Levinas gilt offenbar, dass die Verantwortung der Adressaten als Begleiter konstitutiv für die Realisierung des verfügten Willens ist. Adressaten, die von anderen Menschen angerufen werden und die von sich aus als Begleiter tätig werden, sind: Angehörige, Ärzte, Pflegende, Betreuer und andere Personen. Die Situation dieser Begleiter wird erforscht. Dabei geht es um Antworten auf folgende allgemeine Fragekomplexe:

a) Die Person des Autors: Was wusste der Begleiter über dessen Person und Werthaltungen?

b) Die Person des Begleiters: Worin bestand die Adressierung? Welche Rolle war dem Begleiter zugedacht, was hat er als Begleiter getan? Welche Rolle spielte dabei das Vorhandensein der Patientenverfügung?

c) Die Patientenverfügung: Hat der Begleiter sie selbst gesehen?

d) Die Begleitung: Wie viele Personen waren daran beteiligt? Wie sah die Kommunikation unter diesen aus? Gab es Konflikte?

e) Votum: Was würden Sie jemandem raten, der heute überlegt, eine Patientenverfügung auszufüllen? Auf was sollte diese Person besonders achten?

Das Ziel der Forschung besteht darin, Erkenntnisse zu gewinnen, die in einen Kriterienkatalog eingehen, der anzeigt, welche Anforderungen eine Patientenverfügung zu erfüllen hätte. Ich will nun einige Ergebnisse der Untersuchung ganz kurz skizzieren. Die Umsetzung der Fragen in empirische Forschung, also in ein Erhebungsinstrument, die Auswertung der Daten und die Forschungsethik lasse ich ganz beiseite.

Wir haben zunächst Experteninterviews geführt. Experten sind Menschen, deren Profession es ist, Sterbende zu begleiten. Die Aussagen der beruflichen Begleiter drücken tendenziell den Wunsch aus, dass sich die Gesellschaft im Hinblick auf ein verantwortliches Begleiten am Ende auf verschiedene Szenarien einstellen möge.

a) Es ist problematisch, Menschen nicht darüber aufzuklären, dass deren Autonomie am Lebensende beschränkt sein kann. Die Interpretation einer Patientenverfügung oder die Ermittlung eines mutmaßlichen Willens sind fremd und als solches vielleicht unvermeidlich. Gerade dann dürfen sie aber nicht als reine Eigenleistungen ausgegeben werden.

b) Es ist darüber aufzuklären, dass das Ende des Menschen immer auch in der Hand anderer liegt. Manche Ärzte schlagen vor, dass es einen informellen Fürsprecher geben solle, der sich um ein würdiges Lebensende kümmert. Es käme darauf an, Qualitätskriterien für die Aufgaben eines solchen gemeindenahen Kümmerers zu erstellen.

c) Die Gestaltung des Lebensendes ist auch von dem Wissen der Begleiter über die betroffene Person abhängig. Im Krankenhaus weiß man zu wenig über einen Patienten, die Verfügung allein kann dieses Defizit nicht ausgleichen. Im häuslichen Umfeld weiß man möglicherweise zu viel, so dass eine Verfügung schnell zum Gegenstand von Deutungs- und Vertrauensstreitigkeiten werden könnte. Das stationäre und ambulante Hospiz wird von vielen Befragten als ideale Alternative angesehen. Zu bedenken bleibt allerdings, dass viele unserer bis hierher interviewten Partner der Hospizbewegung verbunden sind und sicher auch deshalb zu ihrer Expertise gelangen.

d) Eine Patientenverfügung sollte therapeutisch sinnvolle Optionen nicht ausschließen. Die meisten Ärzte vertreten diese Ansicht. Aus ihr folgt wiederum in den meisten Fällen: Patientenverfügungen, die therapeutisch sinnvolle Optionen ausschließen, werden von Ärzten nur höchst selten als verbindlich angesehen.

e) Schließlich sind (vor allem aus Sicht der Ärzte) haftungsrechtliche und berufsethische Aspekte im Hinblick auf das Lebensende im Zeichen der Patientenverfügung zu klären und zu diskutieren.

f) Pflegende gelten im Kontext der Intensivstation nicht als primäre Adressaten einer Patientenverfügung. Sie werden durch den Arzt lediglich über den Inhalt der Verfügung informiert. Pflegende haben aufgrund dessen ein eigenes Verständnis des Sinns einer Verfügung entwickelt. Das Instrument gilt ihnen nicht als strikt zu befolgende Handlungsanleitung, sondern als Anlass der Willensbildung des Patienten und der Selbstreflexion der Angehörigen. Setzen sich Patienten und Angehörige nicht mit dem Lebensende auseinander, dann bilden die bloße und zugleich nachhaltige Frage, ob eine Patientenverfügung vorläge, und die Übergabe eines Formulars einen Anstoß, um diesen Mangel zu beheben. Die Verfügung als solche ist bloßes Mittel zum Zweck. Dieses im rechtlichen Sinne vielleicht 'mangelhafte' Verständnis hat durchaus einen Sinn. Wenn Wittgenstein hervorhebt, dass kein Sprachspiel total geregelt werden könne und solle, da es sonst nicht oder nicht gut funktionieren würde[16], betont er den Vorteil von Freiräumen. Ebenso tun es die Pflegenden im Hinblick auf die Patientenverfügung. Es solle keine zu strikten Verfügungen geben, da sonst

---

[16] L. Wittgenstein: *Philosophische Untersuchungen.* (1952) Frankfurt a. M. [11]1997, §§ 68, 83.

die Organisation der Begleitung am Lebensende nicht flexibel genug koordiniert werden könne. Verantwortung erfordert Freiheit.

Die Forschung, die bis jetzt die Relevanz des Paradigmenwechsels von Heidegger zu Levinas unterstrichen hat, wird als nächstes ambulante Versorgungsteams interviewen, dann Pflegende und schließlich Angehörige.

Zu erwähnen ist ein wichtiger Streitpunkt im Hinblick darauf, in welcher Perspektive eine Patientenverfügung abgefasst werden soll, die die Wünsche eines Menschen zu seiner (pflegerischen) Begleitung am Lebensende formuliert: Es ist umstritten, ob eine rechtsnormative Perspektive zur Bestimmung dessen, was eine Patientenverfügung leisten solle, evidenzbasiert sein muss oder nicht. Für uns ist die Antwort eindeutig: Vom Ende und vom Begleiter her ist der Blick auf den Anfang, den der Autor der Verfügung nimmt, zu richten!

Die fragliche Evidenzbasierung kann nur in einer *dichten Beschreibung* bestehen. Die Patientenverfügung trifft demnach auf mindestens vier verschiedene Milieus, in denen die Lebensbeendigung jeweils etwas anderes bedeutet:

a) Zu Hause und im Alltag wird gelebt und nicht gestorben. Das Lebensende ist kein Thema unter anderen.

b) Im Heim wird ebenfalls gelebt, teilweise im Lichte eines Konzeptes für das Lebensende, häufig aber auch nicht. Es kommt immer noch vor, dass Pflegende beim Versterben eines Heiminsassen eine Putzorgie veranstalten, um die Spuren des Jenseits zu tilgen. Im Idealfall gelingt es, den alten Mensch noch rechtzeitig ins Krankenhaus zu verschicken.[17]

c) Auf der Intensivstation und in der Notfallmedizin sind das Überleben und die Lebensrettung die obersten Ziele. Patientenverfügungen, die die Unterlassung intensivmedizinischer Maßnahmen anordnen, stören hier buchstäblich.

d) Im Hospiz und im Rahmen der stationären oder ambulanten Palliativversorgung wird ein individuelles Konzept für die Begleitung am Lebensende entwickelt, allerdings ohne eine Patientenverfügung im engeren Sinne zu benötigen.

Es stellt sich insgesamt die Frage, ob die Institution der Patientenverfügung dem jeweiligen Relief des Milieus gerecht werden kann und was sie dort jeweils zur Verbesserung des Lebensendes beitragen kann.

---

[17] Vgl. A. Gebert, H.-U. Kneubühler: *Qualitätsbeurteilung und Evaluation der Qualitätssicherung in Pflegeheimen.* Bern 2001.

Vermittlungen: Sterben und Tod heute

Die Beziehung zwischen einem Menschen an dessen Lebensende und seinen Begleitern, die Verantwortung für den Menschen und dessen verfügte Autonomie übernehmen, wird durch Vermittlungen mitbestimmt, die von dem zeugen, was man *Sterben und Tod heute* nennen könnte.[18]

1. Vermittlung: Die Unsichtbarkeit des Todes
Die Hirnforschung geht von einer dualistischen Ontologie aus und legt das Schwergewicht auf all das, was sich der Erfahrbarkeit des Menschen entzieht, wie Wolf Singer und Gerhard Roth vorführen. Der Tod des Menschen, welcher der Hirntod ist, ist nicht erfahrbar. Ob jemand tot ist, kann man nicht sehen, da der Hirntod als vereinbar mit Phänomenen gilt, die man dem Leben zurechnen würde. Dieser Dualismus produziert Probleme in der Praxis der Organtransplantation[19] und in der Auffassung von Schwangerschaft. Alexandra Manzei ist in ihrem Buch *Hirntod, Herztod, ganz tot?* am Beispiel des Erlanger Falls der Frage nachgegangen, wie aus Nichts etwas entstehen kann, und sie hat gezeigt, dass der Tod eine buchstäbliche Definitionsfrage und kein rein natürliches Faktum ist.[20] Die Feststellung des Hirntodes ist nämlich, so Gesa Lindemann, ein performativer Akt: Indem der Tod festgestellt wird, gilt er als aktuell eingetreten. Wird er freitags festgestellt, ist man freitags tot; wird er, aufgrund von Personalknappheit auf der Intensivstation, erst montags festgestellt, dann montags. Beim Karneval ist am Aschermittwoch alles vorbei.[21] Sterben ist immer auch gemacht, man wird zu Ende gebracht.

Die Konsequenz aus der Unsichtbarkeit des Todes ist, dass jeder Mensch selbst festlegen sollte, wann er als tot gelten möchte. Die Voraussetzung dafür ist die Macht der Selbstbestimmung.

2. Vermittlung: Die Zumutung der Selbstbestimmung
Die Jemeinigkeit des Sterbens und des Todes bedeutet, dass ich selbst verantwortlich zu sein habe. Dazu benötige ich Macht. Diese gründet in der Selbstbestimmung.

---

[18] Vgl. auch M. W. Schnell: „Patientenautonomie im klinischen Alltag". In: Arbeitsgemeinschaft Rechtsanwälte im Medizinrecht e. V. (Hg.): *Ärztliche Behandlung an der Grenze des Lebens*. Berlin, Heidelberg 2004, S. 87-94.
[19] Vgl. auch M. W. Schnell: „Ethische Konflikte von Pflegenden bei Transplantation". In: *Die Schwester/Der Pfleger* 11/2000, S. 128-132.
[20] Vgl. A. Manzei: *Hirntod, Herztod, ganz tot?* Frankfurt a. M. 1996.
[21] Vgl. G. Lindemann: *Die Grenzen des Sozialen. Zur sozio-technischen Konstruktion von Leben und Tod in der Intensivmedizin.* München 2002.

Die *Bundesärztekammer* hat für diesen Fall eindeutige Bestimmungen. Das Grundprinzip besagt, dass „jeder Patient ein Recht auf Selbstbestimmung hat."[22]

Wie ernst es damit gemeint ist, bemisst sich daran, dass jedwedem Paternalismus abgeschworen wird. Hierfür steht der Nachsatz: Das Selbstbestimmungsrecht „gilt auch für Situationen, in denen der Patient nicht mehr in der Lage ist, seinen Willen zu äußern." Es stellt sich allerdings die Frage, wie eine Person ihrem Recht auf Selbstbestimmung Geltung verschaffen kann, wenn sie faktisch gar nicht selbstbestimmt ist? Die *Bundesärztekammer* sieht hierin das Problem der „Sicherung der Selbstbestimmung", und zwar, in gut heideggerscher Manier, im Rahmen eines Vorlaufens zum Tode. Selbstbestimmung wird gesichert, wenn „Möglichkeiten der vorsorglichen Willensbekundung" gegeben sind. Selbstbestimmung wird nicht an Stellvertretung und Fürsorge gebunden, sondern an die gegenwärtige Macht, über die eigene Zukunft zu bestimmen. Somit gilt insgesamt, dass „Möglichkeiten der vorsorglichen Willensbekundung zur Sicherung der Selbstbestimmung Patientenverfügungen, Vorsorgevollmachten und Betreuungsverfügungen sind."[23]

Selbstbestimmung ist die Zumutung, selbst-bestimmt sein zu müssen. Wenn niemand Verantwortung für mich übernimmt, muss ich selbst es tun. Die These, dass eine Patientenverfügung einen in die „Zukunft hinein verlängerten Willen"[24] darstellt, blendet aus, dass die Verfügung an jemanden adressiert ist und als solche keineswegs Konflikte und Gewaltsamkeiten zu umgehen vermag.

3. Vermittlung: Die Gewaltsamkeit der Interpretation
Die Verlängerung des Willens in die Zukunft bedeutet, dass ich mich zu einer gegenwärtigen Zukunft verhalten soll, die ich damit als meine künftige Gegenwart akzeptiere. Ich werde dadurch aber unvermeidlich zum Objekt nachträglicher Interpretationen, die ich selbst nicht in der Hand habe.[25]

„Jede Patientenverfügung bedarf der Auslegung. [...] Diese Auslegung ist Aufgabe derjenigen, an die sich eine Patientenverfügung richtet, d. h. der an einer Be-

---

[22] Grundsätze der Bundesärztekammer zur Sterbebegleitung, www.bundesaerztekammer.de/30/Richtlinien/Empfidx/Sterbebegleitung2004/index.html (Mai 2004). Stand: 05. Januar 2007.
[23] Bundesärztekammer: „Handreichungen für Ärzte zum Umgang mit Patientenverfügungen". In: J. G. Meran et al. (Hg.): *Möglichkeiten einer standardisierten Patientenverfügung*. Münster, Hamburg, London 1999, S. 148-150, S. 149.
[24] Th. Klie, Chr. Student: *Die Patientenverfügung. Was Sie tun können, um richtig vorzusorgen*. Freiburg im Br. 2001, S. 31.
[25] Vgl. P. Gehring: „Autonomie als Diskursbaustein?" In: M. W. Schnell (Hg.): *Pflege und Philosophie. Interdisziplinäre Studien über den bedürftigen Menschen*. Bern 2002.

handlung beteiligten Ärzte und Pflegekräfte, aber auch des Vertreters des Patienten oder seiner Angehörigen."[26]

Die Auslegung oder Interpretation liegt mindestens darin, dass die Adressaten der Patientenverfügung meinen früher geäußerten Willen als meinen jetzt aktuellen Willen betrachten. Sie tun so, *als ob* es so wäre. Diese Zuschreibung produziert Realität, wo, gemessen an einer Aktualität des Handelns und Sprechens, gar keine ist. Man könnte nun darauf hinweisen, dass diese Simulation unvermeidlich und etwa im Recht üblich sei. Ebenso unvermeidlich ist dann aber auch eine *Gewaltsamkeit der Interpretation*, die darin besteht, dass der Schluss von meinem früher geäußerten Willen auf meinen jetzigen Willen immer nur unzureichend begründet ist. Es gibt Gründe, aber keine zureichenden.[27]

4. Vermittlung: The Charity of Interpretation
Man könnte den in einer Verfügung verfügten Willen gar nicht als eigene Willensäußerung ansehen, sondern lediglich als Anhalt für den mutmaßlichen Willen einer Person. Dann ist aber die Abhängigkeit von den Anderen, den verantwortlichen Begleitern, nicht minder groß. Diese müssen ihrer Verantwortung dem Patienten gegenüber gerecht werden, und zwar durch eine *Charity of Interpretation*, wie man in Abwandlung einer Formulierung Donald Davidsons sagen könnte.

Wohltaten trotz Gewaltsamkeit! Hier hat die Verstrickung von Autonomie und Fürsorge, Ethik und Ökonomie, Leben und Politik ihren Höhepunkt erreicht.

Wenn man schließlich Giorgio Agambens Ausführungen zur „Politisierung des Todes"[28] folgt, wird man eine Einsicht in die Dramatik des Sterbens erhalten. Der Mensch stirbt nackt in der Grauzone zwischen Leben und Tod, Person und Ding, Natur und Kultur, Ethik und Sachenrecht. Die Zumutung für die verantwortlichen Begleiter ist dadurch naturgemäß besonders hoch. Damit diese Zumutung nicht übermächtig wird, gilt, dass jeder eine Verantwortung für die Verantwortung für den

---

[26] Chr. Meier, J. D. Borasio, K. Kutzer (Hg.): *Patientenverfügung. Ausdruck der Selbstbestimmung – Auftrag zur Fürsorge.* Stuttgart 2005, S. 68.
[27] Vgl. M. W. Schnell: „Ethikkommissionen – Hilfe bei strukturellen Konflikten in der Pflegeethik". In: *Die Schwester/Der Pfleger* 8/1999, S. 630-634.
[28] G. Agamben: *Homo sacer. Die souveräne Macht und das nackte Leben.* Frankfurt a. M. 2002, S. 169.

Anderen mit übernimmt. Der Ort, von dem aus dieses Übermaß an Verantwortung gedacht werden muss, ist die Pflegewissenschaft und eines Tages hoffentlich die ganze Zivilgesellschaft.

Stefan Dreßke

Interaktionen zum Tode
Wie Sterben im Hospiz orchestriert wird

1. Vorstellungen vom guten Sterben

Ganz selbstverständlich ist das Hospiz heute als eine Einrichtung anerkannt, in der das Sterben gut, wenn nicht sogar ideal organisiert werden kann.[1] In öffentlichen Darstellungen wird das Hospiz regelmäßig als ein Ort des selbstbestimmten, schmerzfreien und humanen Sterbens benannt. Dies war nicht immer so. Als eine Alternative zum Krankenhaus musste es sich erst einmal gegen dieses durchsetzen und vielfältige Widerstände überwinden.[2] Noch bis in die 1980er Jahre wurde ein Einrichtungstyp, der allein für den Zweck des Sterbens konzipiert ist, mit einem beträchtlichen Maß an Skepsis betrachtet. Die Kritik bezog sich zunächst darauf, dass das Hospiz ein „Sterbeghetto" bilden würde. Sterbende, so die Befürchtung, würden abgeschoben, der Solidarität und des Kontaktes mit der Gemeinschaft beraubt und unter Minimalbedingungen versorgt. Damit aber würde auch Gefahr gelaufen, dass Sterbehilfe praktiziert wird: Die Überforderung der Pflegenden, der Wunsch von Angehörigen, sich von der „Last" des Sterbenden zu befreien, oder sein Lebensüberdruss wurden dafür als Gründe vermutet. Das Hospiz würde so die Grenze zwischen Tötung und Lebensrettung unterlaufen, die es doch zu befestigen gilt angesichts der zunehmenden Unsicherheit in den Sterbeabläufen. Insbesondere die Kirchen, aber auch die Wohlfahrtsverbände weigerten sich zunächst als Träger derartiger Einrichtungen aufzutreten: Eine „Sterbeklinik", so ist noch bis Ende der 1970er Jahre zu hören, würde man nicht unterstützen. Leitend für diese Einstellung

---

[1] Diese Studie profitierte vom DFG-Projekt „Patientenrolle und Sterberolle in der Palliativversorgung", das von 2001 bis 2003 an der Universität Kassel durchgeführt wurde. Für Anregungen und Diskussionen habe ich Gerd Göckenjan zu danken.

[2] Die folgenden Ausführungen zur Geschichte des Hospizes beziehen sich auf Ch. Student: „Entwicklung und Perspektiven der Hospizentwicklung in Deutschland". In: ders. (Hg.): *Das Hospizbuch*. Freiburg i. B. [4]1999, S. 43-57, sowie auf die Quellendarstellung von O. Seitz, D. Seitz: *Die moderne Hospizbewegung in Deutschland auf dem Weg ins öffentliche Bewußtsein. Ursprünge, kontroverse Diskussionen, Perspektiven*. Herbolzheim 2002.

ist das Schlagwort von der Verdrängung des Todes, der das Hospiz Vorschub leiste. Damit ist ein weiteres Moment des Widerstands angesprochen: Hospize würden zur Verlagerung des Sterbens in Institutionen beitragen, wo doch der ideale Sterbeort die eigenen vier Wände seien. Schon das zunehmende Sterben im Krankenhaus seit den 1950er Jahren wurde ausgiebig kritisiert. Das Hospiz wäre demnach eine Sonderabteilung für die aussichtslosen Fälle und das Krankenhaus von der Last ihrer Versorgung befreit und nun ein reiner Reparaturbetrieb.

Aus den Reihen der Ärzte wurde dagegen der Vorwurf der medizinischen Unterversorgung laut, schließlich muss bis zum Schluss um das Leben von Patienten gekämpft werden und man wisse nicht, ob man einen Sterbenskranken nicht vielleicht doch retten könne.[3] Der Gang in ein Hospiz wäre irreversibel, selbst wenn sich herausstellen sollte, dass die Krankheit gar nicht unheilbar ist. Diese Kritik richtet sich insbesondere an die in den Hospizen praktizierte „palliative" Medizin, eine noch in den 1970er Jahren stigmatisierte Medizinpraxis, die Krankheitssymptome zum Verschwinden bringt, nicht aber an deren Ursachen ansetzt. Mit der Abkehr vom Kausalitätsprinzip wird aber das zentrale Behandlungsparadigma der Medizin verletzt. Krebs wird also nicht mehr bekämpft, sondern es werden seine Symptome gelindert. Die Kritik richtet sich demzufolge ganz dominierend an das Schmerzmittelregime im Hospiz, welches die Patienten abhängig und nicht mehr ansprechbar mache. So würde man auch Patienten und deren Angehörigen Hoffnung nehmen.

Das Hospiz musste sich also gegen vielfältige Vorwürfe durchsetzen, die sowohl moralisierend waren als auch auf der Ebene der guten Praktiken lagen. So scheint es kein Wunder zu sein, dass es immer mit einem ideologischen Überschuss begründet wird. Das zentrale Argument, woran seine Protagonisten anknüpfen, ist das des guten Sterbens. Denn auch die Kritiker müssen einräumen, dass die Sterbebedingungen im Krankenhaus alles andere als optimal sind. Bis zum Ende einer Patientenkarriere wird gegen den Tod therapiert, obwohl dieser häufig selbst den Ärzten als unausweichlich erscheint. Mit dem Einzug der Intensivmedizin in die Krankenhäuser der 1960er Jahre spitzt sich das Argument der technologischen Steuerung des Sterbens noch zu. „Apparatemedizin" erhält im Kontext der Sterbediskussion die eher negative Konnotation der sinnlosen Lebensverlängerung.[4] Auf der anderen Seite wurde beklagt, dass Patienten, bei denen das Sterben dann doch absehbar ist, („Es gibt nichts mehr zu tun."), eine Basispflege erhalten, aber ansonsten sich selbst überlassen bleiben. Sedierung gehört regelmäßig zu den Sterbevorkehrungen im

---

[3] Zur Abgrenzung von kurativer und palliativer Medizin vgl. L. Radbruch, D. Zech: „Definition, Entwicklung und Ziele der Palliativmedizin". In: E. Aulbert, D. Zech (Hg.): *Lehrbuch der Palliativmedizin*. Stuttgart 1997, S. 1-11.

[4] Vgl. I. Illich: *Die Nemesis der Medizin. Von den Grenzen des Gesundheitswesens*. Reinbek b. Hamburg 1977.

Krankenhaus, wie anhand der klassischen Studien von Glaser und Strauss sowie von Sudnow gezeigt werden kann.[5] Neben der technologischen Orientierung und der „Einsamkeit der Sterbenden"[6] wird ebenfalls die medizinische Unterversorgung angesprochen: Sterbende erhielten nämlich zu wenig Schmerzmittel, müssten deshalb sinnlos leiden und dann sei es auch kein Wunder, wenn sie nach der „Todesspritze" verlangen würden.

Die Durchsetzung einer Einrichtung zum Zweck der Sterbendenversorgung bedarf aber der positiven Bestimmung, welche Cicely Saunders als „total patient care" etabliert.[7] Das als ganzheitlich verstandene Betreuungskonzept schließt psychische, physische, spirituelle und soziale Bedürfnisse des Sterbenden ein. Dem Lebensende soll jenseits medizinischer Übungen Sinn und Inhalt verliehen werden. Die Ansprüche der Medizin haben sich vor dem Lebensende zu relativieren und ausschließlich im Dienste der ganz unmittelbaren Lebensqualität zu stehen. Schmerz ist hierbei der Kristallisationskern der Auseinandersetzung um das gute Sterben. In der Konzeptionierung der Hospizideologie ist Schmerz nicht nur ein Symptom der Krankheit, sondern wird zum Symbol des Leidens als existentielle Krise schlechthin. So als „total pain" verstanden, als psychisch, physisch, spirituell und sozial, ist ihm mit der „total patient care" zu begegnen.[8] Behandelt wird nicht der Patient, sondern der „ganze Mensch".

Dem wird zunächst damit entsprochen, dass dem Sterbenden, dem im Krankenhaus niemand zuhört, eine Sprache gegeben wird. Elisabeth Kübler-Ross befragt schwerkranke Patienten nach ihren Bedürfnissen, Ängsten und Erwartungen.[9] Mit der daraus entstehenden Phasentheorie definiert sie Erfolgskriterien eines gelungenen Sterbeprozesses und verortet die Subjektivität des Sterbenden in einem allgemeinen Deutungsraster. Nachdem für eine religiöse Interpretation des Sterbens (als Prüfung oder Bilanzierung vor dem Gottesgericht) im areligiösen Krankenhaus kein Raum mehr ist, werden die erratischen Kommunikationsversuche von Sterbenden als Wünsche und Hoffnungen, letzte Besorgungen und Wiedergutmachungen, als Abwehr gegen den Tod und zum Schluss als Annehmen entziffert. Das Phasenmodell bildet den Rahmen, den Willen des Patienten, seine Ängste, Widerstände und Abschiede im Kontext des nahenden Todes zu deuten. Der Sterbende wird als

---

[5] B. Glaser, A. Strauss: *Time for Dying*. Chicago: Aldine 1968; B. Glaser, A. Strauss: *Interaktion mit Sterbenden. Beobachtungen für Ärzte, Schwestern, Seelsorger und Angehörige*. Göttingen 1974; sowie D. Sudnow: *Organisiertes Sterben. Eine soziologische Untersuchung*. Frankfurt a. M. 1973.
[6] N. Elias: *Über die Einsamkeit der Sterbenden in unseren Tagen*. Frankfurt a. M. 1982.
[7] C. Saunders, M. Baines: *Living while dying. The management of terminal disease*. Oxford: Oxford University Press 1983.
[8] D. Clark: „'Total pain'. Disciplinary Power and the Body in the Work of Cicely Saunders, 1958-1967." In: *Social Science and Medicine* 49/1999, S. 727-736.
[9] E. Kübler-Ross: *Interviews mit Sterbenden*. Stuttgart 1982.

selbstständiger Akteur figuriert, wo ihm bisher die passive Krankenrolle zugewiesen wurde. Der zum Sprechen gebrachte Sterbende setzt ein waches Bewusstsein voraus: Weder darf es durch Schmerzen abgelenkt noch durch Schmerz- oder Beruhigungsmittel entrückt sein. Erst in der Agonie der Sterbestunde, wenn alle irdischen Aufgaben erledigt sind, darf das Bewusstsein langsam schwinden. Die moralische Rationale von Kübler-Ross schließt also direkt an das Versorgungskonzept des Hospizes an, ohne dass allerdings explizit auf das Hospiz hingewiesen wird. (Die Phasentheorie und das Hospiz wurden etwa zeitgleich entwickelt.)

Zur Durchsetzung des Hospizes kommt es erst, nachdem sich die „Terminalversorgung" als pflegerische Basisversorgung im Krankenhaus zu einer differenzierten und wissenschaftlich begründeten „Palliativmedizin" profiliert hat. Hierzu gehört eine Sichtung aller Symptome in der Sterbephase, ihre Einordnung als normal (also als hinzunehmen und nicht weiter zu behandeln) oder abweichend (als behandlungsbedürftig) sowie ihre schonende und auf Linderung bedachte Therapie.[10] Das Hospiz, zunächst das St. Christopher Hospiz, wurde zu einer medizinischen Lehr- und Lernstätte mit dem Ergebnis, dass Sterbeabläufe normiert werden und dass das Krankenhaus Potenziale für eine spezialistische Sterbendenversorgung entdeckt. Nun verbesserte sich auch die Normalversorgung,[11] und es wurden Palliativstationen als Spezialabteilungen (palliative care units) angesiedelt, in England ab den 1970er Jahren. In Deutschland etablierten sich Palliativstationen und Hospize dann in den 1980er Jahren.[12]

Der Kritik am Hospiz als „Sterbeghetto" wird mit einem Bildungsauftrag begegnet. Vor allem ehrenamtliche Hospizinitiativen, die sich selbst als eine Bürgerbewegung verstehen, bringen Sterben und Trauer als „Teil des Lebens" zur Sprache.[13] Als normaler Lebensabschnitt darf das Sterben weder von den Professionellen noch von den Angehörigen „verdrängt" bzw. „tabuisiert" werden und der Rückzug des sozialen Umfeldes vom Sterbenden und seinen Angehörigen soll aufgehalten werden. Die Pflege von Sterbenden zu Hause hat dabei zumindest rhetorisch Priorität, lässt sich aber aus verschiedensten Gründen häufig nicht durchführen. Dann bietet das Hospiz seinem Selbstverständnis nach eine Anbindung und Integration der nächsten Angehörigen und Freunde. Das Sterben in der Fremde der Institution wird abgefedert durch die Möglichkeit der Übernachtung für Angehörige und deren Unterstützung,

---

[10] E. Aulbert, D. Zech (Hg.): *Lehrbuch der Palliativmedizin*. Stuttgart 1997.
[11] C. Parkes, J. Parkes: „'Hospice' versus 'hospital' care – re-evaluation after 10 years as seen by surviving spouses". In: *Postgraduate Medical Journal* 60/1984, S. 120-124.
[12] Radbruch, Zech: „Definition, Entwicklung und Ziele der Palliativmedizin", a. a. O.
[13] W. Schneider, A. Westrich: „Lebensalltag am Lebensende. Zur Betreuungspraxis in der (ambulanten) Hospizarbeit". In: I. Bauerfeind, G. Mendl, K. Schill (Hg.): *Über das Sterben. Entscheiden und Handeln am Ende des Lebens*. München 2005, S. 71-93; Ch. Student: „Die Rolle der Freiwilligen Helferinnen und Helfer". In: ders. (Hg.): *Das Hospizbuch*. Freiburg i. B. 1999, S. 150-155.

durch das Einräumen von Privatsphäre und durch die wohnungsähnliche Einrichtung. Und wo keine Familie mehr anwesend ist, wird das Personal eine „fürsorgliche Gemeinschaft".[14] Trauern und Mitleiden mit dem Schicksal der Patienten sind erlaubt, natürlich unter dem Vorbehalt der immer wieder eingeforderten professionellen Distanz.

2. *Realabläufe des Sterbens*

Das Hospiz hat also hohe Erwartungen zu erfüllen. Dabei müssen divergierende Handlungslogiken verknüpft und auf den Einzelfall angewendet werden. Fest formulierte Vorstellungen gibt es nur auf der Ebene des Ziels, das Sterben zu organisieren, und auf der Ebene der Klientel, Patienten, die langsam an Krebskrankheiten sterben. Wie sich die unterschiedlichen professionellen und alltagsweltlichen Ansprüche an das Sterben verknüpfen oder in welcher Weise sie miteinander konkurrieren, muss in der täglichen Arbeit am Patienten zu beobachten sein. Um die Herstellung des guten Sterbens zu untersuchen, wurden in zwei Hospizen je achtwöchige teilnehmende Beobachtungen durchgeführt, die durch eine ebenfalls achtwöchige Beobachtung auf einer Krankenhausstation vorbereitet wurden. Hauptaugenmerk der Beobachtung waren Abläufe, Tätigkeiten, Deutungen und Episoden, also „Arbeitslinien"[15], die in ihrer Gesamtheit die konkreten Patientenkarrieren formieren. Mit der Orientierung am Fallverlauf als Ausdruck der zeitlichen Ordnung lassen sich gegenseitige Zuweisungen, die Sozialisierung in typische Erwartungen der Organisation und die Reaktion auf Abweichungen davon untersuchen.[16] Die beobachteten Patientenverläufe sind, bezogen auf Typisierungen von Sterbeabläufen und Handlungsmustern, nicht immer komplett, da sich die Beobachtungsschwerpunkte auf das gesamte Hospizgeschehen beziehen und über den Untersuchungszeitraum variieren. Dennoch lassen sich aus den Fallverläufen typische Handlungsmuster synthetisieren, die an konkreten Episoden und Patientengeschichten nachvollzogen werden.

---

[14] Ch. Student: „Was ist ein Hospiz?" In: ders. (Hg.): *Das Hospizbuch*, a. a. O., S. 21-34.
[15] A. Strauss, S. Fagerhaugh, B. Suczek, C. Wiener: *The social organisation of medical work*. Chicago: The University of Chicago Press 1985.
[16] St. Dreßke: *Sterben im Hospiz. Der Alltag in einer alternativen Pflegeeinrichtung*. Frankfurt a. M. 2005.

2.1. Pflege zwischen Wohlfühlen und Schamverletzung

Das Hospiz soll kein grauer Ort des Sterbens sein, schon die Architektur der oftmals neu erbauten Einrichtungen weist darauf hin. Lichtdurchflutete Räume, weiträumige Foyers, als Wohnzimmer eingerichtete Aufenthaltsräume, Küchen, in denen Patienten ihre Lieblingsspeisen zubereiten lassen können, und Gartenanlagen, die zum Spaziergang einladen. Das Leben darf hier noch einmal in vollen Zügen genossen werden – soweit es möglich ist. Vor allem aber setzt sich diese Rationale in der Art und Weise durch, in der Pflegetätigkeiten durchgeführt werden. Die typische Pflegesituation lässt sich als eine Wohlfühlpflege beschreiben. Zu den morgendlichen Waschritualen bei den meist bettlägerigen Patienten lassen sich die Pflegekräfte etwa eine dreiviertel bis eine Stunde Zeit, in der sie neben dem Waschen auch Massagen geben und den Patienten mit Duftölen verwöhnen. Der Patient soll die Pflege als ein Wellnessangebot genießen können. Unter Umständen ist das Hospiz dann mehr Hotel als Krankenhaus. Die Tätigkeiten werden geduldig ausgeführt, die Pflegekräfte halten dabei mit dem Patienten ein Schwätzchen – Alltagsgespräche, wie sie auch beim Frisör stattfinden. Die Körperpflege ist aber auch Anknüpfungspunkt für ernstere Gespräche, etwa über gesundheitliche Verschlechterungen oder Sorgen und Bedürfnisse des Patienten. Es ist Arbeit am Wohlbefinden des Patienten, welche über das pflegerisch Notwendige hinausgeht und auf Stimmungslagen des Patienten reagiert. Mit dieser Praxis, die als zuwendende Pflege benannt wird, werden die funktionalen Erwartungen an Sauberkeit und Hygiene in die Kommunikation von Alltag eingewoben. Normalität soll hergestellt werden, womit an den Identitätsansprüchen des Patienten gearbeitet wird. Womöglich ist er bereits seit langer Zeit der Krankheit ausgesetzt, durch die Therapie zusätzlich geschwächt und durch lange Krankenhausaufenthalte an ein Leben in Institutionen gewöhnt. Im Hospiz soll er wieder „aufleben", wie es immer wieder heißt, wenn ein Patient wieder aktiver – auch mobiler – wird, Wünsche äußert, Kontakte zu anderen sucht und Perspektiven jenseits der Krankheit entfaltet. Diese Zuwendungspraxis soll anhand einer 75jährigen Patientin, Frau Rübing, illustriert werden:

> Frau Rübing leidet an einem austherapierten Magenkrebs und hält sich 20 Tage im Hospiz auf, bis sie dort stirbt. Sie ist vollständig bettlägerig, sehr schwach und spricht nur sehr leise. Im Pflegeteam wird sie zwar als „verlangsamt", aber „voll orientiert und voll aufnahmefähig" beschrieben.

Schon diese Etikettierung zur Aufnahme in das Hospiz ist typisch. Unterstellt doch das Personal regelmäßig, das Patienten im Krankenhaus aufgrund der geringen kommunikativen Zuwendung „unterschätzt" werden. Wenn man ihnen nur genügend Aufmerksamkeit und Zeit entgegenbringt, lassen sich die Ressourcen des Patienten aktivieren. Eine Pflegeepisode, die morgendliche Wäsche, soll hier aus den Beobachtungsprotokollen etwas umfangreicher angeführt werden:

> Pfleger Helmut betritt das Zimmer von Frau Rübing, geht an das Kopfende ihres Bettes und stellt sich vor: „Guten Morgen, Frau Rübing, ich bin Helmut, wir haben uns ja noch nicht gesehen, ich möchte Sie heute unterstützen." Anschließend stellt er mich vor. Sie kann nur sehr leise antworten. Ich kann nur erahnen, was sie meint, als sie haucht: „Helfen sie mir! Helfen sie mir!" Auch ich gehe an das Bett, gebe ihr die Hand und sage: „Guten Morgen, wir kennen uns ja schon!" Pfleger Helmut beugt sich über sie, um sie besser verstehen zu können, und fragt: „Was kann ich für Sie tun?" Sie signalisiert ihm, dass sie Durst hat. Er reicht ihr einen mit Saft gefüllten Schnabelbecher, der auf dem Nachttisch neben dem Bett steht. Sie trinkt ihn in beinahe gierigen Zügen fast aus. Erschöpft legt sie sich nun wieder zurück. Helmut gönnt ihr die Pause, holt Wasser in einer Schüssel, Waschlappen und Handtücher aus dem Badezimmer. Er achtet darauf, zuerst das kalte Wasser abfließen zu lassen, bevor das warme Wasser aus dem Wasserhahn läuft. Das Kopfteil, das zum Trinken angehoben wurde, wird nun wieder in die waagerechte Lage gebracht. Der Pfleger fragt Frau Rübing, ob er sie waschen kann. Sie nickt. Er beginnt eine „Rundumwaschung", wobei er zuerst den Oberkörper, dann den unteren Teil wäscht. Ich halte Frau Rübing fest, als sie zur Seite gedreht wird, um ihren Rücken zu waschen. Helmut gibt mir ein Handtuch, damit ich sie abtrocknen kann. Er arbeitet langsam und bedächtig mit liebevoller Fürsorglichkeit, kündigt alle Hantierungen an und wartet, wie Frau Rübing darauf reagiert. Mir gegenüber kommentiert er sie später auch, z. B. sagt er, dass das „Waschen nicht wie bei einer Bank" vor sich geht. Als er die unteren Körperpartien wäscht, weist er mich darauf hin, dass er die Patientin nicht gänzlich nackt liegen lässt, indem er ein Handtuch über die Brust legt. Mir fällt auf, dass er ohne Handschuhe wäscht, was der Pfleger auch kommentiert: Das sei persönlicher. Als er die Windeln wechselt, zieht er zumindest auf eine Hand einen Handschuh. Er sagt, das Arbeiten ohne Handschuhe verstoße eigentlich gegen die Vorschriften, wenn ich nicht dabei wäre, würde er vielleicht gänzlich ohne Handschuhe arbeiten. Nachdem er mit dem Windeln fertig ist, cremt er noch die Beine von Frau Rübing ein. Auch daran werde ich beteiligt, er reicht mir die Cremeflasche. Anschließend gibt er ihr noch eine Fußreflexzonenmassage und zieht ihr Oberbekleidung an. Geschlafen hat Frau Rübing in ihrer eigenen Wäsche. Zum Schluss richtet er ihre Halskette, so dass der Anhänger, ein Kreuz, auf dem Dekolleté zu sehen ist. Dabei spricht er sie darauf an und meint, dass die Kette ihr sicherlich wichtig ist, und fragt, ob sie zur Kirche geht. Frau Rübing bejaht dies. Es entwickelt sich jedoch kein Gespräch daraus. Frau Rübing fragt nach ihrer Freundin, die im Gästezimmer des Hospizes übernachtet. Helmut antwortete ihr, dass sie sicher bald kommt, sie würde jetzt frühstücken. Er sagt, es ist sehr schön, dass sich die Freundin um sie kümmert. Nach dem Aufräumen gehen wir aus dem Zimmer. Die morgendliche Versorgung hat etwa 45 Minuten gedauert.

Auf den ersten Blick passiert bei der Pflege von Frau Rübing nichts anderes als auch im Krankenhaus: Der Pfleger reicht ihr ein Getränk, sie wird gewaschen, die Windelhosen werden gewechselt und – dies war in dieser Episode nicht nötig – Medikamente werden verabreicht. Im Selbstverständnis der Hospizpflegekräfte gibt es jedoch einen zentralen Unterschied, denn, wie der Pfleger sagt: Patienten werden hier „nicht wie eine Bank gewaschen". Der Pfleger kommentiert jede Pflegehandlung und orientiert sich am Zeitgefühl und Körperrhythmus der Patientin: Wenn es anstrengend wird, wird eine Pause gemacht oder es wird nur eine kleine Wäsche vorgenommen, dafür aber werden die Füße massiert. Erstaunlich ist auch der Umgang mit Hygieneansprüchen. In diesem Beispiel benutzt der Pfleger beim Waschen keine Handschuhe, was auch bei anderen Pflegekräften beobachtet wurde. Intendiert sind damit eine quasifamiliäre Beziehung in einer intimen Situation, das Inszenieren von Selbstverständlichkeit und die Zurücknahme von Distanz. Die Verletzungen und Einbußen, die durch Pflegehandlungen entstehen, sollen so weit wie möglich minimiert oder kompensiert werden. Die in der Krankenrolle zu ertragenden Zumutungen sind, wie Streckeisen zeigt, bei Sterbenden nicht mehr legitimierbar.[17] Dass dem Patienten qua Hospizaufnahme die Aussicht auf die soziale Normalität des Alltags verwehrt wird, stellt wiederum eine Verletzung dar, die durch die zuwendende Pflege kompensiert wird. Demnach wendet sich die zuwendende Pflege an die Stabilisierung der Identität und des Selbstwertes des Patienten, indem Ansprüche an bürgerliche Normalität entsprechend der Vitalität und der kognitiven Ansprechbarkeit der Patienten aufgenommen werden. So kann auch bei sehr geschwächten Patienten, wie hier am Beispiel von Frau Rübing, über die Pflegehandlungen Identität aktualisiert und nachgefragt werden. Ziel der Pflege ist es dann, „innere" Verspannungen zu lösen, eine sinnvolle Tagesstruktur zu geben und Wohlbefinden zu erzeugen. Die gemeinsamen Anstrengungen um das Leben von Alltag hat Eschenbruch als „therapeutische Narrativierung" beschrieben.[18] Mit dem Hervorrufen lohnenswerter Erlebnisse, über die man dann erzählen kann, wird der Patient an die Rationale des Hospizes gebunden.

Obwohl auch gerade verbale Kommunikation zu den Elementen der zuwendenden Pflege gehört, ist der zentrale Kommunikationskanal vielmehr der Körper des Patienten, worüber Intimität und Vertrauen hergestellt werden und dessen Zustand Bedürfnisse und Befindlichkeiten signalisiert. Der Rekurs auf den Körper ist dann auch der Grund, warum das verbale Angebot des Pflegers, über ihre Kette zu sprechen, an der Oberfläche eines Alltagsgesprächs stocken bleibt und nicht weiter verfolgt wird. Denn über den Kontext des Körpers ist personale Identität schon zugewiesen und alles gesagt, was notwendig ist. Der Typus der „comfort care" kann für

---

[17] U. Streckeisen: *Die Medizin und der Tod. Über berufliche Strategien zwischen Klinik und Pathologie.* Opladen 2001.
[18] N. Eschenbruch: „Therapeutische Narrativierung als handlungsleitende Haltung in der Hospizpflege". In: H. Knoblauch, A. Zingerle (Hg.): *Thanatosoziologie.* Berlin 2005, S. 189-206.

Sterbende als korrektive Pflegepraxis auch im Krankenhaus beobachtet werden.[19] Die Privilegien, die der Patient dort genießt, wie etwa Wunschkost, Frisieren und längerer Schlaf, sind jedoch zufällig und punktuell, abhängig von den Sympathien einzelner Pflegekräfte und vor allem immer von Notfällen auf der Station bedroht, deren Versorgung Priorität eingeräumt wird. Im Hospiz dagegen ist zuwendende Pflege systematisch in den Arbeitsalltag eingebunden und gehört als „strukturelle Nähe"[20] zur normalen Versorgungspraxis, worüber der Patient individualisiert wird.

Den Kontrast zur Wohlfühlpflege bilden jene distanzierenden Pflegetätigkeiten, die schambesetzt sind oder ausschließlich als instrumentelle Aufgaben gesehen werden. Hier abstrahiert die Pflegekraft von der Person des Patienten und objektiviert den Patientenkörper. Die distanzierenden Strategien folgen einem kurativen Verständnis von Pflege, in dem der Patient für eine Körperreparatur Zumutungen hinnehmen muss. Pfleger Emil beschreibt in einem Interview die distanzierenden Strategien als eine routinehaft-mechanische Ausübung der Pflegetätigkeiten, von der er sich abgrenzt:

> Das finde ich schwer, wenn die Leute so völlig hospitalisiert sind [...], wenn sie körperlich so distanzlos sind, wenn sie sich hinlegen und so bereitwillig die Beine auseinander klappen. [...] Die Waschgeschichten, die Strategien, wie man das machen soll, sind ja immer gleich. Das bekommt man in der Schule beigebracht. Deshalb heben die Leute nach vier bis fünf Wochen ganz automatisch in der richtigen Reihenfolge den Arm. [...] Es respektiert nicht den ganzen Menschen.

Der Patient, der im Bett gewaschen und gewindelt wird, kann grundlegende Körperfunktionen nicht mehr entsprechend zivilisatorischer Normen kontrollieren. In der Regel sind schamverletzende Interaktionen auf Hinterbühnen versteckt, um die Integrität der Handelnden gegenüber einem Publikum aufrechtzuerhalten.[21] Die Pflegesituation stellt eine solche Hinterbühne dar, auf der der Patient für die Darstellung auf einer öffentlichen Bühne vorbereitet wird. Allerdings beansprucht auch die Pflegehandlung wieder Vorder- und Hinterbühnenaktivitäten, denn der Patient, der dem degradierenden Eingriff der Pflegekraft ausgesetzt ist, versucht, sich als gleichberechtigter Interaktionspartner zu behaupten. Das nun folgende Peinlichkeitsmanagement lässt sich so im Sinne von Goffman als Austausch beschreiben, bei dem Reziprozität behauptet wird.[22] Die mechanischen Bewegungsroutinen formie-

---

[19] Vgl. Glaser, Strauss: *Interaktion mit Sterbenden*, a. a. O. Vgl. ferner Streckeisen: *Die Medizin und der Tod*, a. a. O.
[20] Ch. Pfeffer: „'Ich hab's nicht gemerkt, wie ich da reingezogen wurde': Zur Dynamik von Individualisierung und Nähe in der Pflegearbeit stationärer Hospize". In: Knoblauch, Zingerle, (Hg.): *Thanatosoziologie*, a. a. O. S. 103-124, S. 122.
[21] E. Goffman: *Wir alle spielen Theater. Die Selbstdarstellung im Alltag*. München 2002.
[22] E. Goffman: *Interaktionsrituale. Über Verhalten in direkter Kommunikation*. Frankfurt a. M. 1991.

ren eine symbolische Hinterbühne, auf der jede Person so tut, als ob sie allein wäre. Die Pflegekraft arbeitet konzentriert, der Patient kooperiert automatisch mit den Abläufen und das Alltagsgespräch ruht. Die Pflegekraft zieht dann ihre Handschuhe an und in prägnanten einstudierten Bewegungen, bei denen der Patient in der Regel weiß, welche Anforderungen gestellt werden, werden die Windelhose gewechselt, Genitalien und Gesäß gewaschen, Blasenkatheter überprüft und Verbände gewechselt. Das Überspielen degradierender Situationen nach dem Motto „als ob nichts wäre" beruht auf einem Konsens, nach dem der Patient bereitwillig zu einer Sache gemacht wird. Etwas drastischer als bei einem normalen Wechsel der Windelhosen drückt Pfleger Herbert diese gemeinsam geteilte Vereinbarung am Beispiel einer Patientin mit einem übel riechenden Vaginalkarzinom aus, das verbunden werden muss:

> Sie verfault bei lebendigem Leibe. Das ist so ein Bild, das möchte keiner gern haben. Das hat auch etwas mit unangenehmen Gerüchen zu tun, verfaultes Fleisch. Der Patient hat das 24 Stunden am Tag. [...] Ich versuche, das neutral zu betrachten. Ich ertappe mich dabei, dass ich die Arbeit rein funktional erledige. [...] Wenn sie dann eine Zigarette verlangt, um sich abzulenken, selbst während des Verbandwechsels, finde ich das in Ordnung. Sie weiß, ich muss da jetzt technisch etwas machen, ich komme nicht drum herum und sie versucht, sich abzulenken.

An diesem Beispiel lässt sich sehen, dass gerade die distanzierende Haltung einen Schutz für die Patientin darstellt, wenn sie genauso wie der Pfleger ihren Körper objektiviert und ihn übersieht. Diese Hinterbühne ist allerdings zeitlich befristet und wird nach Ende der Tätigkeit wieder verlassen: Pflegeutensilien werden beiseite geschafft, die Handschuhe abgestreift, Waschwasser und Waschlappen gewechselt. Die Zigarette kann dann wieder Anknüpfungspunkt für ein Gespräch sein, nachdem die Vorderbühne symbolisch wieder betreten wurde. Bisher ist die distanzierende Haltung als „Entlastung" des Pflegepersonals und der Ärzte thematisiert worden, um sich vor der emotionalen Überforderung aufgrund der Nöte der Patienten zu schützen.[23] Die Behandlung des Patienten als eine Sache würde dann allerdings den Patienten „depersonalisieren".[24] Dies ist sicherlich richtig, wenn keine Korrektur der Sachbezogenheit erfolgt und der Patient dauerhaft nicht mehr als Person angesprochen wird. Im Rahmen der konkreten Pflegetätigkeit aber entlastet eine distanzierte Haltung auch den Patienten davon, weitere Einbußen seines Selbstwertgefühls hinzunehmen. (Erinnert sei hier an die Krankenrolle, die den Patienten von der persönlichen Verantwortung für seine Krankheit entpflichtet.) Das Pflegepersonal im Hospiz ist sich dieser Zusammenhänge bewusst. So wird das Waschen ohne Handschuhe

---

[23] Z. B. Streckeisen, a. a. O.
[24] J. Rohde: „Strukturelle Momente der Inhumanität einer humanen Institution". In: O. Döhner (Hg.): *Arzt und Patient in der Industriegesellschaft*. Frankfurt a. M. 1973, S. 13-35.

nicht nur unter dem Gesichtspunkt der Hygiene, sondern auch unter dem der Wahrung der Intimsphäre des Patienten diskutiert. Einige Pflegekräfte zweifeln, ob man dem Patienten nicht zu unstatthafter Nähe zwingen würde, und benutzen deshalb auch beim Waschen Handschuhe. Indem aber das Pflegepersonal auf diese Weise über seine Arbeit reflektiert, unterliegt auch die distanzierende Pflege einem offenen Diskurs über die Identität des Patienten. Schambesetzte und verletzende Interventionen werden nach ihrer Legitimation befragt und das Vorgehen bei den Pflegetätigkeiten mit dem Patienten abgestimmt. Insofern wird die Patientenperson auch in distanzierenden Pflegeinteraktionen mitbedacht.

2.2. Moralische Karriere: Aneignen der Sterbebewusstheit

Pflegetätigkeiten, ob im zuwendenden oder im distanzierenden Modus, sollen im Sinne von Mauss als Körpertechniken verstanden werden, mit denen der Patient formiert wird.[25] Es lässt sich nun fragen, auf welche Weise die beiden Pflegestile die Fallverläufe strukturieren.

Das Problem liegt auf der Hand: Einerseits gilt Sterben ganz allgemein im sozialen Werteraster als unerwünscht. Auf der anderen Seite aber muss im Hospiz eine Atmosphäre geschaffen werden, die eine Akzeptanz des nahenden Todes bei den Patienten herstellt. Denn die Arbeit am Sterben soll mit einem positiven Ziel verbunden sein, als etwas, das auch Erfolg verspricht. Neben dem „Wohlfühlen" am Lebensende wären weitere Erfolgskriterien, dass Patienten friedlich sterben und dass sie ihrem Tod gelassen entgegensehen, ohne dagegen anzukämpfen. Während das friedliche Sterben vor allem ein medizinisch zu verfolgendes Ziel darstellt, ist für das Einverständnis des Patienten – die Sterbeakzeptanz – eine Reformulierung der Patientenidentität notwendig. Mit dem auf Goffman zurückgehenden Begriff der moralischen Karriere sollen die typischen Erwartungen an einen Hospizpatienten nachvollzogen werden.[26] Es geht also darum zu ergründen, wie sich ein Patient in die institutionellen Anforderungen einfügt und so selbst zum organischen Bestandteil der Organisation wird. Die Aktualisierung der Identität des Patienten bedeutet nicht zuletzt Gemeinschaftsstiftung, gleichzeitig ist der Patient als Sterbender aus der Gemeinschaft auszugliedern. An den Beobachtungen kann gezeigt werden, dass der *Körper* des Patienten zum zentralen Filter und Mediator seiner Ansprüche wird. Demnach durchdringen die von der Institution gesteuerten „Disziplinarverfahren" den Körper entsprechend vorgegebener Etikettierungen, etwa denen des Sterbeab-

---

[25] M. Mauss: „Körpertechniken". In: ders.: *Soziologie und Anthropologie II*. Wien 1975.
[26] E. Goffman: *Asyle. Über die soziale Situation psychiatrischer Patienten und anderer Insassen.* Frankfurt a. M. 1973.

laufs. Im Abgleich mit dem körperlichen Zustand werden Merkmale für die Patientenperson abgeleitet, Abweichungen davon festgestellt und bearbeitet. Im Verlauf wird also ein Patient formiert, der die organisatorischen Routinen und darüber dann auch die institutionellen Zwecke trägt.

Die moralische Formierung des Sterbenden ist von den täglichen Pflegetätigkeiten geleitet, vor allem, weil er ohnehin schon sehr geschwächt ist. Auch bei einer Patientin wie Frau Rübing wird auf die moralische Rationale geachtet, wie sich anhand der Zusammenfassung der Beobachtungsprotokolle sehen lässt:

> Frau Rübing weiß zur Aufnahme im Hospiz über ihr bevorstehendes Ende Bescheid. So wird berichtet, dass sie bereits „mit dem Leben abgeschlossen" hätte, und in den ersten Tagen verabschiedet sie sich von ihrer Tochter pathetisch, als würde sie sie das letzte Mal sehen. Für das Personal ist dies zunächst einmal erfreulich, allerdings soll Frau Rübing weiterhin am Leben teilnehmen und die positiven Seiten des Hospizaufenthalts genießen. Sie hält sich gemeinsam mit ihrer Freundin im „Wohnzimmer" auf, worüber sie sich freut, wie auf der Schichtübergabe festgestellt wird. Im Laufe ihres Aufenthalts wird sie dazu motiviert, wieder Nahrung aufzunehmen, die sie zu Anfang abgelehnt hat – sie isst ein „kleines Süppchen".

Die Anstrengungen des Personals sollen den Eindruck vermeiden, dass das Hospiz ein „Sterbehaus" wäre. Trotzdem aber wird das Projekt der „Sterbeakzeptanz" weiter verfolgt. Allerdings hält man Frau Rübing für „ambivalent". Patienten, die ihr Sterben ganz offensiv ansprechen, z. B. indem sie schon ihre Bestattung bis in alle Details geplant haben oder sagen, dass sie „für den Tod bereit" wären, wird in der Regel mit Skepsis begegnet. Auch über Frau Rübing wird gesagt, dass sie „mit sich selbst noch nicht im Reinen" sei. Einerseits äußert sie, dass sie „heim" will, andererseits möchte sie wegen einer Grippeepisode noch nachts einen Notarzt rufen lassen. Letzteres aber stößt auf Widerstand, und sie wird „überredet", auf den Routinebesuch des Palliativarztes am nächsten Morgen zu warten. Gerade diese Episode beweist dem Pflegepersonal, dass die offen verbalisierte Sterbebewusstheit ungelöste Lebenskonflikte überspielt, und es besteht die Vermutung, dass sich diese inneren Konflikte als Todesängste in der Sterbestunde austragen. Aus ihrer Perspektive ist die Akzeptanz des Sterbens vielmehr ein mühevoller Aneignungsprozess, an dem gemeinsam gearbeitet wird. Es ist aber erstaunlich, dass sich diese Arbeit nicht als verbalisierte Kommunikation in den Beobachtungen fassen lässt. Gesprächsansätze, Transzendentes zu thematisieren, enden regelmäßig in Banalitäten oder werden nicht zu Ende geführt. Am Beispiel der Pflegeepisode mit Pfleger Helmut, der die religiöse Bedeutung der Halskette anspricht, ist dies schon erkennbar. Die kognitive Komponente zur Erlangung von „Sterbeakzeptanz" ist im Hospiz nachrangig.

Authentisch äußert sich Sterbeakzeptanz als „Wendepunkt" im Kontext eines der Persönlichkeitsveränderung zugeschriebenen emotionalen Wandels. So werden Patienten mit zunehmender Todesnähe als „weicher" oder „liebesbedürftiger" geschildert, wenn sie vorher als problematisch wahrgenommen wurden. Hinter diesen Veränderungen wird dann die Lösung biographischer Konflikte oder das Versiegen von Todesängsten vermutet. Die Karriere zu einer größeren Bewusstheit wird als eigentlich nicht zu steuernder Prozess aufgefasst. Dies liegt auch daran, dass die emotionalen Veränderungen an Verschlechterungen des körperlichen Zustands gebunden sind, der dann durch die pflegerischen Maßnahmen evident wird, wie sich anhand einer Episode einer anderen Patientin, Frau Zunft, zeigen lässt.

> Frau Zunft lässt sich gewöhnlich in den Rollstuhl mobilisieren. Sie hält sich während des Tages im Wohnzimmer auf und verrichtet dort Handarbeiten oder puzzelt, meist in Gesellschaft eines Zivildienstleistenden und anderer Patienten. Jedoch geht es ihr zunehmend schlechter. Sie wird schwächer, hat Schmerzen beim Wasserlassen und Blutgerinnsel im Urin. Es ist nun dringend notwendig, ihren Blasenkatheter zu wechseln – eine besonders schmerzhafte Prozedur, denn man kann ihr Stöhnen auf dem Flur hören. Nachdem Schwester Magda aus ihrem Zimmer kommt, bittet sie mich, Frau Zunft einen Schnabelbecher zu bringen, den ich ihr auf den Nachttisch stelle. Frau Zunft übt nun, im Bett liegend daraus zu trinken, denn bisher hat sie ein einfaches Glas benutzt. Man kann ihr ansehen, dass es ihr widerstrebt, aus dem neuen Gefäß trinken zu müssen. Trotzdem greift Frau Zunft tapfer zu und probiert es aus. Anschließend nimmt sie zum Vergleich aus ihrem Trinkglas einen Schluck. Dazu benötigt sie aber meine Hilfe. Sie bittet mich, ihren Kopf zu halten, damit nichts verschüttet wird. Sie entscheidet dann, dass es mit dem Schnabelbecher besser geht. Das Trinkglas soll ich jedoch nicht wegräumen. Schwester Magda findet sich später noch einmal bei Frau Zunft ein, und sie unterhalten sich über ihre Schmerzen. Die Schwester erklärt mir nach dem Gespräch, dass Frau Zunft ihre Krankheit immer beiseite gedrängt hat, nun gibt sie aber selbst zu, dass sie „ganz krank ist", und sie spreche ihre Schmerzen und auch ihr Sterben offen an. „Es ist ihr Wunsch, diese Schmerzen nicht mehr aushalten zu müssen und zu sterben, so schnell wie möglich."

In dieser Episode wird deutlich, dass aus den Fähigkeiten des Körpers moralische Ansprüche erwachsen. Zunächst reagiert die Pflegekraft auf eine körperliche Äußerung rein instrumentell und nicht zuwendungsorientiert: Es ist notwendig, den Blasenkatheter zu wechseln. Durch die als lebensbedrohlich empfundenen Schmerzen spürt die Patientin nun am eigenen Leib, dass sie aufgrund ihrer zunehmenden Gebrechlichkeit Alltagstätigkeiten, wie das Trinken aus einem Glas, nicht mehr so durchführen kann, wie sie es gewohnt ist. Der Schwester bleibt nun nur noch übrig, mit dem Schnabelbecher der Patientin eine Kompensation anzubieten – auch hier reagiert sie auf einen Sachverhalt. Damit aber ist für die Patientin wieder eine weitere Passage zunehmender Stigmatisierung durchlaufen und nach außen manifestiert. Auf das Gefangensein der Patientin in ihrem eigenen Körper kann das Personal ganz gelassen reagieren, denn die Weigerung, den Schnabelbecher zu nutzen, würde nur zu weiteren Unannehmlichkeiten führen, etwa wenn Flüssigkeiten auf Bettbezug oder Kissen verschüttet werden. Im Anschluss an diese Episode leistet die Schwester Zuwendungsarbeit, die Zumutungen abfedert. Sie spricht einige tröstende Worte und unterstützt die Patientin in ihrer neuen Situation. Erst die Patientin thematisiert das Sterben als Reaktion auf ihre Gebrechlichkeit (dies wurde nachgefragt), dazu leistet die Schwester keinen aktiven Beitrag – nur Zuhören und Bestätigen.

Es kann jedoch auch passieren, dass Patienten zunächst die Rollenangebote des Sterbenden ablehnen. Sie glauben dann an eine Besserung ihres Zustands und sehen sich noch in der Krankenrolle. Dies liegt vor allem daran, dass „Sterben" (noch) nicht als Körpererfahrung kontextualisiert ist. Auch in diesen Fällen bleibt das Personal in der Regel gelassen und ordnet den Patienten in der Rubrik der Wohlbefindenspflege ein. Am Ende braucht es nur die Verschlechterung abzuwarten, damit Sterben thematisiert werden kann.

Die Aneignung der Sterbendenrolle in der Identitätsausstattung des Patienten geschieht im Zusammenspiel von zunehmender Hinfälligkeit und den darauf reagierenden Pflegepraktiken – soweit würde sich noch kein Unterschied zur Normalversorgung im Krankenhaus ergeben. Die Pflegepraktiken allerdings werden ohne jegliche Illusionen ausgeführt, die Hoffnungen auf eine Rückkehr in eine wie immer geartete Normalität wecken könnten. Indem das Pflegepersonal so keinerlei Unterstützung unrealistischer Genesungswünsche gibt, wird die eigentliche Barriere zur Rückkehr in die Krankenrolle gelegt. Dabei markieren die distanzierenden Pflegestrategien die Passagen der zunehmenden Verschlechterung. Die zuwendenden Strategien sorgen als Gratifikationen dafür, dass der Patient seine neue Situation und seine neue Identität adaptiert. Dem steht auch nicht entgegen, dass sich gesundheitliche Verbesserungen im Rahmen der guten Pflege einstellen, etwa wenn die Strapazen von kräftezehrenden Therapien wegfallen. Auch dann markieren die Pflegetätigkeiten die Grenzen des für den Patienten leistbaren Aktivitätspotentials.

2.3. Der Sterbeverlauf

Kommen wir zurück zum Fallverlauf von Frau Rübing. Sie wird immer schwächer, trübt zusehends ein und verstirbt schließlich friedlich im Beisein ihrer Freundin. Die Patientin hat alles geregelt, ihren Wünschen kann soweit wie möglich nachgekommen werden und sie muss nicht leiden, weder an Schmerzen noch an Einsamkeit. Ihr Aufenthalt kann aus Sicht des Personals fast als ideal bezeichnet werden, jedenfalls entsprechen ihre letzten Lebenstage dem Programm des guten Sterbens. Frau Rübing ist unauffällig und sie zieht keine besondere Aufmerksamkeit auf sich, die über die übliche Zuwendungsorientierung hinausgeht. Es gibt nichts, was Anlass zu Diskussionen im Pflegeteam wäre. Sie repräsentiert damit einen Normalverlauf, dessen

Unscheinbarkeit allerdings nicht die umfangreichen Anstrengungen um das gute Sterben sichtbar macht. Häufig kommt es zu Konflikten und zu Abweichungen von den Normalvorstellungen. Ein Teil der Arbeit besteht nun darin, auch unter schwierigeren Bedingungen das Programm des guten Sterbens durchzusetzen. Ein anschauliches Beispiel dafür ist der Fallverlauf von Herrn Schlauch, einem 55jährigen bettlägerigen Patienten, dessen letzte 16 Tage im Hospiz beobachtet wurden. Seine Fallgeschichte zeigt nun, wie die moralische Formierung seiner Person in die Verlaufsprozesse eingebunden ist. Dabei treten aus Sicht des Personals Probleme auf, die Anlass für Konflikte und Unzufriedenheit sind: Das Verhältnis von distanzierenden und zuwendenden Strategien verschiebt sich zugunsten der ersteren, es ist schwierig, dem Patienten eine den Umständen angemessene Identität zuzuweisen, und die Aneignung der Sterbebewusstheit lässt sich nur unzureichend in die Pflegeabläufe einbinden. Mit dem Fallverlauf von Herrn Schlauch wird der Gesamtarbeitsprozess am Sterbeverlauf diskutiert. Zunächst werden die Beobachtungsprotokolle kondensiert wiedergegeben:

> Herr Schlauch bekommt, wie viele andere Patienten auch, hoch dosierte Schmerzmittel, trotzdem können seine Schmerzen nicht vollständig beherrscht werden. Für das Pflegepersonal entwickelt sich ein Konflikt zwischen den Bedürfnissen des Patienten und den Anforderungen an eine gute Pflege, der sich am Benutzen der Windelhosen entzündet. Herr Schlauch meint, er sei noch in der Lage, seine Ausscheidungen zu kontrollieren, und möchte deshalb in den Schieber abführen. Seine durch Bettlägerigkeit und Schmerzen eingeschränkte Autonomie will er nicht zusätzlich durch die Ausscheidung in eine Windelhose verringert wissen. Dieser Anspruch wird durch die Pflegekräfte aufgenommen und ein Kompromiss gefunden. Die Ausscheidung wird künstlich durch ein schnell wirkendes Abführmittel eingeleitet und wird nur von begrenzter Dauer sein, weshalb auch ein Schieber eingesetzt werden kann. Allerdings konkurriert das Ausscheidungsmanagement mit dem Schmerzmanagement. Nach Ansicht der Pflegekräfte verursacht das Untersetzen des Schiebers zusätzliche Schmerzen, wobei sich anhand von Verschmutzungen herausstellt, dass auf die Windelhose doch nicht verzichtet werden kann. Das nun folgende Windeln tut dem Patienten auch weh. Während der Pflegetätigkeiten stöhnt Herr Schlauch vor Schmerz und schweigt verbittert dazu, dass seinen Wünschen nicht vollständig nachgekommen wird. Schließlich reagiert eine Schwester auf seine unentwegten Schmerzäußerungen, indem sie ihn sanft, aber bestimmt zurechtweist: „Denken Sie an etwas anderes."

Der Windelwechsel wird in einem distanzierenden Pflegemodus unter Ausblendung der Person des Patienten möglichst exakt und präzise verrichtet. Die Pflegekräfte stoßen jedoch auf Schwierigkeiten, weil der Patient ihrem Regime nicht folgen kann. Er hält sich nicht an die Regeln der Distanzierung, indem er unentwegt klagt, und die Ausscheidung erfolgt nicht im dafür vorgesehenen Zeitfenster. Der Patient wird also zurechtgewiesen und ihm wird die Notwendigkeit der Windelhose deutlich gemacht, die den Schieber einsparen würde. Damit aber unterscheiden sich die Vorstellungen des Patienten über eine gesicherte Identität von denen der Pflegekräfte. Die Pflegekräfte fühlen sich über ihre Berufsrolle verpflichtet, dem Schmerz leidenden Patienten eine Linderung zu verschaffen und gleichzeitig seine Würde zu wahren. Der Patient jedoch stellt sein Schamempfinden über das Schmerzmanagement. Die identitätskonstituierenden, also unter allen Umständen aufrecht zu erhaltenden Normen bezieht der Patient auf sein Schamempfinden und auf die Beibehaltung der körperlichen Integrität, festgemacht am Vermeiden der Windelhose. Aber auch die Hospizpflegekräfte handeln nach einer Körperlogik. Aus ihrer Sicht muss eher die Schieberbenutzung als zusätzlicher Schmerzerzeuger ausgeschaltet werden. Hochgradige körperliche Pflegebedürftigkeit einschließlich der Versorgung der Ausscheidungsvorgänge ist für die Pflege schließlich Routine. Der Patient sagt zu dem Vorschlag, zukünftig die Windel zu benutzen, gar nichts, zeigt also weder ein Einsehen, noch widerspricht er aktiv. Tatsächlich ist er in dieser Situation auch damit beschäftigt, das Reinigen des Gesäßes zu verkraften, was ihm schwer genug fällt. Eine Neudefinition der Identitätszuweisung, hier am Beispiel der Windelbenutzung, scheint bei diesem Patienten ein Sozialisationsziel zu sein, das schwer erreichbar ist. Im Gegensatz etwa zur Episode von Frau Zunft, die aktiv mit ihrer neuen Identitätszuweisung umgegangen ist, hält Herr Schlauch an der Sicherung der bürgerlichen Identität (im Sinne von „so etwas wie eine Toilette" zu nutzen) fest. Trotzdem bleibt ihm nichts anderes übrig, als den Anweisungen der Pflegekräfte zu folgen. Damit aber legt er schon einen Schritt auf dem Weg zum Aufgeben seiner Identitätsansprüche zurück, was gleichzeitig bedeutet: einen Schritt zur Aneignung der Sterbendenrolle – allerdings flankiert von einem deutlichen Widerstand des Patienten.

Der übliche Wechsel von Wohlfühlpflege und sachlichem Schammanagement kann bei Herrn Schlauch nicht vollzogen werden. Jede Berührung, und später auch die Andeutung einer Berührung, verursacht Schmerzen. Die Durchführung der Pflegetätigkeiten im Hinblick auf die Minimierung von Zumutungen bedeutet, dass Wohlfühlanteile ausbleiben und ausschließlich Hygiene sowie Therapie leitend sind. Die Pflege erfolgt nun effektiv und präzise mit dem Ziel, den so verursachten Schmerz auf einen möglichst kurzen Zeitraum zu beschränken. Der Patient wird schließlich aufgefordert, dabei zu kooperieren. Die Zuwendungsorientierung, die immer in die Pflegetätigkeiten eingewoben ist, muss sich nun auf verbale Äußerungen beschränken. In dieser Situation reagiert das Pflegepersonal mit einem hohen Aufwand an Deutungsarbeit, die die Pflegeabläufe beständig begleitet. Diese wird in der nachfolgend beschriebenen Episode eingeleitet:

> Ich begleite Schwester Barbara in das Zimmer von Herrn Schlauch. Dort setzt sie sich an sein Bett und fragt nach seinem Befinden. Herr Schlauch antwortet, dass er starke Schmerzen hat, auch seine Zunge tut ihm weh. Dabei verzieht er schmerzerfüllt sein Gesicht und fängt an zu weinen. Die Schwester nimmt daraufhin seine Hand und sagt:

„Weinen ist gut, das muss raus!" Sie tröstet ihn damit, dass das gerade eingenommene Schmerzmittel erst noch wirken muss. Während Herr Schlauch immer noch schluchzt, fragt die Schwester, wie oft er mit einer Tinktur den Mund spülen solle. Stockend antwortet Herr Schlauch, dass er dies nicht wisse. Auch Schwester Barbara ist ratlos und meint, sie muss Schwester Margit, die für ihn verantwortliche Bezugsschwester, fragen. Nachdem wir eine kurze Weile verharrt haben, gehen wir aus dem Zimmer.

Herr Schlauch schockiert durch starke Schmerzen in der Zunge, die er durch ein „schmerzerfülltes" Verziehen des Gesichts und durch spontanes Weinen äußert. Die Pflegekraft geht auf seine Schmerzäußerung ein, indem sie seine Hand ergreift und das Weinen ausdrücklich befürwortet. Sie verweist auf das Schmerzmittel, das ihrer Ankündigung entsprechend erst in einiger Zeit wirken wird. Schließlich gelingt es ihr, das Thema Schmerz zu verlassen, indem über die Handhabung einer Mundspülung verhandelt wird. Über die Anwendung der Tinktur ist man gemeinsam ratlos, was beide Gesprächspartner verbindet. Die Schwester, die bei Herrn Schlauch nicht Bezugspflegerin ist und somit auch faktisch weniger gut über die Verordnungen informiert zu sein braucht, kann sich über ausdrückliche Hilf- und Ratlosigkeit mit dem Patienten solidarisieren. Damit wird die allzu deutliche Kluft zwischen dem schmerzerfüllten Weinen des Patienten und dem medikamentenbezogenen Wissensvorsprung der Pflegekraft ausgeglichen. Die Pflegerin stellt sich symbolisch auf die Seite des Patienten, indem sie die spontane Patientenäußerung verstärkt und ihrerseits ihre Unwissenheit über die Medikamentendosierung inszeniert. Die Situation ist damit gerettet und der Schmerz kontextualisiert. Der Patient wird an seine Aufgabe erinnert, die Mundspüllösung anzuwenden, und so vom Schmerzerleben abgelenkt. Er akzeptiert diese Solidarisierung, da sie auch von der Arbeitsorganisation her plausibel ist: Schließlich ist Schwester Barbara nicht seine Bezugspflegerin und muss damit vermutlich nicht vollkommen über das medikamentöse Behandlungsregime informiert sein. In dieser Episode zeigen sich die Stärken des Personals, das Zeit hat, sich an das Bett des Patienten zu setzen, auf seine Leiden zu reagieren und nicht wegzusehen. Andererseits aber versagt die Kommunikation vor dem Leiden des Patienten. Schwester Barbara kommt letztendlich „nicht an ihn heran", so dass ihr nur noch übrig bleibt, die Aufmerksamkeit von seinem Schmerz ganz sachorientiert auf Medikamente hin zu lenken. Damit zeigen sich die Grenzen des Trostgebens, denn sie kann nicht auf den Körper zugreifen, dem sich keine Wohltat erweisen lässt. Dabei wird zu zeigen sein, dass sich die Steuerung der emotionalen Befindlichkeit nicht auf den Schmerz richtet, sondern auf die Haltung des Patienten bezogen auf sein Sterben.

Herr Schlauch entwickelt in diesen Tagen eine regelrechte Angst vor körperlicher Berührung. Diese Entwicklung wird in der Übergabe angesprochen und man reagiert entsprechend mit veränderten Deutungen: Das Personal beobachtet zwar, dass der Patient sich in einem „verschlechterten Allgemeinzustand" befindet und sich damit allmählich dem Sterben nähert, gleichzeitig wird aber gemutmaßt, dass er noch „Hoffnung" hat und sein bevorstehendes Ableben eben nicht akzeptiert. Diese innere Angespanntheit wird gleichsam als Grund für den kaum nachvollziehbaren Schmerz benannt. Erstaunlicherweise eröffnet das Personal eine Nebenbühne, die einzig das Ziel verfolgt, den Patienten zu schonen und die prekäre Schmerzlage nicht noch weiter zu verschärfen. Man hält es für unangebracht, die anstehenden Verhandlungen mit dem Bestattungsinstitut mit dem Patienten selbst zu besprechen, sondern wendet sich dazu an seine Lebenspartnerin. Dies stellt ein ungewöhnliches Vorgehen in einer Institution dar, die explizit versucht, den Patienten auf das Sterben vorzubereiten und – sofern er wie Herr Schlauch noch entscheidungsfähig ist – in Aushandlungsprozesse um das Sterben einzubeziehen. Das Pflegepersonal vermutet, dass man Herrn Schlauch nicht auf das Bestattungsinstitut ansprechen könne, denn damit würde man ihm seine „Hoffnung nehmen". Zum Schichtwechsel am fünften Tag wird Herr Schlauch folgendermaßen von Schwester Margit charakterisiert:

> Wenn man sich zu ihm hinsetzt, weint er. Es ist ein Teil der Krankheitsverarbeitung. Aber das Weinen ist immer noch an der Oberfläche. Letztendlich lässt er niemanden an sich heran.

Herr Schlauch ist demnach ein sehr einsamer Mensch, der trotz der fürsorglichen Betreuung durch seine Lebenspartnerin Angst vor dem Sterben hat. Für das Personal scheint dies erst einmal nachvollziehbar zu sein, denn mit seinen 55 Jahren ist er noch zu jung, um zu sterben. Ganz wie in der Episode um den Schmerz wird aber von ihm verlangt, seine Gefühle und seine Ängste zu kontrollieren, deshalb wird ihm auch nicht zugemutet, über seine Bestattung zu sprechen. Die Hospizagenda besagt, dem Patienten „nichts überzustülpen" und sich nicht in seine Angelegenheiten einzumischen, wenn er dazu keine Signale setzt. Das Verhalten von Herrn Schlauch wird nun so interpretiert, dass er über sein Sterben nicht sprechen möchte. Seine Ängste könnten durch ein Gespräch über das Bestattungsunternehmen thematisiert werden, dies jedoch wird als ein unzumutbarer Eingriff in die schon diffuse Stimmungslage gesehen, die dann vielleicht nicht mehr gelenkt werden könnte. Zudem wäre der Erfolg einer solchen Intervention fragwürdig: Wenn Herr Schlauch seine Gefühle nicht stabilisieren kann, sondern die Thematisierung seiner Bestattung ausschließlich als Verletzung erfährt, wird ein konkurrierendes Ziel des Hospizes missachtet, nämlich das unmittelbare Wohlbefinden. Das zu vermeidende Risiko besteht darin, dass Herr Schlauch vollends die Kommunikation verweigert und sich schweigend zur Wand dreht oder zur Decke starrt – also den sozialen Tod stirbt. Damit werden ganz zentrale Vorstellungen der Hospizpflege von der Würde des Patienten verletzt, die durch das mangelhafte Schmerzmanagement schon nicht hinreichend gewahrt ist. Der Sterbende wird also immer noch an eine soziale Situation gebunden, die ihm genügend Gratifikationen bereitstellt. Vermieden werden soll der Verlust von Fassung, die auch Patienten in einem Hospiz abverlangt wird, was dann damit begründet wird, dass Patienten ihre letzten Tage genießen sollen und nicht Konflikte aufarbeiten, die sie in ihrem ganzen Leben nicht gelöst haben. So erhält Herr Schlauch die Möglichkeit, sich mit seiner Lebenspartnerin im Wohnzimmer aufzuhalten, was ihm dann „sehr gut getan hat", wie auf der anschließenden Pflegeübergabe eingeschätzt wird. Es wird also hingenommen, dass Patienten ihr Sterben nicht akzeptieren und weiterhin die Hoffnung auf Weiterleben und Gesundung haben. Hinter dieser Abstinenz in Bezug auf kognitive Interventionen steht die Formel vom „Recht auf den eigenen Tod": Menschen „sterben so, wie sie gelebt haben". Damit aber wird das Sterben manchmal auch nicht offen thematisiert.

Die Auflösung dieses Widerspruchs zwischen der Aneignung der Sterbendenrolle und dem körperlichen Zustand stellt sich über die Organisation des Sterbeverlaufs her. Zunächst werden die Beobachtungsprotokolle zusammengefasst wiedergegeben:

> In der Nacht zum dritten Tag befürchtet die Nachtschwester seinen Tod. Herr Schlauch aber stabilisiert sich auf niedrigem Niveau und bekommt höhere Schmerzmitteldosen. Dadurch wird er etwas ruhiger und die Schmerzsituation verbessert sich. Allerdings werden nun psychogene Schmerzanteile unterstellt, wenn beobachtet wird, dass er schon Schmerzen spürt, noch bevor er von den Pflegekräften berührt wird. In den nachfolgenden Tagen spielt sich eine Routine in der Versorgung ein: Die Nutzung der Windelhose wird nun nicht mehr hinterfragt. Herr Schlauch wird weiterhin regelmäßig von seiner Lebensgefährtin besucht. Am 14. Tag wird ganz deutlich, dass er bald sterben wird. Die Schmerzmittel werden auf Anordnung des Arztes noch einmal erhöht. Es geht ihm so schlecht, dass die Lebensgefährtin die Nacht über an seinem Bett wacht. Am nächsten Tag ist entweder eine Sitzwache abgestellt oder die Zimmertür bleibt geöffnet. Immer wieder wird Herr Schlauch, der nun ganz schläfrig und verschwitzt ist, vom Pflegepersonal aufgesucht, das nun deutliche Zeichen des unmittelbar bevorstehenden Todes feststellt. So kurz vor dem vermuteten Tod sind aber auch die sonst routinemäßig vorgenommenen Pflegemaßnahmen begründungsbedürftig. Schwester Barbara meint: „Er kann nicht so [kotverschmiert] liegen bleiben.", um anschließend mit Schwester Edeltraut die Windelhose und die Bettwäsche zu wechseln – wieder eine Prozedur, unter der Herr Schlauch stöhnt, auch wenn er schläfrig ist. Ein körperlicher Schmerz wird von Schwester Barbara jedoch nicht mehr angenommen: „Das Stöhnen ist das Unterbewusstsein." Und Schwester Edeltraut bestätigt: „Nein, wer so fest schläft, hat keine Schmerzen. Das ist die Seele." Herr Schlauch stirbt dann am nächsten Morgen um 5.15 Uhr. (Der Todeszeitpunkt wird in der Regel sehr genau angegeben.) In der Nacht hat ihn die Lebensgefährtin wieder besucht, sie hatte aber nicht die Kraft, bis zum Morgen zu bleiben. Der Nachtdienst berichtet, dass Herr Schlauch geblutet hat, auch im Stuhlgang befand sich Blut, und ein Pfleger sagt später zur Lebensgefährtin, dass er auch in seiner Todesstunde Schmerzen erleiden musste.

Der Sterbeverlauf hat im Fall von Herrn Schlauch eine gradlinige Form zunehmender Verschlechterung, bei der der Tod zwar verzögert, aber dann doch erwartet eintritt. Ab dem dritten Tag wird Herr Schlauch als „sterbend" etikettiert, er erholt sich zwar etwas, aber das Pflegepersonal hat nun eine abwartend-beobachtende Haltung angenommen. Einige Tage später ist die Lebensgefährtin alarmiert und auch in der Nacht anwesend. Spätestens ab dem 14. Tag ist jede Pflegemaßnahme begründungsbedürftig, weil keine unzumutbaren Schmerzen zugefügt werden dürfen. Andererseits kann auch ein Sterbender nicht in seinem Stuhlgang liegen bleiben. Hier sind Hygieneansprüche zu wahren, hinter denen die Aufrechterhaltung der Würde des Patienten steht. Vor diesem Zwiespalt zwischen Zumutung und Würde entscheidet sich das Personal regelmäßig für die Würde. Die Todesstunde antizipierend werden alle Tätigkeiten am Patienten möglichst frühzeitig ausgeführt. Probleme stellen sich jedoch dann ein, wenn sich der Todeseintritt hinauszögert. In diesen Fällen sind weitere Maßnahmen notwendig, die das Pflegepersonal dann nur mit Skrupel durchführt: Denn der Tod darf nicht während der Pflegemaßnahmen eintreten oder dazu in direkter Beziehung stehen. Ein drastisches Fallbeispiel soll dies illustrieren:

> Herr Schumann, ein 63jähriger Patient, liegt schon seit einigen Tagen im Sterben. Immer wieder erholt er sich kurzfristig, aber nicht so gut, dass man mit ihm sprechen kann. Die Angehörigen reagieren schon gereizt, wenn sie, angerufen vom Personal, zum wiederholten Mal letzten Abschied nehmen. Die übliche Versorgung wird auf ein Minimum beschränkt. So wird, wenn es dem Patienten schlechter geht, nur Stuhlgang und Urin kontrolliert, und erst in besseren Phasen wird er gewaschen und gelagert. Allerdings befürchtet eine Schwester: „Ich drehe ihn um und er stirbt." Eine andere sagt während der Übergabe zur nächsten Schicht, sie habe sich „ein Herz gegriffen und ihn im Bett versorgt". Während dieser Zeit ist Herr Schumann auf eigenen Wunsch vollständig sediert – er möchte nichts von seinem Sterben mitbekommen, wird auf einer Pflegeübergabe gesagt. Die Ungewissheit der Sterbephase dauert noch drei weitere Tage an, bis Herr Schumann ganz ruhig verstirbt.

Ein sich hinauszögernder Tod stellt die Kontinuität der Versorgung vor besondere Herausforderungen: Angehörige müssen getröstet und von Tag zu Tag aufs Neue zu Besuchen am Sterbebett motiviert werden, obwohl sie möglicherweise in Antizipation des Todes schon ausgetrauert haben oder von den schwierigen Umständen überfordert sind. Die Durchführung von Pflegemaßnahmen muss entsprechend des Gesundheitszustands des Patienten immer wieder neu erwogen werden. Nur sehr selten zieht sich die Ungewissheit der Sterbephase solang hinaus wie bei Herrn Schumann. Typischer ist hier das Beispiel von Herrn Schlauch, das eine ähnliche, aber besser beherrschte Dynamik aufweist.

In der Organisation des Sterbens werden der mentale und körperliche Verfall und die damit einhergehenden Identitätsverluste synchronisiert. Mit den Strategien der distanzierenden Pflege wird die Person des Patienten aus seinem Körper ausgelagert, etwa so wie man es sich für Narkotisierungen während einer Operation vorstellen kann.[27] Der Körper wird von verschmutzenden Sekreten (Blut, Sputum, Ausscheidungen) gesäubert und Wunden werden blickdicht und geruchsneutral verbunden. Bei einer auf diese Weise „entkörperten" Person ist in den Begriffen von Giddens Selbst-Identität und die körpergebundene Darstellung der Person dissoziiert.[28] Dieser „reine" Körper repräsentiert nicht einmal mehr ein „falsches Selbst", sondern gar keines. Ein solches radikal dissoziiertes Selbst ist jedoch in einer Institution nicht hinzunehmen, die der Würde und der Humanität des Patienten verpflichtet ist. Noch zu seinen Lebzeiten würden soziale Bindungen unterbrochen und der Patient den sozialen Tod sterben. Die zuwendenden Pflegepraktiken organisieren nun das biographische Narrativ und weisen personale Identität zu, etwa Vermutungen über eine schwierige Persönlichkeit und verpasste Chancen. Der Körper wird mit Deutungen aufgeladen und zum Stellvertreter der sich auflösenden, aber immer noch zu aktualisierenden Identitätsbezüge des Patienten. Trotz zunehmender Schwäche wird er „zum Sprechen gebracht" und ihm wird zur Repräsentation von Identität verholfen. Das Ideal des sich selbst kontrollierenden Individuums, das auch am Ende des Lebens gefordert ist, kann nur aktualisiert werden, wenn der körperliche Verfall ausgeblendet wird. Erst dann ermöglicht der Patientenkörper, Würde auszudrücken und Trauer zu zeigen. Das Hospiz wird so zur Stätte, an der die „Heiligkeit des Selbst" gefeiert wird.

3. Natürliches Sterben?

Im Hospiz, dies lässt sich mit einiger Gewissheit sagen, ist der Tod nicht mehr verboten, so wie es Ariès für das Krankenhaus der 1950er und 1960er Jahre befunden hat.[29] Zunächst ist das Hospiz den frühmodernen und romantischen Idealen verpflichtet, nach denen der Tod im Sinne einer ars moriendi vorbereitet ist und die letzten Dinge erledigt sind. Nachdem der Sterbende Lebensbilanz gezogen hat, kann er dem Tod nun gefasst entgegensehen und versammelt in der letzten Stunde seine Angehörigen noch einmal um sich. Das Sterben, wie es Ariès für die Zeit bis zum Anfang des 20. Jahrhundert beschreibt, ist vor allem eine moralische Angelegenheit der Einstellung des Sterbenden und seiner Umgebung zum Tod. Die Realabläufe sehen etwas anders aus. Dem Tod aufgrund von Krankheiten konnte man, vergli-

---

[27] St. Hirschauer: „Die Fabrikation des Körpers in der Chirurgie". In: C. Borck (Hg.): *Anatomien medizinischen Wissens. Medizin Macht Moleküle*. Frankfurt a. M. 1996, S. 86-124.
[28] A. Giddens: *Modernity and self-identity: self and society and the late modern age*. Cambridge: Polity Press 1991, S. 56-63.
[29] Ph. Ariès: *Studien zur Geschichte des Todes im Abendland*. München, Wien 1976.

chen mit heutigen Maßstäben, kaum etwas entgegensetzen, er ließ sich kaum manipulieren. Wenn heute der Schwerkranke im Krankenhaus oder Hospiz aufgenommen wird, lenken dagegen institutionelle Kalküle seine Geschicke, womit ihm die Verantwortung für seine letzte Lebenszeit genommen wird. Die moralische Haltung des Sterbenden tritt nun hinter die Verfahrenshoheit von Medizin und Pflege zurück – gefordert sind lediglich die Kooperation im Rahmen des Notwendigen und das Vertrauen in das medizinische Expertensystem. Wenn man von dieser Grundsätzlichkeit absieht, leitet das Hospiz in den Verfahren der Sterbeorganisation den Patienten zu einer heroischen Haltung an.

Die Medizin formuliert mit ihren Verfahren einen Erwartungskorridor des guten Sterbens. Dieser orientiert sich an der Logik des Organismus, nach der Sterben ein durch Krankheiten beförderter körperlicher Abbauprozess ist. Dieser Prozess lässt sich steuern: Man kann ihn verlängern oder verkürzen, man kann Leiden vergrößern oder abmindern, man kann Einfluss auf Vitalität und Mobilität sowie auf Wachheit und Kognition nehmen und man kann Körperreaktionen zum Verschwinden bringen oder hervorrufen. In diesem Möglichkeitsspektrum wird die Vorstellung von einem „natürlichen Sterben" zur Rahmung, um Abläufe am Lebensende zu normieren.[30] Demzufolge sollte das Sterben zunächst ohne jegliche Interventionen ablaufen – der Natur ihren Lauf lassen. Diese Idealisierung taucht auch tatsächlich in den Beobachtungen auf, wenn berichtet wird, wie eine alte Frau nach einigen Tagen Krankenhausaufenthalt ihre Hände faltet und friedlich einschläft. Die Informantin findet dafür die Worte: „Sie ist gestorben wie ein Indianer."[31] Auch das Sterben von Frau Rübing folgt diesem Ideal. Der Körper vergeht zwar, aber er meldet sich nicht durch Schmerzen, offene Wunden, schlechte Gerüche oder Unruhe. Die Leiden des Patienten kommen darin nicht vor.

Das Hospiz ist nun diesem Ideal des körperkontrollierten Sterbens verpflichtet. Abweichungen davon werden durch eine Praxis beherrscht, bei der pflegerische und medizinische Maßnahmen möglichst im Verborgenen bleiben. Sichtbare Interventionen, insbesondere wenn sie unter einem Dringlichkeitsregime stehen, machen die Plötzlichkeit von Verschlechterungen und abrupte Körperäußerungen nur zu offensichtlich. Körperkontrolle bedeutet demnach, dass der körperliche Abbauprozess durch medizinische und pflegerische Interventionen stillschweigend begleitet ist. Ähnliches hat bereits Streckeisen für die Technik der „sukzessiven Dehydratation" im Krankenhaus beobachtet.[32] Bei dieser den Sterbevorgang mimetisierenden Praxis

---

[30] Vgl. auch N. Machado: „Descretionary death: conditions, dilemmas, and normative regulation". In: *Death Studies* 29/2005, S. 791-809.
[31] G. Göckenjan, St. Dreßke: „Wandlungen des Sterbens im Krankenhaus und die Konflikte zwischen Krankenrolle und Sterberolle". In: *Österreichische Zeitschrift für Soziologie* 27/2002, S. 80-96.
[32] Streckeisen: *Die Medizin und der Tod*, a. a. O.

wird mit zunehmender Todesnähe die Flüssigkeitszufuhr verringert. Diese Technik geht davon aus, dass der Patient in seinem geschwächten Zustand immer weniger Flüssigkeit braucht, zuviel davon würde den Organismus überfordern und den Patienten leiden lassen. Die Sterbeorganisation bezieht sich hier allerdings nur auf den biologischen Abbauprozess und dabei auch nur auf einige Dimensionen.

Im Hospiz dagegen wird die pflegerische und medizinische Nachahmung des „natürlichen" Sterbeprozesses verfeinert und dehnt sich auf das Gesamtrepertoire der Tätigkeiten aus. Folgendes Behandlungs- und Pflegeregime, das auch im Einklang mit den Lehrmeinungen der Palliativmedizin steht,[33] lässt sich beobachten: Zunächst wird Medizintechnik äußerst sparsam verwendet und einem Automatismus ihrer Nutzung vorgebeugt. So gibt es nicht wie im Krankenhaus an jedem Bett Sauerstoffanschlüsse, sondern es werden bei Bedarf Sauerstoffapparate zur Verfügung gestellt und eine „ordnungsgemäße Entwöhnung vom Respirator angestrebt".[34] Medikamente und Therapien, die nicht der Leidenslinderung dienen, werden mit Aufnahme in das Hospiz rigoros abgesetzt – selbst solche, die von Palliativstationen verordnet wurden. Fortgesetzte Therapien werden kontinuierlich auf ihre Notwendigkeit hin in Frage gestellt. Insbesondere gilt es, die durch Therapien bewirkten Schwankungen der Vitalität und der Befindlichkeit zugunsten eines stetigen Abwärtstrends hin zu nivellieren. Z. B. steht das Personal Bluttransfusionen oder Lungenpunktionen äußerst skeptisch gegenüber, da unmittelbar folgende Verbesserungen durch spätere Phasen von Verschlechterungen erkauft werden. Behandlung und Pflege laufen also darauf hinaus, den Körperzustand und das psychische Befinden so zu steuern, dass der „Patient am natürlichen Ende seines Lebens friedlich stirbt".[35] Der Tod darf also nicht plötzlich auftreten, sondern kündigt sich durch gravierende Verschlechterungen an, die ihn dann als „zur richtigen Zeit" erscheinen lassen. So ruft das unerwartete Sterben immer wieder Dringlichkeitsreaktionen hervor, die in Kontrast zur sonst gelassenen Haltung des Personals stehen. Weiterhin bevorzugt die schon angeführte Pflegeorientierung Techniken, die größtmögliche Nähe zum Patienten herstellen. Die orale Gabe von Medikamenten und Nahrung wird bevorzugt, insbesondere gegenüber der Sondenzufuhr. Seinem Mobilitätsbedürfnis wird mit begleiteten Spaziergängen durch das Hospiz begegnet und bei Unruhezuständen werden Massagen gegeben. Auf diese Weise wird den Bedürfnissen des Patienten „nachgespürt", auch wenn er sie nicht mehr verbalisieren kann, und ihm wird ohne den verstörenden Einfluss der Medizintechnik „Persönlichkeit" zugewiesen. Das

---

[33] Aulbert, Zech (Hg.): *Lehrbuch der Palliativmedizin*, a. a. O.; St. Husebö, E. Klaschik (Hg.): *Palliativmedizin*. Berlin ³2003.
[34] St. Husebö: „Ethik". In: Husebö, Klaschik (Hg.): *Palliativmedizin*, a. a. O. S. 65.
[35] I. Jonen-Thielemann: „Die Terminalphase". In: Aulbert, Zech (Hg.): *Lehrbuch der Palliativmedizin*, a. a. O., S. 678-686, S. 684.

Aberkennen von Identitätsdimensionen kann nun über sein körperliches Befinden legitimiert werden. Wenn etwa gesagt wird: „Er wird immer weniger", so ist damit sowohl zunehmende Schwäche als auch die zunehmende Unfähigkeit zur Darstellung seiner Person gemeint. Das Hospiz liefert so ein „Korsett", das Identität sowohl unterstützt als auch eingrenzt.

Eine zentrale Voraussetzung, die für die Sterbeorganisation wie ein Sicherheitsventil funktioniert, ist das Regime der Schmerz- und Beruhigungsmittel. Typisch für alle Hospizpatienten ist die Gabe von Medikamenten, mit denen Schmerzäußerungen, Unruhezustände und Ängste behandelt werden und so körperliche Aktivität kontrolliert wird, wobei möglichst ein waches Bewusstsein aufrechterhalten werden soll. Letzteres gilt als Voraussetzung für eine gelungene Pflege. Es gibt aber immer wieder Sterbeverläufe, bei denen körperliche und mentale Funktionen nicht langsam und sukzessive abklingen. Plötzliche Atemnotzustände, das Aufbrechen äußerer Metastasen, die zu Blutungen führen, Schmerz-, Unruhe- und Angstattacken sowie psychiatrische Symptome führen zu Schlamasselsituationen und erfordern unter Umständen eine einschleichende Betäubung, damit der Patient sein Leid „nicht mitbekommt", wie z. B. bei Herrn Schumann gesagt wurde. Diese Technik, die in der Palliativmedizin unter dem Begriff der „terminalen Sedierung" diskutiert wird, hat für die Organisation von Schlamasselverläufen den Vorteil, dass das Bewusstsein dosisabhängig von leichten Eintrübungen bis zur vollständigen Bewusstlosigkeit graduell und reversibel reguliert werden kann. Mit diesem Regime kann die Verlaufskontrolle auch für schwierige Fälle nach dem Ideal des natürlichen Sterbens erreicht werden.

Selbstverständlich wird hier sehr deutlich, dass Sterben überhaupt nicht „natürlich" verläuft, sondern vielfältig manipuliert ist. Wir haben es vielmehr mit einer Inszenierungspraxis des guten Sterbens zu tun. Dies ist schon Gegenstand der Kulturkritik am „natürlichen Tod" als legitimatorische Ideologie, auf die hier nicht weiter eingegangen werden soll.[36] Natürliches Sterben wäre allenfalls in folgender Begebenheit zu finden, die im Beobachtungszeitraum geschehen ist: Eine Patientin schleppt sich nachts aus ihrem Bett und verblutet unbemerkt auf dem Flur. Dies ist allerdings ein Sterben, worauf der Nachtdienst völlig aufgelöst reagiert hat. Der Schock lässt sich nur damit begründen, dass dieser Sterbeverlauf nicht sozial vermittelt ist, denn die Patientin stirbt vollständig einsam. Ort, Zeit und Umstände ihres Todes bleiben allein der biologischen Vitalität, also der „Natur", überlassen. Gänzlich unerwartet, nicht im Bett und körperlich desintegriert – mit diesen Merkmalen werden alle sozialen Verbindlichkeiten unterlaufen, und genau aus diesem Grund ist

---

[36] Vgl. K. Feldmann: *Tod und Gesellschaft*. Frankfurt a. M. 1990, S. 90 ff., und die dort zitierte Literatur.

es für das Personal ein nicht akzeptierbares Sterben. Dieses Beispiel zeigt dann auch sehr deutlich, dass Sterben sozialisiert sein muss.

Es stellt sich aber trotzdem die Frage, warum man sich am Ideal des natürlichen Todes orientiert. Zum einen ist der natürliche Tod als Gegenpol zum gewaltsamen Tod zu sehen. Mit der Pazifizierung der Gesellschaft ist gewaltsames Sterben aufgrund äußerer Ursachen nicht mehr hinnehmbar, dies bezieht sich auch zunehmend auf innere Ursachen, die dem Körper Gewalt durch Krankheit, Wunden oder Unruhe antun. Das natürliche Sterben ist demnach das irritationslose, vorbereitete Entschlafen an einem sicheren Ort in sicherer Umgebung. Mit dem Ausschluss menschlicher Interventionen und Absichten aber wird die Verantwortung für den Tod abgewiesen, die nun dem Sterbenden übertragen ist. Er muss seinem Tod mutig-gefasst entgegensehen. Zum anderen schließt der natürliche Tod an das Tötungsverbot an. Das medizinische Berufsethos verbietet, den Tod herbeizuführen, obwohl medizinische Maßnahmen ihn durchaus beschleunigen können. Auch das einfache Abbrechen medizinischer Maßnahmen wird nur mit Skrupel durchgeführt und ist daher mit der Orientierung an einem „natürlichen" Verlauf sozial vermittelt. Neben der Prozesssteuerung entfaltet sich die legitimatorische Wirkung auch im Nachhinein, wenn der Patient schon tot ist. Denn wenn das Sterben „schlecht" verläuft, kann die Natur als letzte Instanz zur Rechtfertigung herangezogen werden und das Personal entlasten.

Beide Logiken, die des Körpers und die des Geistes, werden in der Verlaufsform des ruhigen und friedlichen Sterbens erfüllt. Das dem zugrunde liegende Ideal ist das des natürlichen Sterbens, welches als langsames, sukzessives Abklingen körperlicher und mentaler Funktionen beschrieben werden kann. Demnach verläuft das körperliche, soziale und psychische Sterben gleichzeitig und deren Komponenten verweisen aufeinander. Umgesetzt wird das Ideal des natürlichen Sterbens in den medizinischen Verfahren, und das heißt dann, dass körperliche und psychische Verschlechterungen entsprechend dieses Ideals durch medizinische und pflegerische Maßnahmen gesteuert oder, wie es die Hospizphilosophie formuliert, begleitet werden.

Ludger Fittkau

Der Trend zur Urne im Wurzelwerk
Bestattungskultur heute am Beispiel von Friedwäldern und Ruheforsten

1. Der Wald

„Doch als du gingst, da brach in diese Bühne / ein Streifen Wirklichkeit durch jenen Spalt / durch den du hingingst: Grün wirklicher Grüne, / wirklicher Sonnenschein, wirklicher Wald." So lautet eine Strophe aus dem Gedicht *Todes-Erfahrung* von Rainer Maria Rilke.[1]

Profaner drückt es Marcus Stellwag, der hauptamtliche Verwalter des so genannten „RuheForst Erbach" im Odenwald, aus: „In Deutschland ist ja die Liebe zum Wald doch was ganz besonderes."[2] Auch angesichts des Todes. Schon die Waldfriedhöfe, die in der ersten Hälfte des 20. Jahrhunderts vielerorts angelegt wurden, sollten nicht nur den Toten „eine würdige Ruhestätte, sondern auch jedem Besucher einen schönen Erholungsaufenthalt bieten."[3]

Der Ende 2005 in Betrieb genommene „RuheForst", den Marcus Stellwag betreut, liegt in einem Waldgebiet oberhalb der Kreisstadt Erbach im Odenwald. Anders als ein üblicher Waldfriedhof ist der Erbacher „RuheForst" nicht mit einem dichten Maschendrahtzaun oder gar einer Steinmauer von der Umgebung abgetrennt. Man sieht nur ein einfaches Holzgeländer, das weder für Mensch noch Tier unüberwindlich ist und lediglich eine Markierung darstellt. Marcus Stellwag:

> „Die Einfriedung ist also ganz schlicht gehalten. Das Wild, das auch natürlich in dem Wald anzutreffen ist – speziell Rehwild, Hase, Niederwild – das wollte man natürlich nicht aussperren, so dass man an einem Führungstermin oder auch bei der Beisetzung an sich Wild antreffen kann. Das lockert alles ein bisschen auf. Ist 'ne tolle Sache."[4]

---

[1] R. M. Rilke: „Todes-Erfahrung." In: ders.: *Neue Gedichte. Der Neuen Gedichte anderer Teil*. Frankfurt a. M., Leipzig 2000, S. 46 f.
[2] Das Gespräch im Erbacher RuheForst fand Anfang 2006 statt.
[3] Stadtarchiv Bergisch-Gladbach, unpag. Artikel des Stadtanzeigers vom 13. Mai 1932, zit. nach: W. Stöcker: *Die letzten Räume. Sterbe- und Bestattungskultur im Rheinland seit dem späten 18. Jahrhundert*. Köln 2006, S. 137.
[4] Tonbandaufzeichnung, Gespräch Erbacher RuheForst, Anfang 2006.

Im nur wenige Kilometer vom Erbacher „RuheForst" gelegenen „Friedwald" fehlt jede Einfriedung. Das Waldstück, in dem unter Bäumen die Urnen vergraben werden, ist für den zufälligen Spaziergänger auf den ersten Blick nicht vom umliegenden Mischwald zu unterscheiden. Weder im „RuheForst" noch im „Friedwald" ist Grabschmuck erlaubt, dementsprechend sind keine Friedhofsblumen oder gar Grabsteine zu sehen. Auf Wunsch können an den Bäumen, unter denen die Urnen vergraben werden, allerdings kleine Metallplättchen mit den Namen der Verstorbenen angebracht werden.

Auch jedwede Infrastruktur in Gebäudeform fehlt. Es gibt in den Begräbniswäldern des Odenwalds keine Kapelle, keine Leichenhalle, keinen Blumenladen in der Nähe. Lediglich am Rande des „RuheForsts Erbach" findet sich eine „Andachtsstelle" genannte Lichtung, auf der ein etwa zwei Meter hohes Holzkreuz errichtet worden ist, vor dem ein Baumstumpf steht. Davor stehen einige Holzbänke. Der Baumstumpf kann dazu genutzt werden, bei Abschiedszeremonien oder religiösen Ritualen dort die Urne zu platzieren. Marcus Stellwag:

> „Es ist in der Regel so, dass eine Trauerfeier oder eine Sargaufbahrung bei einem Bestatter, der dann dafür zuständig ist, abgehalten wird. Und dass hier draußen im Wald sowohl mit Pfarrer als auch ohne Pfarrer eine ganz individuelle Trauerfeier abgehalten werden kann. Es wäre zum Beispiel auch möglich, dass hier ein Posaunenchor bläst oder dass, wenn hier eine Jäger- oder Försterbeerdigung oder Beisetzung ist, dass hier Jagdhornbläser – ihr letztes Halali sozusagen geben. Das wäre auch denkbar und wird auch sehr gut angenommen und genutzt."[5]

Beim „Friedwald" Michelstadt fehlt eine solche „Andachtsstelle" mit einem christlichen Symbol völlig. In beiden Begräbniswäldern im Odenwald ist keine Friedhofsverwaltung, sondern der Forstbetrieb für die technische Seite der Bestattung im Begräbniswald zuständig.

Wie sieht eine Waldbestattung aus? Beispiel Friedwald Michelstadt: Am Beerdigungstag befördert nicht ein Bestatter, sondern der Förster Burghard Klose die Urne im Kofferraum seines grünen Forstfahrzeugs, als er auf den Parkplatz des Friedwaldes im Forst etwas oberhalb von Michelstadt im Odenwald abbiegt.[6] Der Förster trifft sich mit den Angehörigen des Verstorbenen am Waldrand. Den Trauergästen hat er vorher empfohlen, wetterfeste Kleidung und trittsicheres Schuhwerk zu wählen, denn der Wald sei eben kein Friedhof mit Steinplatten zwischen den Grabreihen. Auf dem Weg zur letzten Ruhestätte geht es tatsächlich durch Matsch und über feuchtes Laub unter Buchen und Eichen. Burghard Klose, der bis 2005 für den hessischen Landesbetrieb „Hessen-Forst" die Beerdigungen im Friedwald Michelstadt in Abstimmung mit dem Kooperationspartner FriedWald GmbH in einem „public-

---

[5] Ebd.
[6] Das Gespräch im Michelstädter Friedwald fand im Herbst 2003 statt.

private-partnership (PPP)"-Projekt organisierte, teilt folgende Beobachtung mit: Die Buchen werden von den Frauen bevorzugt, während die Männer überwiegend unter Eichen liegen wollen. Warum die Baumauswahl geschlechtsspezifisch ausfällt, weiß der Förster auch nicht. Ein irgendwie merkwürdiger Zufall sei nur, so Klose, dass man im Forst „von der Buche als der Mutter des Waldes" spräche.[7] Aber davon wüssten die Frauen, die sich hier einen Baum aussuchen, eigentlich nichts, räsoniert der Förster in der Rolle des Friedhofsmanagers. Die kämen ja meist aus den Städten.

Im Friedwald von Michelstadt erkennt man auf den ersten Blick nicht, dass es sich um einen Ort handelt, an dem bereits mehrere hundert Menschen begraben sind. Auf den ersten Blick das einzig Sichtbare: Um etwa jeden dritten Baum sind blaue Bänder gebunden. „Das sind die Bäume, die noch frei sind", sagt Förster Klose. Vor allem die Bäume am Waldrand, mit freier Sicht aufs Tal, sind schon weg. Ein „Familienbaum" oder ein „Freundschaftsbaum" bietet Platz für zehn Urnen und kostet für 99 Jahre ab 3.350 Euro, je nach Größe. Eine 250 Jahre alte Eiche ist teurer als eine Buche. Die Urne unterm Baum kann also für die Männer um einiges teurer werden als für die Frauen.

Für den „Freundschaftsbaum" hätten sich schon Nachbarschaften interessiert und ein Kegelklub, so Burkhard Klose. Ob auf dem kleinen, unauffälligen Metallschildchen am Stamm dann „Hier ruht Gut Holz" stehen könnte? „Durchaus denkbar", antwortet der Forstbeamte.

> „Da ist es eben nicht die Familie, die sich einen Baum aussucht, sondern ein Freundeskreis. Weil wir es zunehmend mehr haben, dass einfach gute Freunde, der Stammtisch, die Kegelrunde sich gemeinsam einen Baum suchen."[8]

Er hätte die Idee des „Friedwaldes" am Anfang skurril gefunden, gesteht der Förster. Aber inzwischen sei er von der Sache überzeugt: „Die Lebensformen haben sich verändert, die Familiengruft funktioniert doch schon deswegen immer schlechter, weil es immer weniger Familien in dieser Form gibt."[9] An manchen Stellen im Friedwald von Michelstadt sind auf alten Stümpfen Baumhälften als Sitzbänke angebracht worden. „Das war ein Wunsch von Angehörigen, die sich bei Besuchen im Wald auch mal hinsetzen wollten", erklärt Klose.

Ganz ohne Friedhofsbank geht es also auch im Friedwald nicht. Doch Blumensträuße und Kränze sind weiterhin verboten. Wer will, kann ja aus Wald- und Wiesenblumen einen Strauß flechten oder aus Ästen ein Kreuz oder einen Kranz legen.

---

[7] Petra Gehring äußert im Gespräch die Vermutung, dass Frauen vom Phänotyp einer Buche eher angezogen werden als von einer Eiche. Der Stamm der Buche sei glatter und schlanker als die borkige Rinde einer Eiche, die auch ein sperrigeres und sichtbareres Wurzelwerk habe. Außerdem werde die Eiche in Sprache bzw. Literatur eher mit Männlichkeit assoziiert als die Buche.
[8] Tonbandaufzeichnung, Gespräch Friedwald Michelstadt, Anfang 2003.
[9] Ebd.

„Das machen meine Waldarbeiter immer, wenn sie ein Loch für eine Urne graben", erzählt Klose. Ganz verliert sich das Bedürfnis nach Trauerzeichen nicht.

Im Sommer 2006 gibt es bereits an die zwanzig Friedwald- oder Ruheforststandorte in Deutschland, weitere sind im Genehmigungsverfahren.[10] Die meisten Begräbniswälder befinden sich in Niedersachsen, NRW und Hessen. Das Bundesland Hessen war so etwas wie die Speerspitze der Begräbniswald-Idee in Deutschland. Das aus der Schweiz stammende Konzept der Urnenbestattungen im Wald wurde im September 2000 durch die Gründung einer GmbH in Darmstadt aufgegriffen.[11] Der erste deutsche Friedwald wurde dann im November 2001 im Reinhardswald bei Kassel in Betrieb genommen, und der Friedwald in Michelstadt nahm wenig später die ersten Urnen auf, im Jahr 2006 war hier bereits die Asche von mehr als 300 Toten begraben. Im nur wenige Kilometer von Michelstadt entfernten Ort Erbach hat inzwischen das Konkurrenzunternehmen der FriedWald GmbH, die „RuheForst GmbH"[12], gemeinsam mit der Stadt Erbach einen ähnlichen Urnenwald eröffnet. Mit den beiden konkurrierenden Nachbargemeinden kann der Odenwald getrost als Hochburg der neuen Begräbniswälder in Deutschland bezeichnet werden.

2. Bestattungs-Tourismus

Zu Beginn des Jahres 2006 warb am Ortseingang von Erbach ein mehrere Quadratmeter hohes Plakat für den erst wenige Monate zuvor eröffneten „RuheForst" oberhalb der Kreisstadt. Das unübersehbare Schild war unmittelbar an der viel befahrenen Bundesstraße 45 von Hanau nach Heidelberg platziert und ist in mehrerer Hinsicht bemerkenswert. Zum einen richtete es sich eindeutig an Autofahrer, die von außerhalb in den Ort hineinfahren. Das können Erbacher Bürger sein, die als Pendler ihre Arbeitsplätze in der Rhein-Main-Region haben, aber ebenso auch Autofahrer aus anderen Orten, die Erbach lediglich durchqueren. In ihrem Internet-Auftritt formulieren dies die Betreiber des „Erbacher RuheForstes" so: „Seit der Eröffnung am 29. Oktober 2005 steht der Odenwälder Bevölkerung, aber selbstverständlich auch weiteren Interessenten, der Erbacher RuheForst für Bestattungen in freier Natur zur Verfügung".[13] Nach Auskunft der Förster im Odenwald stammt bisher durchaus eine Mehrzahl der Menschen, die sich für eine Bestattung in den Wäldern interessieren,

---

[10] *Friedwald. Werbe-Zeitschrift der FriedWald GmbH*, April 2006, S. 2.
[11] *Friedwald. Werbe-Zeitschrift der FriedWald GmbH*, November 2005, S. 1.
[12] Der Begriff „Ruheforst" ist wie das Wort „Friedwald" mit einem Markenschutz versehen. Ruheforste gab es im April 2006 sechs, davon zwei in NRW, zwei in Rheinland-Pfalz, einer in Hessen und einer in Mecklenburg-Vorpommern.
[13] *„Erbacher RuheForst eröffnet"*. www.erbacher-ruheforst.de/medieninfo_bild.htm. Stand: 04. Dezember 2005.

aus der Region. Aber es gibt auch eine nicht kleine externe Interessentengruppe, was anzeigt, dass die Begräbniswälder im Odenwald Ausdruck einer gewissen Form von Bestattungs-Tourismus sind. Burghard Klose aus Michelstadt beschreibt das Phänomen: Viele, die sich für seinen Friedwald interessieren, hätten den Odenwald als Urlauber kennen gelernt. Sie fühlen sich, laut Klose, hier „wohl":

> „In erster Linie sind es Menschen, die sehr naturverbunden sind. Die aber natürlich auch andere Vorteile sehen bei einer heutigen Auseinandergerissenheit von Familien. Es fängt an mit der Grabpflege, man muss jemanden beauftragen, es ist ja auch nicht das Kostengünstigste und allgemein der Grabstein, das ganze Friedhofsprozedere fällt also hier weg. Es ist ein großer Zeit- und Erhaltungsaufwand, dem man heute nicht mehr so nachkommen kann, durch Auseinandergerissenheit, wie gesagt. Es sind auch viele ältere Menschen, die keinem zur Last fallen wollen. Das muss man ganz klar sagen."[14]

Der Odenwald hat seit Jahren mit einem Rückgang des Tourismus zu kämpfen. Die Kurorte hatten ihre große Zeit in den 1960er Jahren, danach haben sie kontinuierlich Gäste an die Mittelmeer-Destinationen verloren. Die Gesundheitsreformen der 1990er Jahre mit der Folge des Rückgangs ärztlich verordneter Kuren taten ein Übriges. Dennoch ist der Odenwald vor allem als Naherholungsgebiet für Menschen aus den Ballungsräumen Rhein-Main-Neckar nach wie vor beliebt. Wochenendhäuser und Altersruhesitze im Odenwald sind für Städter aus diesen urbanen Räumen attraktiv. Die Begräbniswälder von Michelstadt verbinden so offenbar zwei Ressourcen des Odenwaldraumes zu einem Angebot: Das wachsende Bedürfnis nach einem Lebensende in ruhigeren Naturräumen abseits der Großstadt-Hektik sowie den touristisch zunehmend weniger genutzten, aber reichlich vorhandenen Nutzwald. Burghard Klose:

> „Doch, es lohnt sich. Das ist das Schöne dabei. Die Menschen, die hier hinkommen, sind zufrieden. Zum anderen ist es aber auch so, dass es sich für den Waldbesitzer lohnt. Der bekommt also Geld, was er sogar in eine Waldrücklage hinein gibt und es nicht im Haushaltsloch, wie es heute bei den Gemeinden üblich ist, versacken lässt. Sondern wir haben hier die Möglichkeit über die Laufzeit des Friedwaldes immer wieder etwas zurückzuführen, in den Wald, und das ist bei der angespannten Wirtschaftslage und Holzmarktlage auch ein guter Bonus, den wir gut gebrauchen können."[15]

Das zweite Beispiel: Erbach. Markus Stellwag ist gelernter Forstwart und seit Oktober 2005 Leiter des Ruheforsts in Erbach im Odenwald. Wie sein Friedwald-Kollege Klose im benachbarten Michelstadt hat der Waldfachmann noch vor wenigen Jahren nicht mal im Traum daran gedacht, dass er mal eine Begräbnisstätte leiten wird. Aber da durch staatliche Sparpolitik im Bereich der Forstbetriebe kaum noch Plan-

---

[14] Tonbandaufzeichnung, Gespräch Friedwald Michelstadt, 2003.
[15] Ebd.

stellen zu besetzen seien, sei man „für jeden Strohhalm" dankbar.[16] Er habe sich im Ruheforst sehr schnell zurechtgefunden. Keine „Friedhofsatmosphäre", die freie Gestaltung der Beisetzung, Wegfall der Grabpflege, schlanke Verwaltung, kurze Wege, individuelle Lösungen – dies sind einige der Vorteile, die die RuheForst GmbH in einem „Leitfaden für Bestatter" für ihre Form der „Waldbestattung" nennt. Marcus Stellwag:

> „Natürlich wird der Ruheforst auch von den Erbachern und von den umliegenden Ortschaften hier sehr gut genutzt. Aber es sind auch die Einzugsgebiete Heidelberg, Heppenheim, Bergstraße, Frankfurt und Offenbach, das kann man schon sagen. Der Ruheforst ist für jeden nutzbar, man muss nicht ortsansässig sein, sondern ist also international, wenn sie so wollen."[17]

Die Mobilität und namentlich der Tourismus spielen in unserer Gesellschaft bei der Wahl eines Begräbnisplatzes im Wald auch eine wirtschaftliche Rolle. Für entfernt Lebende oder für Vielreisende fallen nämlich keine Kosten für Grabpflege an. So stellt beispielsweise Ingrid Ehrlichmann die Wahl eines Friedwaldes für die Asche ihres verstorbenen Mannes in einen Artikel in der Firmen-Werbezeitung „Friedwald" in einen klaren Zusammenhang mit ihrer Reiselust: „Ich komme nicht oft in den Wald, aber wenn ich da bin, sitze ich stundenlang am Grab meines Mannes und fühle mich ihm sehr nah. Ansonsten kann ich ohne schlechtes Gewissen verreisen, ohne jemanden mit der Grabpflege betrauen zu müssen."[18]

Die Mobilität nicht nur in der Freizeit, sondern vor allem in der Arbeitswelt und die damit verbundene Auflösung traditioneller Familienstrukturen befördern die schnelle Ausbreitung der Begräbniswälder, so der Darmstädter Wirtschafts-Ingenieur Werner Kahrhof, der vor einigen Jahren das Traditions-Bestattungsunternehmen seiner Familie übernommen hat. Die Friedwald-Idee, Kahrhof spricht von der „Mode Friedwald"[19], ist für ihn nicht so sehr ein Ausdruck des Phänomens einer Individualisierung, sondern eher schon eine Reaktion darauf. Kahrhof sieht die Begräbniswälder als eine Suche nach neuen sozialen Mittelpunkten zum Beispiel im Freundeskreis – insofern seien der „Freundschaftsbaum" oder das „Freundschaftsbiotop" im Wald nicht bloß Verkaufsrhetorik:

> „Friedwälder sind Mode aus verschiedenen Gründen. Sie können auch einen neuen Mittelpunkt der Familie bilden. Denn die Familien hatten früher die Familienbegräbnisse, Wahlbegräbnisse, Erbbegräbnisse. Heute sind sie weltweit verstreut, und selbst wenn Kinder da sind, ist dann die Frage: Spricht die Familie über einen gemeinsamen Bestat-

---

[16] Tonbandaufzeichnung, Gespräch Erbacher RuheForst, Anfang 2006.
[17] Ebd.
[18] „Der Wald hilft in Zeiten der Trauer". In: *„Friedwald", Werbe-Zeitschrift der FriedWald GmbH*, November 2005, S. 6.
[19] Tonbandaufzeichnung, Gespräch in Kahrhofs Darmstädter Bestattungsunternehmen, Anfang 2006.

tungsort, über einen gemeinsamen Mittelpunkt auch nach dem Tod? Wenn dieser Mittelpunkt der Familie nicht gegeben ist, dann sucht man sich einen landschaftlich interessanten eigen-definierten Mittelpunkt."[20]

Die „schlanke Verwaltung, die kurzen Wege und die individuellen Lösungen" sieht auch die RuheForst GmbH als einen der Hauptgründe für die Wahl einer Waldbestattung:

> „Und es hat natürlich auch noch den Vorteil: Ich kann mich heute entscheiden, ich kann heute kaufen und habe nicht so unsinnige Friedhofsordnungen wie in Darmstadt, dass ich nämlich erst ein Grab kaufen kann, wenn ich 70 Jahre alt bin. Und dass ich, wenn ich Auswärtiger bin, besondere Anträge stellen muss, dass ich das Grab kaufen kann. In Hamburg zum Beispiel, in Ohlsdorf, kann jeder in jedem Alter ein Grab kaufen."[21]

Die Förster im Odenwald betonen den Punkt, dass die Kunden in den Wäldern sich oftmals gegen die starren, ritualisierten Beerdigungsrituale auf den herkömmlichen Friedhöfen wehren.

In den Wald werde auch schon mal ein Kassettenrecorder oder ein Violoncello mitgebracht.[22] Gut vorstellbar sei auch, dass man im Sommer auf der nahen Wiese am Waldrand den Leichenschmaus als Picknick veranstaltet. Diese andere, weniger „pietätvolle" Atmosphäre herrsche oft schon bei den Besichtigungen von Interessenten, so der Erbacher Begräbniswald-Manager Marcus Stellwag:

> „Es geht meist auch sehr lustig zu und am Ende der Führung stelle ich dann meist die Frage: Hätte man das auf dem Friedhof auch gemacht? Die Leute wissen zwar, dass hier Urnenbeisetzungen sind und gehen mit Pietät und Würde hinein, aber es ist dennoch keine – sage ich jetzt mal – sakrale Atmosphäre. Sondern eher locker."[23]

---

[20] „Der Wald hilft in Zeiten der Trauer", a. a. O., S. 6.
[21] „Unter allen Wipfeln ist ruh'". In: RuheForst GmbH (Hg.): *Waldbestattung im RuheForst. Leitfaden für Bestatter*. Hilchenbach 2006.
[22] In seiner detailreichen historischen Studie über die Veränderungen der Bestattungskultur in den letzten 200 Jahren weist Wolfgang Stöcker darauf hin, dass laut einer Allensbach-Studie aus dem Jahre 1998 die Praxis des Spielens der Lieblingsmusik des Verstorbenen lediglich bei 13 % der Bestattungen im Westen Deutschlands und bei 22 % im Osten vorzufinden sei. Stöcker gibt zu bedenken, dass es vielleicht ein Risiko gebe, Beerdigungen durch „übereifrige Gestaltung" in kuriose, ja experimentelle Ereignisse zu verwandeln. Auch das unbedachte Abspielen unpassender Musik könne ein solches Risiko bergen. Vgl.: W. Stöcker: *Die letzten Räume. Sterbe- und Bestattungskultur im Rheinland seit dem späten 18. Jahrhundert*. Köln 2006, S. 300.
[23] Tonbandaufzeichnung, Gespräch Erbacher RuheForst, Anfang 2006.

3. Die Konkurrenz mit den Kirchen

Es war nicht zuletzt die Infragestellung der sakralen Friedhofs-Atmosphäre durch die Friedwald-Idee, die in den ersten Jahren der Friedwald-Idee Kritiker auf den Plan rief – und diese kamen vor allem aus Kirchenkreisen. Anfang 2006 kam es nach einer Phase des Konflikts zu einer bemerkenswerten Annäherung der Friedwald-Betreiber mit einer der großen christlichen Kirchen: „Der zweite historische Moment der FriedWald-Geschichte", so wurde im April 2006 in der Zeitschrift „Friedwald aktuell"[24] ein Artikel überschrieben. Zu lesen war, die Firma FriedWald GmbH habe erstmals in Deutschland einen Vertrag mit einer Evangelischen Landeskirche zur Einrichtung eines „evangelischen Friedwaldes"[25] unterzeichnet – mit der Landeskirche Bayerns nämlich. Dies sei das erste Mal, dass eine große christliche Kirche Deutschlands ein Grundstück für einen Urnenwald zur Verfügung stelle, ein 50 Hektar großes Terrain am Schwanberg im Landkreis Kitzingen, nahe Würzburg. Es ist Axel Baudach, der Geschäftsführer der FriedWald GmbH mit Sitz im südhessischen Griesheim, der angesichts des Vertragsschlusses seiner Firma die Formel vom „zweiten bedeutenden Augenblick" für die Friedwald-Idee in Deutschland geprägt hat: „Der erste war natürlich, als wir im Jahr 2001 die Verträge für den ersten Friedwald in Deutschland unterzeichnen konnten."[26] Oberkirchenrat Claus Meier, der nun 2006 für die bayerische Landeskirche den Vertrag mit der FriedWald GmbH unterzeichnete, wird mit der Aussage zitiert, dass der neue evangelische FriedWald von einer „christlichen Bestattungskultur" geprägt sein solle. Dies sei „eine wichtige Voraussetzung" gewesen, „das Areal zur Verfügung zu stellen".[27] Am Eingang des Geländes werde ein großes Holzkreuz stehen und die am Schwanberg beheimatete „Communität Casteller Ring" werde die seelsorgerische Betreuung der Hinterbliebenen übernehmen.

Dass der Geschäftsführer der FriedWald GmbH den Vertrag als historischen Durchbruch bewertet, hat handfeste Gründe. In den christlichen Kirchen gab es in den vergangenen Jahren deutliche Vorbehalte gegen die Idee der Friedwälder – Vorbehalte, die sich nachlesen lassen.

In einer im März 2004 herausgegebenen „Handreichung zum Thema Bestattungskultur" formuliert die Evangelische Kirche in Deutschland (EKD) drei Bedingungen, die für eine Akzeptanz von Waldbestattungen unverzichtbar seien: Zum

---

[24] *Friedwald aktuell* wird herausgegeben von der FriedWald GmbH Griesheim und erscheint mehrmals im Jahr in einer Auflage von 50.000 Exemplaren. Quelle: Impressum von *Friedwald aktuell*, April 2006, S. 12.
[25] *Friedwald aktuell, Werbe-Zeitschrift der FriedWald GmbH,* April 2006, S. 3.
[26] Ebd.
[27] Ebd.

einen müsse „das ausgewiesene Waldstück" öffentlich zugänglich sein und als besonderes, „friedhöfliches Flurstück" gekennzeichnet sein.[28]

Zum zweiten müsse auf „Wunsch des Verstorbenen bzw. der Angehörigen der Name des Verstorbenen" am Baum angebracht werden können. Außerdem müsse die Möglichkeit gewährleistet sein, auf Wunsch den entsprechenden Baum, unter dem jemand begraben ist, mit „einem Kreuz oder einem Bibelvers oder einer anderen christlichen Glaubenssymbolik zu kennzeichnen (z. B. Fisch, Kelch usw.)".[29] Diese Forderungen gehen deutlich über die ästhetische Konzeption der ersten Friedwälder in Deutschland hinaus, die an den Bäumen allenfalls kleine Namensschilder, aber definitiv keinen weitergehenden Schmuck oder religiöse Symbole zulassen wollten. 2006 zeigte sich die FriedWald GmbH offener für die Forderungen der EKD: „Im Prinzip ist unser Konzept sehr beweglich, zumal sich gute Konzepte auch stetig weiterentwickeln", so FriedWald-Geschäftsführer Axel Baudach.[30] Das ist ein deutlich anderer Ton, als er noch vor wenigen Jahren im Ursprungsland der Friedwald-Idee, der Schweiz nämlich, gegenüber den christlichen Kirchen angeschlagen wurde.

Bis vor kurzem deutete alles auf einen „Kulturkampf" zwischen den christlichen Kirchen in Europa und den Protagonisten der Friedwald-Idee hin. „Beisetzung – Die Kirche kann abdanken". Einen Pressebericht unter dieser Überschrift platzierte die Mutterfirma der deutschen FriedWald GmbH, die Friedwald Schweiz, noch 2005 an zentraler Stelle in ihrem Internetauftritt.[31] Vor rund zehn Jahren, so heißt es in diesem Artikel aus dem „Beobachter 10/94", hätte Ueli Sauter aus Mammern mit dem „Projekt Friedwald" eine Kontroverse über Bestattungsformen ausgelöst, die „aus dem kirchlichen Rahmen fallen".[32] Mittlerweile verfüge Sauter, der sich als „Vater der Friedwald-Idee" bezeichnen lässt, über „ein Netz von rund 50 Standorten" in der Schweiz. Vor der persönlich gestalteten Bestattung im Wald finde erst einmal „eine kirchliche Abdankung statt", heißt es im Text noch einmal, gemeint ist wohl ein Rückzug der Kirchen aus diesem Feld der modernen Bestattungsformen.

Zugleich waren auch aus den Kirchen harsche Töne gegen die Friedwald-Idee zu hören – vor allem von der katholischen Seite. So sprach sich Mitte 2005 der Freiburger Erzbischof Robert Zollitsch „klar und unmissverständlich" gegen Urnenbeisetzungen im Wald aus. Art und Ort dieser Bestattung ließen „auf eine privatreligiöse und pantheistische Einstellung schließen, die der christlichen Glaubenslehre

---

[28] Evangelische Kirche in Deutschland (EKD): *Handreichung zum Thema Bestattungskultur.* www.ekd.de/EKD-Texte/bestattungskultur.html. Stand: 29. November 2005.
[29] Ebd.
[30] *Friedwald aktuell*, a. a. O., S. 3.
[31] Friedwald Schweiz: *„Beisetzung – Die Kirche kann abdanken".* www.friedwald.ch/presseberichte/index.shtml. Stand: 29. November 2005.
[32] Ebd.

widersprechen."[33] Bei der Einrichtung von Friedwäldern seien „Anklänge an esoterische und an neuheidnische Naturvergötzung unverkennbar", erklärte schon zwei Jahre vorher der Rottenburger Bischof Gebhard Fürst.[34] Marcus Stellwag vom RuheForst Erbach kann diese Kritik bis zu einem gewissen Punkt nachvollziehen:

> „Es gibt also doch sehr viele Leute mystischen Gedankens, sage ich mal, die im Baum jetzt doch ein Mitlebewesen sehen und dementsprechend auch das Biotop auswählen."[35]

Klarer Widerspruch kommt hierzu allerdings von Förster Klose aus Michelstadt: Esoteriker seien es nicht, die zum Friedwald in den Odenwald kämen, um sich einen Baum für die letzte Ruhestätte auszusuchen. Es seien Atheisten, aber auch evangelische und katholische Christen. Gottesdienste habe es im Wald auch schon gegeben, so Klose. Solche Gottesdienste ließen aber zentrale Elemente christlichen „Brauchtums" bei der Bestattung vermissen, moniert die Deutsche Bischofskonferenz in einer Broschüre mit dem Titel: „Christliche Bestattungskultur. Orientierungen und Information". Im Text heißt es zu den Friedwäldern:

> „Die Konzeption des so genannten Friedwaldes (freier, unumfriedeter Wald; völlig naturbelassenes Waldgebiet; anonymes Urnenfeld; Baumsymbolik) lässt zentrale Elemente einer humanen und christlichen Bestattungskultur vermissen. Darüber hinaus sind bei dieser Bestattungsform weder ein christliches Toten-Gedenken noch ein christlich-religiöses Brauchtum am Grab möglich (Kreuz, Licht, Weihwasserschale, Blumen). Die Deutung einer bloßen Rückkehr des Menschen in den Naturprozess liegt nahe. Das weltanschauliche Fundament der Friedwald-Konzeption ist das naturreligiöse Bekenntnis: 'Der Baum ist Grab und Grabmal zugleich, er nimmt die Asche mit den Wurzeln als Sinnbild des Lebens über den Tod hinaus.'"[36]

Der Baum, so heißt es in der Broschüre weiter, sei zwar „ein altes und schönes Zeichen für den Kreislauf der Natur und des Lebens". Das menschliche Leben erschöpfe sich aber nicht in „naturhaften Abläufen". Der „Lebensbaum" der Christen sei deshalb „kein noch so schöner Baum" in der Natur, sondern das Kreuz Jesu Christi, „das über den Gräbern aufgerichtet wird und den Tod von der Auferstehung her deutet".[37] Dass die Darmstädter Firma sich das „Friedwald"-Konzept gar habe unter Markenschutz stellen lassen, ist ebenfalls ein Argument von Gebhard Fürst, dem katholischen Bischof von Rottenburg, gegen die neue Form von Waldbestat-

---

[33] R. Zollitsch: „Eine privatreligiöse oder pantheistische Einstellung" (14. Juli 2005). Katholischer Nachrichtendienst. www.kath.net. Stand: 24. März 2006.
[34] Tonbandaufzeichnung eines Interviews in Rottenburg 2003.
[35] Tonbandaufzeichnung, Gespräch Erbacher RuheForst, Anfang 2006.
[36] Sekretariat der Deutschen Bischofskonferenz (Hg.): *Christliche Bestattungskultur. Orientierung und Information*. Bonn April 2004, S. 12.
[37] Sekretariat der Deutschen Bischofskonferenz (Hg.), a. a. O., S. 13.

tung: „Eine kommerziell motivierte Geschäftsidee mit Monopolstellung" sei das, so der Bischof.[38]

Die Spitze der katholischen Kirche im deutschen Südwesten sieht also die Idee der Begräbniswälder von Esoterik, heidnischer Naturverehrung und von Kommerzialisierung geprägt. Die EKD geht in ihrer *Handreichung zur Bestattungskultur* explizit auf diese vor allem von katholischer Seite genannten Einwände gegen die Friedwald-Idee ein:

> „Der stärkste bisher aus christlicher Sicht geäußerte Vorwurf gegen diese Friedwald-Konzeption geht dahin, dass es sich um 'naturreligiös verbrämten Kommerz' handele. Man wird – entgegen aller Beteuerungen der Betreiber hinsichtlich ihrer weltanschaulichen Neutralität – nicht völlig von der Hand weisen können, dass die Rückkehr des toten Leibes in den Naturkreislauf in der Friedwald-Konzeption besonders anschaulich gemacht wird."[39]

Die Rückkehr des Körpers in den Naturkreislauf sei aber in der Regel auch innerhalb einer christlichen Bestattungsfeier formuliert worden. Das EKD-Papier erwähnt unter anderem Gen 3, 19: „Erde zu Erde, Asche zu Asche, Staub zu Staub":

> „Und allein die Tatsache, dass die Friedwald-Konzeption bisher nur von privaten Betreibern initiiert und unter Kostenersparnisgesichtspunkten entwickelt wurde, ist doch wohl kein hinreichender Grund, diese Konzeption für unvereinbar mit den christlichen Grundsätzen zu halten, auch wenn sie natürlich faktisch eine nicht unerhebliche Konkurrenz zu den bisherigen öffentlichen oder kirchlichen Friedhofsträgern darstellt."[40]

Zu dieser neuen Konkurrenz gehören jedoch auch die staatlichen Forstbetriebe. Friedwälder sind für den Forstfachmann Burkhart Klose aus dem hessischen Michelstadt gelungene Modelle von „public-private-partnership". Ohne die Firma FriedWald GmbH hätten die hessischen Forstbetriebe die Idee niemals umsetzen können, nun verdienen sie damit Geld, sagt der Förster. Die Begräbniswälder sind damit ein willkommenes Zubrot für Gemeinden und Forstverwaltungen.

Zu dieser stillen Konkurrenz auch mit den politischen Gemeinden verhalten sich die Kirchen bis heute nicht.

Vor dem Hintergrund der aus Kirchenkreisen formulierten Kritik wird gleichwohl deutlich, warum aus Sicht der Friedwald-Betreiber der erste kirchliche Friedwald in Bayern ein Meilenstein in Sachen Akzeptanz ist. Das große Holzkreuz am Eingang zum bayerischen Friedwald ist der Preis für eine inzwischen offenbar von

---

[38] Meldung der Katholischen Nachrichtenagentur KNA, www.kirchensite.de (04.02.2004) des Bistums Münster. Stand: 24. März 2006.
[39] EKD, a. a. O.
[40] EKD, a. a. O.

beiden Seiten gewollte Annäherung der FriedWald GmbH und zunächst vor allem der lutherischen Kirche.

4. Die Ökonomie

Der Erbacher RuheForst sei ein „interessantes Geschäftsfeld für die Dienstleister", die Bestattungsunternehmer, glaubt der RuheForst-Manager Markus Stellwag. Der Darmstädter Bestattungsunternehmer Werner Kahrhof beschreibt die Sache nüchterner. Die Branche habe sich schlicht auf einen neuen Trend einzustellen, der viel mit den wirtschaftlichen Interessen der Kunden zu tun habe:

> „Urnenbestattung ist Platz sparend. Die Urne in der Nischenwand ist noch wesentlich Platz sparender, die Urnen in Kolumbarien, da werden auch andere Räume gebraucht als die Fläche eines Friedhofs. Die Kosten der Bewirtschaftung der Friedhöfe, es sind ja teilweise wunderschöne Parks, man denke an Ohlsdorf in Hamburg, sind sehr hoch. Insofern kommen auf die Kommunen gewisse Fixkosten zu, sie können ja nicht ohne weiteres Gräber an bestimmten Ecken einfach schließen und dadurch den Friedhof verkleinern. Die Kosten sind immens. Wenn dann noch die Kämmerer die Kosten des Friedhofs bei weniger Erdbestattungen auf diese umlegen, werden die Erdbestattungen noch teurer. Aus genau diesen Gründen der hohen Grabgebühren entscheiden sich ja viele Leute – nicht nur aus Umwelt- und sonstigen Überlegungen, sondern die meisten entscheiden sich wegen der Grab- und Folgekosten für eine Feuerbestattung."[41]

Die „transparente Gebührenstruktur" sei ebenfalls ein Vorteil der RuheForst-Waldbestattung, ist der Broschüre für die Bestatter zu entnehmen.[42] Eine „Gebührenordnung zur Friedhofssatzung des Erbacher RuheForsts" ist am 14. Juli 2005 vom Magistrat der Kreisstadt Erbach verabschiedet worden. Sie besteht aus drei DIN-A-4-Seiten. Ein Schlüsselbegriff der Gebühren-Ordnung ist der Begriff „Biotop"[43], denn die Beisetzungsstellen im Wald sind in so genannte „Gemeinschafts-, Familien- oder Freundschaftsbiotope" mit bis zu 12 Beisetzungsstellen und jeweils vier Wertungsstufen unterteilt. Die Gebühr liegt zwischen 500 Euro für eine einzelne Beisetzungsstelle in der niedrigsten Wertungsstufe 1 und 4.750 Euro für 12 Beisetzungsstellen in der Wertungsstufe 3. Der Preis in der noch vorhandenen Wertungsstufe 4 ist

---

[41] Tonbandaufzeichnung eines Gespräches im Beerdigungsinstitut Kahrhof in Darmstadt, Anfang 2006.
[42] „Unter allen Wipfeln ist Ruh'". In: RuheForst GmbH (Hg.): *Waldbestattung im RuheForst. Leitfaden für Bestatter*, Hilchenbach 2006.
[43] Der Begriff „Biotop" ist allerdings ein merkwürdiger Begriff für eine Begräbnisstätte, denn „Biotop" ist aus den griechischen Worten „bios" (Leben) und „topos" (Raum) abgeleitet: „Das Biotop ist der natürliche Lebensraum einer darauf abgestimmten Lebensgemeinschaft aus Pflanzen und Tieren." Vgl. Katalyse-Umweltgruppe (Hg.): *Umweltlexikon*. Köln 1985, S. 65.

„VB" – also Verhandlungsbasis.[44] „Bewertungskriterien sind u. a. die Lage der Ruhestätte und die direkt angrenzenden Naturelemente", mehr ist in § 3 (Gebühren) der Gebührenordnung zu den Kriterien für die Preisunterschiede nicht zu finden.[45]

Für die Herstellung der Graböffnung, die Beisetzung der Urne sowie das Verschließen des Grabes wird in Erbach jeweils eine Gebühr von 170 Euro fällig. Für eine Beisetzung „außerhalb der Regelarbeitszeit (z. B. Samstage)" wird zusätzlich eine Gebühr von 50 Euro erhoben. Beim, wie es Markus Stellwag ausdrückt, „Mitbewerber" FriedWald GmbH im benachbarten Michelstadt ist nicht von Biotopen, sondern von „Familienbäumen" oder „Freundschaftsbäumen" die Rede. Unter diesen Bäumen ist jeweils Platz für zehn Urnen. Für 99 Jahre Liegezeit – auch im RuheForst Erbach gilt diese Zeit – muss dort eine Gebühr ab 3.350 Euro gezahlt werden, je nach Größe. Eine 250 Jahre alte Eiche ist teurer als eine Buche.

Die 99 Jahre Liegezeit, die die Anbieter der Waldbestattungen garantieren, sind – nicht nur ökonomisch – eine der Besonderheiten des Konzeptes. In der Regel sind nämlich im Augenblick die Nutzungszeiten für Grabstätten auf Friedhöfen auf 20 bis 30 Jahre begrenzt. Nach dieser Zeit stellt sich für die Angehörigen wieder die Gebührenfrage. Dieses Problem benennt auch die EKD in ihrer Stellungnahme zur Friedwald-Konzeption. Man müsse wahrnehmen, dass „die aufgrund des kommerziellen Druckes immer kürzer werdenden sog. 'Liegezeiten' auf den städtischen wie kirchlichen Friedhöfen die lange Beständigkeit der Friedwaldgräber (99 Jahre) für viele verlockend erscheinen lässt."[46]

Eine lange Beständigkeit ohne zusätzliche Kosten nach Jahrzehnten: Dies scheint im Falle des Odenwaldes insbesondere für viele Interessierte aus dem nahe gelegenen Rhein-Main-Ballungsgebiet attraktiv. Denn auf den „traditionellen" Friedhöfen der Region gibt es enorme Gebührenunterschiede. Der Darmstädter Bestatter Werner Kahrhof macht die Preisunterschiede deutlich:

> „Ich gebe als Beispiel die Kosten für ein Einzelgrab. Wenn man es kauft in Kelkheim im Taunus 5000-6000 Euro, vergleichbar in Thüringen 500 Euro und in Darmstadt 1400 Euro. Wenn man das jetzt kalkuliert und rechnet einen 4-Personen-Platz, dann kann man sich ausrechnen, wie teuer das wird. Die Gesamtkosten einer Bestattung können durchaus 25.000 Euro ausmachen. Das sind keine Horrormeldungen der Presse, wo mal bestimmte Dinge ausgereizt werden, sondern das kann durchaus sein. Wenn ich als Beispiel Kelkheim, einen Drei-Personen-Platz kaufe, dann habe ich schon 18.000 Euro für das Grab zu bezahlen."[47]

---

[44] Magistrat der Stadt Erbach: *Gebührenordnung zur Friedhofssatzung des Erbacher RuheForstes.* 14. Juli 2005, S. 2.
[45] Magistrat Erbach, a. a. O., S. 1.
[46] EKD, a. a. O.
[47] Tonbandaufzeichnung, Gespräch im Bestattungsinstitut Kahrhof, Anfang 2006.

Wie bei anonymen Gräbern auf konventionellen Friedhöfen ist der schon angedeutete Wegfall der Grabpflege ein weiteres wichtiges, auch ökonomisches Motiv für die Wahl des Waldes als Bestattungsort. Eine Grabpflege für 20 Jahre, so Werner Kahrhof, schlage normalerweise mit ca. 5000 Euro zu Buche, diese Summe könne man sich im Urnenwald sparen. Ebenso wird der Kauf eines Grabsteines überflüssig.

5. Erinnerungskonflikte

Der in den Begräbniswäldern fehlende Grabstein symbolisiert eine weitere Konfliktlinie, mit der sich die Friedwald-Idee konfrontiert sieht: Die Konfliktlinie zur historischen Kultur, speziell mit der Museumskultur, die den normalen Friedhof im Sinne eines öffentlichen Gutes erhalten und für Publikumsinteressen pflegen will. Einen entsprechenden Funktionswandel des Friedhofs verzeichnet die Geschichtswissenschaft explizit: „Historische Friedhöfe unterliegen heute (…) einer zunehmenden Musealisierung. Sie sind zu kultur- und kunsthistorisch interessanten Orten geworden."[48]

In einer Stellungnahme zum Antrag der FDP-Fraktion im Hessischen Landtag zur geplanten Reform des Friedhofs- und Bestattungswesens im Land äußert sich die Arbeitsgemeinschaft Friedhof und Denkmal, die in Kassel unter anderem das Museum für Sepulkralkultur betreibt, auch zu den Auswirkungen von Friedwäldern auf die Erinnerungskultur: Friedhöfe bildeten „je nach Geschichte und örtlichen Gepflogenheiten" eine Stätte „eigener Charakteristik", die sich wiederum „kulturell identitätsstiftend" auf die Umgebung auswirke. Friedhöfe seien auch „Aushängeschilder" einer Gemeinde.[49]

Allgemeiner gesprochen sind Begräbnisorte wie der Kölner Melaten-Friedhof oder der Berliner Dorotheen-Friedhof wiederum auch „Aushängeschilder" einer Friedhofskultur, die die tröstlichen Flächen als musealisierten Erlebnisraum neu gestalten und zugänglich machen will. Diese Entwicklung ist Teil eines Siegeszugs der Museumskultur insgesamt. In den Industrieländern, bilanziert der Philosoph Herrmann Lübbe, sei inzwischen die Zahl der jährlichen Museumsbesucher ungefähr so groß wie die gesamte Einwohnerschaft des Landes:

„In Deutschland ist die Zahl sogar noch etwas größer, sie liegt bei 100 Millionen. Das ist ungleich mehr, als die Fußballfreunde in Schalke und in allen anderen deutschen Fuß-

---

[48] Stöcker: *Die letzten Räume,* a. a. O., S. 349.
[49] D. Kuhle: „*Stellungnahme: Beitrag zu einer Diskussion über das Friedhofs- und Bestattungswesen*". www.sepulkralmuseum.de/nachrich/nach.htm. Stand: 27. Januar 2006.

ballarenen zusammen live beobachten können – nur vor den Fernsehschirmen sitzen bei Fußballspielen dann natürlich noch mehr."[50]

Der Philosoph Odo Marquardt bestätigt diesen Befund Lübbes. Die historische Kultur gehöre „zu den Modernisierungsgewinnern."[51]

Wie passt der Trend zur Waldbestattung in diese historische Kultur? Die Fried-Wald GmbH bietet das Internet als Lösung an. Im Wald sind Grabsteine verboten. Das Erinnern wird aber im digitalen Raum möglich gemacht. Die Friedwald-Betreiberfirma bietet individuelle Gedenkmöglichkeiten für Trauernde an. Auf ihrer Internetseite ist eine Rubrik „Wir gedenken" eingerichtet worden.[52] Dort wird der Besucher der Homepage aufgefordert, einen Gedenktext von „ein oder zwei Sätzen, max. 250 Zeichen"[53] zu formulieren und an eine e-mail-Adresse zu schicken. Betont wird, dass keine Kosten entstehen. Ruft man die Gedenk-Rubrik auf der Homepage auf, findet man alphabetisch sortiert wiederum so genannte „Anzeigen". Diese bestehen zunächst aus einem Foto des Verstorbenen auf der rechten Seite. Darüber gibt es eine einheitliche Überschrift. Die lautet: „Wir gedenken und erinnern uns mit dem Spruch..." Neben dem Foto ist dann der von den Internet-Nutzern formulierte Spruch zu lesen. Unter dem Foto findet man den Namen des Verstorbenen, seinen Herkunftsort sowie Geburts- und Sterbedatum und die Ortsbezeichnung des Waldes, in dem er beigesetzt wurde.

Es handelt sich also um alle Elemente, die auch auf einem Grabstein zu finden sind – wobei das Foto hinzutritt. Bisher sind Bilder auf dem Grabstein oder der Urnenplatte wohl eher in der südeuropäischen oder US-amerikanischen Grabkultur üblich.

Diese virtuellen Gedenkmöglichkeiten – um nicht zu sagen: Grabsteine – zeigen, dass es offenbar für manche Angehörige doch nicht so einfach ist, auf die persönliche Signatur zu verzichten, die unsere Beerdigungskultur in den letzten Jahrhunderten herausgebildet hat. Der Kulturwissenschaftler Wolfgang Stöcker hat zahlreiche andere „Web-Projekte" beschrieben, die dem Personengedächtnis dienen.[54] Stöcker hebt hervor, dass sich auf vielen „Friedhofsites" in ähnlicher Form der Satz finde: Erst, wer vergessen ist, ist tot. Das Internet fungiert offenbar auch jenseits der Waldbestattungen als Medium, um die Pacht- oder Liegezeiten der Friedhöfe durch ein zeitlich unbegrenztes Erinnern im digitalen Raum zu überwinden:

---

[50] Tonbandmitschnitt eines Vortrages auf dem Kongress „*Die Zukunft der Geisteswissenschaften.*" Berlin, Sommer 2005.
[51] Ebd.
[52] FriedWald GmbH: *Wir gedenken*. www.friedwald.de/gedenken/index.php. Stand: 06. August 2006.
[53] Ebd.
[54] W. Stöcker: „Der virtuelle Grabstein am Beispiel ausgewählter Webseiten". In: ders.: *Die letzten Räume*, a. a. O., S. 322-335.

„Die Anbieter der Webfriedhöfe werben hingegen mit einer digitalen Ahnengalerie, deren Bestand angeblich für Jahrhunderte gesichert sein soll. Solche Projekte erinnern an die Stammbaumkultur adeliger Familien und re-installieren in Teilen eine eher antiquierte Form der Familienkultur. Möglich erscheinen in diesem Zuge Gedächtnisseiten, in denen Familien ihre Genealogie über lange Zeiträume pflegen und weiterführen."[55]

Ließe sich ein „Jahrhunderte altes Netz" realisieren und käme es nie zu einem „Crash" des IT-Systems, so spekuliert Stöcker, könnte das Webgrab in Zukunft eine „Sammelstelle familiären Gedächtnisses" werden, „wie es einstmals die großen Familiengrabstätten der bürgerlichen Friedhofskultur oder die Archive adeliger Familien waren".[56]

Die Gedenk-Seiten der FriedWald GmbH wirken neben solchen Szenarien eher wie eine rudimentäre digitale Spielwiese. Aber als ein Zusatzangebot an die Zeitgenossen des „Ausbruchs der historischen Kultur" sind sie durchaus konsequent.

6. Schluss

Der Trend zur Bestattung im mehr oder weniger offenen Wald kann an eine im wahrsten Sinne des Wortes „tief verwurzelte" Romantisierung des Waldes hierzulande anknüpfen. Das Berufsbild des Försters ist äußerst positiv besetzt. Möglicherweise wird die Tatsache, dass der Förster in den neuen Totenwäldern die Rolle des Bestatters und in Teilen sogar des Pfarrers übernimmt, daher nicht als negativ empfunden. Im Gegenteil: Auch der Förster „sorgt". Und der grüne Rock passt zur Waldbestattung wie der schwarze Frack der Sargträger zur Bestattung auf einem Großstadtfriedhof.

Die Bestattung in „Friedwäldern" und „Ruheforsten" lässt sich bilanzieren als Ausdruck der Tatsache, dass die deutsche Gesellschaft in den Jahrzehnten nach dem zweiten Weltkrieg eine Tourismusgesellschaft in einem vielleicht nie gekannten Ausmaß war. Der Ort der Sommerfrische oder des Winterurlaubs, der Herbst-Wanderwoche und des zusätzlichen, mehrtägigen Osteraufenthaltes ist für viele offenbar zum eigentlichen „Heimatort" geworden. Verstärkt wird diese Erfahrung durch häufigere Jobwechsel in Zeiten, in denen Berufsbiografien in den letzten Jahrzehnten immer weniger mit der langfristigen Bindung an ein Unternehmen bzw. einen Standort einhergehen.

Die Waldbestattung expandiert – und dies in die Refugien der Kirchen hinein. Vor allem die katholische Kirche formulierte zunächst Vorbehalte gegen die neuen Totenwälder. Sie sah Esoterik und eine Tendenz zur Naturreligion am Werke. In

---

[55] Stöcker, a. a. O. S. 334.
[56] Ebd.

jüngster Zeit sind gleichwohl die Kirchen zu einer Art konstruktiven Kritik am Friedwald-Konzept übergegangen. Sie prägen zunehmend die Gestaltung der Waldbestattungsorte mit, sorgen für die Anbringung von Kreuzen im Wald und für die Bereitstellung von Orten für Gottesdienste und Totenfeiern.

Der wirtschaftliche Druck und die Preise im Bestattungswesen sind wichtige Triebfedern für viele Menschen, sich für ein Urnengrab im Wald zu entscheiden. Bürokratie und vor allem die Kosten der Grabpflege auf den konventionellen Friedhöfen spielen angesichts eines anhaltenden Kaufkraftverlusts großer Bevölkerungsteile eine wichtige Rolle. Ein Platz in einem Gemeinschaftsbiotop im Wald ist wesentlich kostengünstiger als der Erwerb und der Unterhalt etwa eines Grabes auf einem Friedhof im Herzen des Rhein-Main-Gebietes.

Wer Waldbestattung wählt, verzichtet auf die Sichtbarkeit des Grabes im urbanen Raum. Gleichwohl besteht offenbar ein gewisses Unbehagen bei den Hinterbliebenen angesichts der geringen „Spuren", die ein Toter im Friedwald oder Ruheforst hinterlässt. Auch die professionelle Museumskultur beargwöhnt Friedwälder, da für sie Friedhöfe, die auf einer Steinkultur basieren, eine wichtige historische Quelle darstellen. Die Betreiber der Totenwälder antworten auf den Bedarf an Sichtbarkeit und Symbolisierung mit dem Angebot von Erinnerungsanzeigen im Internet, man kann von einer Art digitalem Grabstein sprechen.

Es ist davon auszugehen, dass es in den Totenwäldern künftig noch weitere Zugeständnisse an die traditionelle Erinnerungs- und vielleicht auch Bestattungskultur geben wird.

Die neuen Totenwälder scheinen bereits Teil einer Begräbniskultur zu sein – einer, die sich wandelt. Alles sieht so aus, als werde diese Form der Bestattung weiter um sich greifen, wobei sicher externe Faktoren eine Rolle spielen. Etwa für die Anbieterseite die Frage, wie sich die Holzpreise entwickeln, oder für die Kundenseite die Frage der Benzinkosten oder überhaupt die Bedeutung des Anreiseproblems. Auch zusätzliche Konflikte sind denkbar. Ähnlich wie beim Bau von Krematorien oder zeitweilig bei der Windkraft könnte die Frage der Störung von Anwohnern wichtig werden.

Jedenfalls hat sich die Friedwald-Idee in der erstaunlich kurzen Zeit von wenigen Jahren durchgesetzt. Jetzt schon ist zu beobachten, dass die Städte auf die Begräbnisangebote im Wurzelwerk reagieren. Auf brachliegenden Flächen großer Friedhöfe werden parkähnliche Landschaften oder sogar künstliche „Wildnisse" geschaffen, die der alternativen Totenruhe gewidmet sind. Der ökologisch bewirtschaftete heimische Misch-Wald ist also als moderne Variante der letzten Ruhestätte weitgehend akzeptiert.

Philosophische Perspektiven

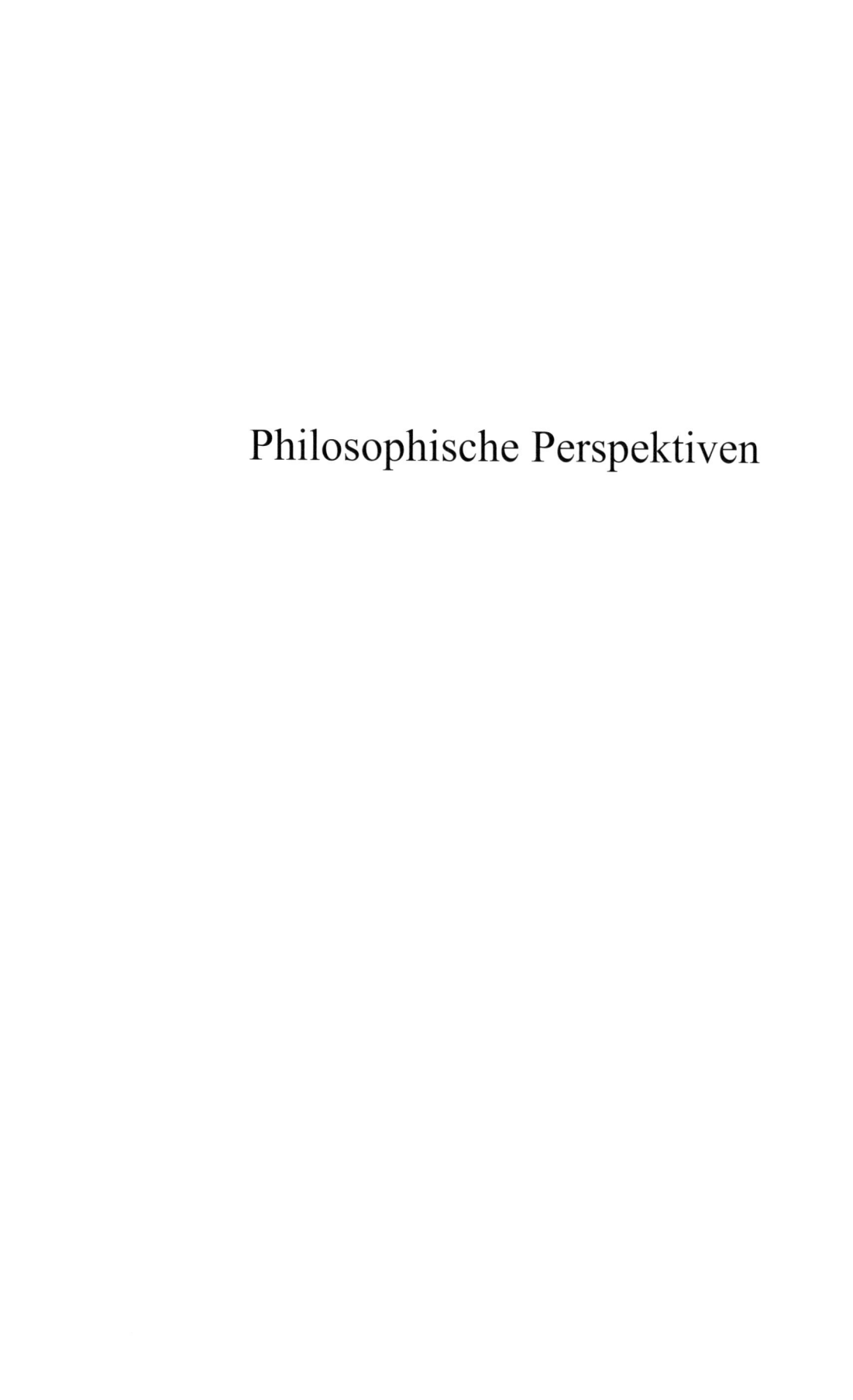

Petra Gehring

Sterbepolitische Umbauversuche
Von der Sterbehilfe zum assistierten Suizid

> *Der Tod, der anonym an der alltäglichen Existenz des Lebendigen nagt, ist derselbe wie der [...], von dem ausgehend sich mir mein empirisches Leben ergibt.*[1]

Anlass der nachfolgenden Überlegungen sind aktuelle Positionsverschiebungen in der deutschen Rechtspolitik – hierzu die Stichworte „Sterbehilfe" und „assistierter Suizid". Von diesen ausgehend möchte ich einen größeren Bogen schlagen im Wege eines (auch historischen) Vergleichs der Sterbepolitiken dreier europäischer Rechtsgebiete. Er führt mich zu einer Diagnose und, abschließend, auch zu einer rechtspolitischen Prognose.

Beschrieben werden sollen erstens die bemerkenswert unterschiedlichen *Verrechtlichungsformen* eines modernen Phänomens: des unter bestimmten Bedingungen legal gestellten Todes von fremder Hand. Herausstellen möchte ich zweitens die historischen Konturen einer sozialstaatlichen *Sterbepolitik* als Teil einer Lebenspolitik, deren Anfänge ich im 19. Jahrhundert sehe. Zur Diskussion steht für mich drittens eine politische Fluchtlinie. Sie verbindet den für den liberalen Sterbehilfediskurs charakteristischen *Autonomiegedanken* mit demjenigen Syndrom, das der Wissenshistoriker Michel Foucault das Thema der „Endlichkeit" des Menschen genannt hat: Ein Thema, das mit den empirischen Menschenwissenschaften und dem Populations- und Gattungsdenken des 19. und 20. Jahrhunderts korrespondiert.

1. Änderungen im deutschen Tötungsrecht?

Im Juli des Jahres 2006, etwa ein Jahr nach einem präludierenden Papier zur *Patientenverfügung*[2], veröffentlichte der Berliner Nationale Ethikrat eine Stellungnahme

---

[1] M. Foucault: *Die Ordnung der Dinge* (1966). Frankfurt a. M. 1974, S. 381.
[2] Vgl. Nationaler Ethikrat: *Patientenverfügung – ein Instrument der Selbstbestimmung. Stellungnahme.* Berlin 2005. www.ethikrat.org/stellungnahmen/pdf/Stellungnahme_Patientenverfuegung.pdf. 134 S. Stand: Januar 2007. Auf das Dokument verweise ich nachfolgend abgekürzt [= PV].

Selbstbestimmung und Fürsorge am Lebensende.[3] Kurz darauf, im September 2006, beschäftigte sich der Deutsche Juristentag in Stuttgart mit dem Thema Patientenautonomie und Sterbebegleitung; auch hier wurden – empfehlungsartig – Beschlüsse zur Strafrechtspolitik sowie zu vormundschaftsrechtlichen und zivilrechtlichen Aspekten der Sterbehilfe gefasst.[4]

Die Stoßrichtung beider Interventionen ist durchaus vergleichbar: Die bisherige Rechtslage lasse zu wünschen übrig – und zwar in puncto „Patientenautonomie" und einer den „Gesamtbereich (potentiell) lebensverkürzender Maßnahmen" umfassenden Rechtssicherheit.[5] Rund um das „Ende des Lebens" und den „verantwortlichen Umgang mit dem Sterben" sei die Selbstbestimmung des Einzelnen über seine Person bzw. „über seinen Körper"[6] zu stärken. In Fällen der Kollision von Fürsorgepflicht und Selbstbestimmung gebühre der Selbstbestimmung der Vorrang, und dieses schließe auch Behandlungsabbrüche aufgrund mutmaßlichen Willens mit ein – sowie Fälle, in denen ein Sterbeprozess im eigentlichen Sinne noch gar nicht begonnen hat. Neben der Etablierung der Patientenverfügung (als einem Instrument zur Dokumentation desjenigen Willens, den die ärztliche Entscheidung im Zweifel[7] als maßgeblichen Patientenwillen zugrunde legen soll) laufen beide Papiere, das des Ethikrates und das der Juristen, vor allem auf eines hinaus: auf eine diskrete, aber deutliche Verschiebung in der rechtlichen Wertung des Handelns des Arztes.

Rechtliche Wertung ärztlichen Handelns – halten wir uns kurz die interessante Sonderstellung des Medizinrechts in Rechtssystemen unseres Typs vor Augen. Nicht nur das deutsche Strafrecht, sondern überhaupt die europäische Rechtskultur räumt

---

[3] Vgl. Nationaler Ethikrat: *Selbstbestimmung und Fürsorge am Lebensende. Stellungnahme.* Berlin 2006. www.ethikrat.org/stellungnahmen/pdf/Stellungnahme_Selbstbestimmung_und_Fuersorge_am_Lebensende.pdf. 111 S. Stand: März 2007. Auf dieses Dokument verweise ich nachfolgend abgekürzt [= S&F].

[4] *Beschlüsse des 66. Deutschen Juristentages.* Stuttgart, 19. bis 22. September 2006. www.djt.de/index.php. Stand: Januar 2007.

[5] Die Beschlüsse des Juristentages vermerken zunächst „Reformbedarf": „Der Schutz des menschlichen Lebens und der Patientenautonomie sowie das Gebot der Rechtssicherheit erfordern für den Bereich der Sterbebegleitung gesetzliche Regelungen." Eine „Vermeidung von Wertungswidersprüchen" müsse „den Gesamtbereich (potentiell) lebensverkürzender Maßnahmen umfassen", a. a. O., S. 7.

[6] Vgl. PV, S. 10, 12; S&F, S. 63. Philosophisch gesehen eine bemerkenswerte Formulierung, sofern eine Selbstbestimmung „über…" hier definitiv nicht mehr eine Kantische Autonomiefigur (und damit die Würde gem. Art. 1 GG) in sich abbildet, sondern nur ganz allgemein „Verfügungsrecht" meinen kann. Dass es nur „der Körper" ist, über den der Patient im Zweifel verfügt (und nicht beispielsweise sein Entscheiden oder die Rechte, die ihm aus dem Behandlungsvertrag mit der Klinik erwachsen), schränkt die Sache noch weiter ein.

[7] Die Patientenverfügung soll greifen im Fall der fehlenden Fähigkeit zur Bildung oder zur Artikulation eines eigenen Willens. Konkret geht es damit um Zustände der Bewusstlosigkeit im Sterben wie auch diesseits des Sterbens (Wachkoma), des weiteren aber auch um das weite Feld der Demenz.

dem Arztberuf ein besonderes Straflosigkeitsprivileg in Sachen Körperverletzung ein. Wenn ich in eine Körperverletzung einwillige, die ein Mediziner kunstgerecht vornimmt, so gilt – obwohl Blut fließt und vielleicht sogar ein Leben auf dem Spiel steht – die physische Friedenspflicht zwischen Bürgern als gewahrt. Das Gewaltmonopol des Staates, das das Tötungsrecht regiert, wird ausnahmsweise nicht verletzt. Diesen Sachverhalt regeln unsere Strafgesetzbücher allerdings bis auf wenige Sondertatbestände[8] implizit. Es gibt also keine explizite strafgesetzliche *Erlaubnis* zur Körperverletzung oder auch Beteiligung an lebensgefährlichen Eingriffen, die den Arzt zu solchen Handlungen ermächtigt, sondern die Rechtsfigur ist eine nachgeschaltete: Man geht – im Falle von Einwilligung und kunstgerechtem Charakter der Maßnahme – von einer strafausschließenden Gerechtfertigtheit der medizinischen Handlung aus. Mit anderen Worten: Eine Körperverletzung ist auch dem Mitbürger Arzt im Prinzip verboten. Die medizinische Situation trägt aber Züge einer rechtfertigenden Notwehrlage, welche die einvernehmliche physische Gewaltausübung in der beruflichen Rolle legitimiert. Patient und Arzt sind gewissermaßen gegen den Gegner Krankheit verbündet – in einer Ausnahmelage, die dann allenfalls durch Berufsregeln, die sich die Ärzte selber geben, näher ausbuchstabiert wird. Genau so sieht die Sondergestalt des Medizinrechts in Deutschland aus: In einer vom Strafrecht nicht explizierten Gerechtfertigtheitszone bestimmt das ärztliche Standesrecht, was als gute medizinische Praxis zu gelten hat – bis wohin der Arzt also *als* Arzt gerechtfertigt handelt und von wo an auch in der Person des Arztes die Grenze zum gewalttätigen Mitbürger beginnt. Das Strafrecht hält den zivilen Raum also grundsätzlich gewaltfrei. Mord, Totschlag, in Deutschland auch die Tötung auf Verlangen sind allen Bürgern verboten. Das kausale Handeln von Ärzten am Sterbebett untersteht jedoch *zwei* möglichen Rechtsfiguren. Denn was den Tod nach sich zieht, kann ja dennoch – man denke an eine riskante Rettungsoperation – eine gerechtfertigte medizinische Handlung sein.

Hier ließe sich nun ein historischer Exkurs einschieben, der die Reichweite der ärztlichen Zuständigkeit betrifft. Ich beschränke mich auf wenige Sätze. Zwischen Krankheit und Sterben kennt die Medizin des 19. Jahrhunderts keinen Unterschied mehr. Daraus resultiert, dass die ärztliche Zuständigkeit tatsächlich immer bis zum Tode reicht, ja sogar reichen muss. Foucaults Untersuchung *Die Geburt der Klinik*[9] hat den resultierenden expansiven (und aggressiven) Charakter der modernen Medizin vor Augen gestellt. Seit der biologische Krankheitsbegriff die Schwellen zum Tod im Leben selbst sieht und mitdenkt, kämpft die Medizin gleichsam permanent

---

[8] Die gesonderte Strafbarkeit des Schwangerschaftsabbruchs durch den Arzt (§ 218a StGB) ist wahrscheinlich das bekannteste Beispiel.
[9] M. Foucault: *Die Geburt der Klinik. Eine Archäologie des ärztlichen Blicks* (1963). Frankfurt a. M. 1988.

gegen den Tod. Leben und Tod bilden ein Kontinuum, auf dem die Krankheit den Punkt des ärztlichen Eingreifens markiert. Weswegen in der Medizin nur ein einziges Handlungsschema greift: das der Krankenbehandlung – auch in aussichtsloser Lage. Der Anspruch der Lebensmedizin eröffnet einen Praxisraum, der den Arzt grenzenlos autorisiert. Zugleich dämmern innerhalb der Medizin überall dort, wo die Grenzenlosigkeit zum Problem wird, exklusive Selbstermächtigungsdiskurse herauf: Rationalitäten der „Selbstbegrenzung" und des selektiven Behandelns. Es entsteht ein eigentümlicher Dezisionismus. Der Lebensmediziner behandelt zum Leben und zum Tod. Seit dem Ende des 19. Jahrhunderts existiert in der so entstandenen „Grauzone" von medizinisch gebotenem, aber eben kausalem und daher potentiell tödlichem Handeln am „Lebensende" das Euthanasie- oder Sterbehilfeproblem.

Damit zurück zu den genannten Papieren von 2006, den aktuellen Umbauversuchen im Tötungsrecht. Die deutsche Rechtsprechung der Nachkriegszeit hatte zum Zweck der Normierung des potentiell tödlichen Tuns der Medizin rund um das Handeln des Arztes eine durchaus unklare Terminologie von „aktiver" und „passiver" bzw. „indirekter" Intervention am Lebensende entwickelt. Das Wort Euthanasie wurde – ein deutsches Sonderproblem – krampfhaft vermieden, das Verbot der „aktiven Sterbehilfe" wurde entsprechend betont, die Worte Tod und Tötung wurden umgangen. Im ärztlichen Standesrecht firmieren strafrechtsferne Termini wie „Maßnahmen am Lebensende" oder (nach Schweizer Vorbild[10] eingeführt) die Wendung von der „Änderung" des Behandlungszieles in der terminalen Phase eines „irreversibel" zum Tode führenden Krankheitsverlaufs.

2006 tut der deutsche Nationale Ethikrat nun drei bemerkenswerte Schritte. Zum einen schlägt er für die gesamte öffentliche Debatte eine Umbenennung der Bezeichnungen des in Rede stehenden Handelns vor. Statt „aktive" von „passiven" oder „indirekten" Tötungshandlungen zu unterscheiden, solle man besser sprechen von (1) Sterbebegleitung, (2) Therapie am Lebensende, (3) Sterbenlassen, (4) Beihilfe zur Selbsttötung und (5) Tötung auf Verlangen. Auffallend an der neuen Terminologie ist die konsequente Verengung des Blicks auf eine quasi-medizinische Perspektive. Nur unter der Voraussetzung, dass es um das Handeln von Medizinern geht, haben die beiden Tatbestände „Therapie am Lebensende" und „Sterbenlassen" ihren Sinn, die der Ethikrat normieren will. Die Unterlassung einer lebenserhaltenden Maßnahme wird als Verzicht auf eine (bestimmte) Therapieleistung – also als eine rein fachmedizinische Entscheidung deklariert. Der Ethikrat konkretisiert: Es

---

[10] Vorgaben der schweizerischen Akademie für Medizinische Wissenschaften bildeten die Blaupause für eine analoge Änderung der Vorgaben der Deutschen Bundesärztekammer, die für die Sterbephase nur noch eine „Basisbetreuung" vorsehen (welche eine Ernährung *nicht* mehr unbedingt umfassen muss), vgl. *„Grundsätze der Bundesärztekammer zur Sterbebegleitung"* (2004). www.bundesaerztekammer.de/downloads/Sterbebegl2004.pdf. Stand: Januar 2007. S. 1.

gebe die jeweils zu regelnden Varianten eines „Sterbenlassens auf Verlangen" oder eines „Sterbenlassens in aussichtsloser Situation".[11] Beides soll dem Mediziner gesetzlich ebenso freigestellt werden wie die Änderung des Therapiezieles am Lebensende.

Überhaupt wird der Fokus von der Handlung zum subjektiven Zweck der Handlung verschoben. Die Frage der Legitimität einer medizinischen Maßnahme wird allein an das „Ziel" gebunden, das sie verfolgt. Mit anderen Worten: Die bloße Tatbestandlichkeit einer Handlung mit Todesfolge, die Frage also, ob eine etwa tödliche Medikamentengabe Therapie oder Tötung „ist", richtete sich nur mehr danach, ob die ärztliche Handlung den Tod *bezweckte*. Nur wenn die Absicht der Tötung nachgewiesen wird, hat der Arzt am Lebensende noch getötet.[12] Nimmt man das beim Wort, so wäre am Lebensende noch nicht einmal mehr der Behandlungsfehler eine deliktische Handlung – er wäre jedenfalls kein Fall für das Tötungsrecht. Das Strafrecht selbst will der Ethikrat nicht antasten. Die „Tötung auf Verlangen" (§ 216 StGB) wie auch alle generellen Tötungstatbestände im deutschen Strafrecht sollen unverändert erhalten bleiben. Was heißt das im Klartext? Man kann sagen: Die Bewertung des Handelns des Arztes am Bett des Schwerkranken wird noch grundlegender als bisher vom Handeln des Normalbürgers abgetrennt. Der Tatbestand der Tötung, der ja, wie jeder weiß, auch durch Unterlassung verwirklicht werden kann, bleibt ganz generell erhalten. Für die Medizin am Lebensende existiert er jedoch schlicht nicht mehr.

Der Ethikrat diskutiert außerdem, und das ist ein weiterer bemerkenswerter Schritt, ein Thema, welches das deutsche Rechtssystem bisher gar nicht kennt: den assistierten Suizid. Durch die internationale *Right-to-die*-Debatte und durch die besondere Strafrechtsdogmatik der Schweiz, vor deren Hintergrund Sterbehilfe-Dienstleister wie *Exit e. V.* oder *Dignitas e. V.* inzwischen auch international aktiv

---

[11] Vgl. S&F, S. 56.
[12] Vgl. ebd., S. 54. Welches „Ziel" einer Handlung innewohnt, wird sich kaum anders denn als Frage nach gefühlten „Absichten" des potentiellen Täters beantworten lassen. Diese Bindung schon der Tatbestandlichkeit als Tötung an ein subjektives Kriterium stellt einen deutlichen Bruch der Systematik der Tötungsdelikte §§ 212 ff. StGB dar. Denn an sich sind Tötungen Erfolgsdelikte, oder anders gesagt: Die Frage, ob es sich um Tötung handelt, hängt für das allgemeine Strafrecht gerade *nicht* von der Handlungsabsicht des Täters ab, sondern allein vom Eintritt des Todes und von der Kausalität der fraglichen Handlung. – Dies hat den rechtspolitisch guten Grund, im Falle der Fremdbeteiligung am Tod eines Menschen nicht erst den Deliktscharakter zu beweisen, sondern das Vorliegen eines Delikts grundsätzlich anzunehmen. Die Täterschaft ist also stets zu ermitteln und erst danach werden eventuelle Rechtfertigungslagen oder Entschuldigungsgründe relevant. Macht erst der Zweck der Handlung, die zum Tod führt, das Delikt, so kehrt sich die Ermittlungsrichtung um: Erst muss die Tötungsabsicht nachgewiesen werden, dann liegt Tötung vor. Praktisch kommt diese Handlungszweckbindung einer Freigabe zur Tötung gleich. Wer wird einem Täter – hier: einem Arzt – jenseits der Tathandlung tatsächlich eine Tötungsabsicht nachweisen können?

sind, ist diese Figur einer „Assistenz" gewissermaßen „zum" Freitod inzwischen auch in Deutschland öffentlich präsent.[13] Der Ethikrat diskutiert allein den *medizinisch* assistierten Suizid, also die Frage, ob im Falle eines Bilanzsuizids Ärzte sich beteiligen, etwa ein Gift bereitstellen sollen. Hier bestehe in seinen eigenen Reihen Uneinigkeit, teilt der Ethikrat mit, nach Auffassung eines Teils seiner Mitglieder „sollte es Ärzten möglich sein, einem Patienten bei der Durchführung eines Suizids behilflich zu sein, sofern ein unerträgliches und unheilbares Leiden des Patienten vorliegt, die Entscheidungsfähigkeit des Patienten gegeben ist und sein Wunsch zu sterben – nach Beratung und ausreichender Bedenkzeit – als endgültig anzusehen ist."[14] Auch die organisierte Beihilfe zum Suizid möchten einige Mitglieder des Gremiums ermöglicht sehen.[15] Die ärztliche Gabe des Todes nicht nur als Form der Krankenbehandlung, sondern als Beteiligung von Ärzten am Suizid oder womöglich organisierter Suizidhilfe: Diese für Deutschland neue Option zu erwägen, ist eine kleine Sensation.

Der Juristentag bezieht im ersten und im letzten der genannten Punkte womöglich noch deutlicher Stellung. Zum einen wollen die anwesenden Juristen die Beendigung lebenserhaltender Maßnahmen als „straflose Behandlungsbegrenzung" und – praktisch folgenreich! – überhaupt schon die Vornahme lebenserhaltender medizinischer Maßnahmen als ausdrücklich zustimmungsbedürftig geregelt sehen. Und zum anderen befürwortet der Juristentag die Aufhebung der standesrechtlichen Missbilligung des ärztlich assistierten Suizids – und zwar im Gegensatz zum Ethikrat sogar mit einer klaren Mehrheit.[16]

2. Europäische Differenzen – und Tendenzen einer Konvergenz

Ich möchte nun die strafrechtsdogmatischen Fragen hintanstellen und einen Schritt zurücktreten. Die geschilderten rechtspolitischen Vorschläge verlagern die Sterbehilfe-Problematik aus dem Themenkreis der Tötung heraus. Das Strafrecht und die berufsständische Sonderzone des Medizinrechts werden auseinander gerückt. Zugleich wird das Arztprivileg in Sachen Behandlung mit Todesfolge begrifflich gehärtet. Und schließlich finden wir das Berufsbild des Arztes radikal verändert:

---

[13] Für Kontroversen sorgte insbesondere die Tatsache, dass der Schweizer Sterbehilfe-Verein *Dignitas* am 14. Januar 2006 in Hannover ein Büro eröffnet hat.
[14] S&F, S. 100.
[15] Ebd.
[16] Die Mehrheit beträgt 72:27:12 Stimmen (Ja:Nein:Enthaltung). Die Gegenposition („An der standesrechtlichen Missbilligung des ärztlich assistierten Suizids ist festzuhalten") wird mit 29:70:13 Stimmen abgelehnt.

Eine der europäischen, hippokratisch geprägten Tradition vergleichsweise fremde Option – die Beteiligung von Medizinern am Suizid – steht erstmals zur Diskussion.

Betrachtet man den deutschen Vorstoß im internationalen Vergleich, so ergibt sich ein ambivalentes Bild. Bekanntlich gehen die europäischen Länder in der Frage der Euthanasiepolitik äußerst verschiedene Wege – gerade auch in der Frage der Bindung an den Medizinbetrieb. Durch und durch medikalisiert erfolgt die Sterbehilfe in den *Niederlanden*, wo man – und zwar auf Betreiben der Ärzteschaft[17] – seit den 1970er Jahren schrittweise ein sehr weitgehendes Euthanasierecht eingerichtet hat. Nach Jahrzehnten der demonstrativen Duldung wurde 2002 in den Niederlanden ein Euthanasieverfahren etabliert, das lediglich das Vorliegen einer schweren Krankheit, den artikulierten Sterbewillen des Patienten, die Beteiligung von zwei Ärzten sowie eine nur nachträgliche Dokumentation des Tötungsaktes fordert. Einige Provinzen angelsächsischer Länder und inzwischen auch Belgien sind dem niederländischen Vorbild gefolgt.[18] Ganz anders die Rechtskultur in der *Schweiz*, wo nicht im medizinischen Kontext, sondern auf der Linie einer 1942 im § 115 des schweizerischen StGB erfolgten Legalstellung der uneigennützigen zivilen Suizidbeihilfe gleichsam der Bürger dem Bürger beim Sterben helfen kann. Im Prinzip setzt diese Hilfe keine schwere Krankheit oder dergleichen, sondern nur einen Suizidwillen voraus. Die *deutsche* Rechtslage wiederum bildet ein Drittes. Sie ähnelt, was die Arztbindung angeht, derjenigen in den Niederlanden: Wenn, dann sind es allenfalls die Ärzte, die – wie oben geschildert: nicht „aktiv", sondern „passiv" oder „indirekt" – töten. Nicht die Hilfe zum Freitod, sondern die Krankenbehandlung ist das Paradigma, das den Tötungsakt überwölbt. Der oft beschworene Sonderweg Westdeutschlands betrifft vor allem Sprachregelungen: Vor dem Hintergrund des Dritten Reiches ist bis heute das Ideologem der Gabe des Todes als Gnade verpönt und die Ärzteschaft sieht sich in besonderem Maße dem Leben verpflichtet. In Deutschland pendelt folglich die Diskussion über die so genannten Maßnahmen am Lebensende in unentschlossener Weise zwischen allgemeinem Tötungsrecht und disparaten Formeln für die ärztliche Sonderrolle hin und her.

---

[17] Seit 30 Jahren befürwortet die *Koninklijke Nederlandsche Maatschappij tot Bevordering der Geneeskunst* (KNMG) die Beteiligung ihrer Verbandsärzte an Tötungshandlungen. Aus einer „Gesellschaft zur Förderung der Heilkunst" wurde mit der 1973 verfassten „*Discussienote van de Werkgroep Euthanasie*" die erste Mediziner-Vereinigung, die bei einer Erkrankung den Tod als eine Behandlungsleistung unter anderen in Betracht zieht und auch bereit ist, ihn zu vollstrecken. Vgl. mit Abrissen zur Geschichte der niederländischen, belgischen und schweizerischen Situation BioSkop-AutorInnenkollektiv: „*Sterbehilfe": die neue Zivilkultur des Tötens?* Frankfurt a. M. 2002; eine eingehende Analyse unternimmt L. Fittkau: *Autonomie und Fremdtötung: Sterbehilfe als Sozialtechnologie*. Frankfurt a. M. 2006.

[18] Letzteres geschah, ganz anders als in den Niederlanden, ohne die lange Duldungs-Vorgeschichte im Wege einer umstrittenen Reform von oben.

Und warum ergibt der internationale Vergleich ein ambivalentes Bild? Tatsächlich scheint die Situation – vor dem Hintergrund der geschilderten Unterschiede – aktuell durchgehend in Bewegung zu sein. Die angestammten Differenzen geraten gleichsam über Kreuz unter Druck. In den *Niederlanden* stehen inzwischen sowohl die Bindung der Euthanasie an die Voraussetzung einer Krankheit als auch das Handlungsmonopol der Ärzte zur Diskussion. Dass niederländische Ärzte unvermindert oft das legale Verfahren umgehen bzw. ohne Einwilligung eines Kranken töten, dass also im Medizinbetrieb die Grauzonen nicht schwinden, gehört zu den irritierenden Ergebnissen der Begleitforschung zum niederländischen Modell.[19] Sterbehilfevereinigungen und nicht wenige Politiker verlangen die Freigabe der Euthanasie bei Lebensmüdigkeit ohne Krankheit, sie stellen die Altersgrenze (mündige Erwachsene) in Frage und fordern die Erlaubnis für Mitarbeiter ziviler Sterbehilfeorganisationen, den Suizid zu begleiten. In der Diskussion ist seit 1992 auch die „Pille von Drion" – die frei verkäufliche Sterbepille aus der Apotheke, ohne Rezept.[20]

In der *Schweiz* gibt währenddessen genau umgekehrt die mit der Sterbehilfe über lange Zeit nicht befasste Ärzteschaft ihre traditionelle Distanz zum Thema auf. Seit einer im Juni 2003 vorveröffentlichten und 2004 beschlossenen Richtlinie der *Schweizerischen Akademie für Medizinische Wissenschaften* (SAMW) mit dem harmlos klingenden Titel „Behandlung und Betreuung von älteren pflegebedürftigen Menschen" und nachfolgend weiteren Regelungen hat sich das Standesrecht von Medizinern und Pflegekräften verändert. Es erlaubt Organisationen wie *Exit* und *Dignitas* in Kliniken tätig zu werden, formuliert eigene Standards für die Feststellung eines Sterbewillens und hält das medizinische Personal ausdrücklich dazu an, aktiv an der Vorbereitung zum „Suizid unter Beihilfe eines Dritten" mitzuwirken.[21]

---

[19] Vgl. B. D. Onwuteaka-Philipsen u. a.: „Euthanasia and other end-of-life decisions in the Netherlands in 1990, 1995, and 2001." In: *The Lancet* 362/2003, S. 295-399 (Kurzfassung der Ergebnisse des sogenannten „Remmeling-Reports" im Auftrag der Niederländischen Regierung 2003).

[20] Vgl. BioSkop-AutorInnenkollektiv, a. a. O.

[21] Schweizerische Akademie der Medizinischen Wissenschaften (SAMW): *Richtlinie: „Behandlung und Betreuung von älteren, pflegebedürftigen Menschen"* www.samw.ch/docs/Richtlinien/d_RL_ AeltererMensch.pdf. Stand: Januar 2007. Vgl. auch die SAMW-Richtlinie *„Betreuung von Patientinnen und Patienten am Lebensende"* www.samw.ch/docs/Richtlinien/d_RL_Lebensende.pdf (2004). Stand: Januar 2007. Sowie die SAMW-Stellungnahme *„Zur Praxis der Suizidbeihilfe in Akutspitälern: die Position der SAMW"* (2006), in der festgestellt wird: „Die Beihilfe zum Suizid ist einerseits nach wie vor kein Teil der ärztlichen Tätigkeit, indem der Arzt verpflichtet ist, seine ärztliche Kompetenz ausschließlich zur Heilung, Linderung und Begleitung einzusetzen. Andererseits wird in den neuen Richtlinien anerkannt, dass die Respektierung des Patientenwillens dazu führen kann, dass sich ein Arzt im Einzelfall aufgrund einer Gewissensentscheidung dazu entschließen kann, einem sterbenden Patienten Beihilfe zum Suizid zu leisten." www.samw.ch/docs/Publikationen/d_SuizidbeihilfeAkutspital06.pdf. Stand: Januar 2007.

Während auf der einen Seite zivile Sterbehelfer die auch in der Schweiz vorhandene Rezeptpflicht für das zu verabreichende tödliche Mittel und damit eine verbliebene Arztabhängigkeit monieren[22], steigen auf der anderen Seite die Ärzte in das Projekt Suizidbeihilfe mit ein. In einem Urteil vom 3. November 2006 hat der Schweizerische Bundesgerichtshof die Medikalisierung vorangetrieben: Die Rezeptpflicht der von Sterbehilfevereinen verabreichten Barbiturate, also die Beteiligung eines Arztes, wird bekräftigt. Zugleich wird die Vereinbarkeit von Suizidbeihilfe mit der ärztlichen Tätigkeit festgestellt sowie das Erfordernis medizinischer Spezialkenntnisse zur Einschätzung des Suizidwillens namentlich von psychisch kranken Personen festgeschrieben.[23]

Die aktuellen *deutschen* Tendenzen habe ich geschildert. Die Empfehlungen von Ethikrat und Juristentag rücken die oberflächlich betrachtet strenge, faktisch aber durch standesethische Zusatzbestimmungen und eine Judikatur der „mutmaßlichen Einwilligung" durchaus liberale deutsche Rechtslage erkennbar näher an diejenige der europäischen Nachbarländer heran. Und zwar geschieht diese Annäherung, wenn man so will, gleich doppelt: Die „Therapie am Lebensende" ähnelt der Legalisierung eines heilsam gemeinten, vom Arzt verantworteten Todes nach niederländischem Vorbild – wenn auch ohne das dort dazugehörige strenge Formerfordernis (denn die niederländische Euthanasie kennt keine mutmaßliche Einwilligung, hier fordert das Recht Schriftform). Die neue Option „assistierter Suizid" wiederum erinnert vor allem an die Dienstleistung nach schweizerischem Vorbild – wobei allerdings Ethikrat wie Juristentag entschlossen scheinen, sich an die Pfadentscheidung der Medikalisierung, also an die Arztbindung auch im Modell der Suizidbeihilfe zu halten. Die Tötung auf Verlangen wie auch die zivile Suizidbeihilfe außerhalb der medizinischen Sphäre bleiben tabuisiert. Das unterscheidet die deutsche Situation nach wie vor von derjenigen in der Schweiz.

3. Liberale Sterbehilfe – eine Sterbepolitik der Biopolitik

Von Beginn meiner Überlegungen an habe ich ausdrücklich von „Sterbepolitik" gesprochen. Diese Perspektive bedarf der Erklärung. In der Tat glaube ich weder, dass der Ruf nach expliziter Normierung legaler Tötungsstandards ein genuin medizinisches Anliegen ist, noch glaube ich, dass wir bei den aktuellen Veränderungen der national unterschiedlichen Institutionalisierungsformen der legalen Tötung le-

---

[22] So Ludwig A. Minelli, Geschäftsführer des Sterbehilfe-Organisation *Dignitas*, im Gespräch mit Ludger Fittkau (Tonbandmitschnitt von 1998).
[23] Urteil 2A.66/2006/ble des Schweizerischen Bundesgerichts, II. Öffentlichrechtliche Abteilung vom 3. November 2006.

diglich einen umständebedingten, kontingenten Wandel vor uns haben. Ich meine vielmehr erstens, dass wir mit dem Sterbhilfe-Syndrom eine Art Lebenspolitik, eine gestaltende Sozialpolitik in Sachen Tod vor uns haben – und dass hier zweitens eine äußerst bezeichnende Konvergenz der in Europa über lange Zeit divergenten Sterbehilfe-Pfade zu beobachten ist. Vielleicht nicht in ihrem inneren Sinn, aber doch in ihrem *Wie* gestaltete sich der Tod von dritter Hand in Europa bisher verschieden. Nun gleichen die Verfahren sich an. Tritt damit so etwas wie ein gemeinsamer innerer Sinn jener modernen bioethisch-medizinischen Figur des Sterbehilfe-Todes zutage? Eine aktuelle Frage könnte lauten: Wie formiert im Moment Europa so etwas wie „seine eigene" und gewiss alles andere als zufällige, seine vielmehr hochmoderne Sterbepolitik? Noch weiter könnte man historisch spekulieren: Stellt sich nach einem guten Jahrhundert gewichtiger nationaler Divergenzen und mit Abstand zu den biomedizinischen Menetekeln des Nationalsozialismus so etwas wie eine erste gemeinsame Normalität, ein Konsens über bestimmte Formen biopolitischen Tötungshandelns her?

Mit diesen Fragen habe ich erstens die Geschichte ins Spiel gebracht und zweitens einen bestimmten Verdacht im Hinblick auf den spezifisch lebenspolitischen Charakter des Sterbehilfesyndroms geäußert.

3.1. Autonomie und Lebenswert

Zunächst zur Geschichte. Die Entstehung des liberalen Sterbehilfe-Diskurses lässt sich erstaunlich genau datieren. Ich habe das an anderer Stelle ausführlicher geschildert.[24] Die Programmatik einer „Autonomie" im Sterben, die genau darin bestehen soll, dass nicht etwa ich mich selbst umbringe, sondern mein Wille sich darin realisiert, dass jemand anderes, ein Dritter also, an mir die tödliche Handlung vollbringt – diese Programmatik entstammt dem letzten Jahrzehnt des 19. Jahrhunderts. Als Gewährstexte für diese neue Autonomiefigur lassen sich Georg Simmels *Einleitung in die Moralwissenschaft* (1893), Adolf Josts *Das Recht auf den Tod* (1895) sowie Ernst Haeckels *Lebenswunder* (1904) nennen. Entscheidend neu ist, dass alle drei Autoren die auf einer Bilanzierung eines objektiven „Wertes" – bei Jost und Haeckel explizit: eines „Lebenswertes" – beruhende freie individuelle Entscheidung gegen das eigene Weiterleben amalgamieren mit einer gesellschaftlichen Wertbilanz. Dieser allgemeinen Wertlogik zufolge sollte ein Individuum auch vom sozialen Standpunkt aus betrachtet ab einem bestimmten Punkt nicht mehr weiterleben. „Es kann […] keinem Zweifel unterliegen", heißt es bei Jost, „daß es thatsächlich Fälle

---

[24] Vgl. P. Gehring: *Was ist Biomacht? Vom zweifelhaften Mehrwert des Lebens*. Frankfurt a. M., New York 2006; vgl. auch Fittkau, *Autonomie und Fremdtötung*, a. a. O.

giebt, in welchen, mathematisch gesprochen, der Werth eines Menschenlebens negativ wird. In diesem Fall haben wir also thatsächlich ein Recht auf den Tod principiell anzuerkennen."[25] In solchen Fällen liege es „nicht blos im Interesse des Staates oder der Allgemeinheit, sondern mindestens ebenso im Interesse des Individuums selbst, daß der Tod eintrete."[26] Dieser Gedanke einer zum einen *objektiven* und zum zweiten sozialen, und zwar genauer: sozial*statistischen* Wert-Bilanz bildet den gemeinsamen Kern einer Politik des Sterbens um 1900. Der Gedanke der Lebenswertermittlung kann dabei sowohl im Sinne eines paternalistischen (oder rassistischen) Gnadentodmotivs populär ausgemünzt werden als auch im Sinne einer Individualethik des zu einem objektivierbaren Zeitpunkt fälligen „autonomen" Schrittes in ein Sterben, für dessen Institutionalisierung, durchaus konsequent, die Gesellschaft zu sorgen hat – weil sie diesen „Dienst" dem eigenverantwortlichen Individuum geradezu schuldet.

Es wäre verkehrt zu sagen, dass Sterberechtsforderungen um 1900 die Politik der Vernichtung von „lebensunwertem Leben" verursacht haben. Aber ich halte das Motiv der Tötung der biomedizinisch bzw. bioökonomisch Wertlosen und die autonome Sterbehilfe für zwei Seiten ein und derselben lebenspolitischen Medaille. An dem klaren Votum des sozialhygienischen Denkens für „Ethik" als Mittel biologischer Politik lassen die einschlägigen reformmedizinischen Diskurse um 1900 keinen Zweifel.[27] Und auch die Galtonsche Eugenik setzt auf Veränderung der Moral. Alte *Right-to-die*-Gesellschaften wie etwa die US amerikanische *Hemlock Society* deklarierten in den 1930er Jahren ihre Forderung nach einem „Sterberecht" durchaus offen auch als sozialhygienisch-eugenisch motiviert. Eigentlich wolle man auch die Tötung von „non-volunteers", mehr als die Autonomievariante sei politisch aber derzeit noch nicht durchsetzbar.[28]

Ist diese Verbindung von Freiwilligkeit und Gemeinnutzen aber wirklich modern, so mag man fragen. Gab es Ideologien des altruistischen Suizids nicht immer? Mir scheint, der spezifisch sozialtechnische[29] Charakter der „liberalen" Sterbehilfe ist an einem einzigen Merkmal sehr einfach erkennbar, nämlich exakt an jenem Punkt, mit dem das Projekt ihrer Institutionalisierung steht und fällt: an der Beteiligung der dritten Hand. Man muss sich klar machen, wie seltsam dieses Amalgam

---

[25] A. Jost: *Das Recht auf den Tod. Sociale Studie*. Göttingen 1895, S. 18.
[26] Jost, a. A. O., S. 20.
[27] Vgl. als Spiegel des Diskurses die in der Reihe „Natur und Staat" publizierten Preisschriften zu der von Conrad, Fraas und Haeckel ausgelobten Preisfrage von 1900 „Was lernen wir aus den Prinzipien der Descendenztheorie in Beziehung auf die innerpolitische Entwickelung und Gesetzgebung der Staaten?". Den Terminus „biologische Politik" prägte Wilhelm Schallmayer: *Beiträge zu einer Nationalbiologie*. Jena 1905.
[28] Vgl. dazu Gehring, a. a. O., S. 218.
[29] Von „Sozialtechnologie" spricht Fittkau, a. a. O.

eigentlich ist – von pathetisch beschworener Autonomie und zugleich pathetisch beschworener Notwendigkeit zur Beteiligung eines Dritten, idealtypisch: des Arztes, an dem vermeintlich autonomen Akt.

Warum muss der „assistierte" Suizid überhaupt assistiert sein? Die alte Tradition des Ehrensuizids gibt diese Idee einer Assistenz nicht her. Allenfalls der Gnadenakt an der Front käme in Frage: Der Feind kommt und der sterbende Soldat bittet den Kameraden um Hilfe. Dies geschieht dann aber wohlgemerkt nicht, um Leiden zu verkürzen, sondern damit der eine fliehen kann und der andere nicht mehr lebend in die Hände des Gegners fällt. Bis heute sind es mehr oder weniger mühsam herbeikonstruierte Extremfallkonstellationen, mittels derer die Notwendigkeit der Beteiligung des Dritten an dem, was eigentlich ja immer eigenhändig machbar wäre, geradezu herbeigeredet werden muss. Jemand will sterben, aber vermag sich aus physischen Gründen nicht mehr selbst zu töten: Solche Situationen mit Hilfe von Betroffenen seltener Krankheiten medial zu inszenieren und auch für spektakuläre Gerichtsverfahren zu nutzen, gehört zu den Spezialitäten der globalen *Right-to-die*-Lobby. Für Europa besonders eindrücklich war der „Fall" Diane Pretty, den ihr Ehemann beim EU-Gerichtshof anhängig machte.[30] Nun weiß jeder schwer Erkrankte und jeder Mediziner: Selbst mit einer Ganzkörperlähmung kann ich in zwei Tagen tot sein, sobald ich keine Flüssigkeit mehr zu mir nehme. Gerade die Mitglieder von *Right-to-die*-Vereinigungen kennen sich bestens aus, was den eigenhändigen Tod angeht. Im Stil einer Selbsthilfegruppe geben sie großzügig Ratschläge zum guten Selbstmord.[31] Paradoxerweise pflegen also ausgerechnet diejenigen ein kollektives Wissen über den eigenhändigen Suizid, die zugleich wortreich die Ungerechtigkeit einer fehlenden Legalstellung der Tötung von fremder Hand beklagen. Der vom Anderen zu verrichtende „eigene" Freitod ist ein schwarzer Schimmel.

Über die Rolle des Dritten in der modernen Sterbehilfekonstellation ließe sich von daher trefflich spekulieren. Ist er der Dienstleister, der alles angenehmer macht, wie Sterbehilfeorganisationen und serviceorientierte Gesundheitspolitiker ihn vorzustellen scheinen? Wird er benötigt, um dem Sterben eine kommunikative Realität

---

[30] Pretty litt an ALS, einem Lähmungssyndrom, das schließlich die Atmung erfasst. Medizinisch gesehen lässt sich ALS bis zum sanften Einschlafen behandeln. Der europäische Gerichtshof verneinte den Anspruch des Ehemanns auf ein explizites Tötungs*recht* (wohlgemerkt: es ging nicht um nachträglich ausgesprochene Straflosigkeit, die dem Mann vermutlich sicher gewesen wäre, sondern um ein Recht auf die Tötung). Pretty starb am 12. Mai 2002 einen friedlichen Tod.

[31] Davon konnte sich die Verfasserin als Besucherin des 14. Weltkongresses der *World Federation of Right to Die Societies* in Brüssel 2002 in zahlreichen Gesprächen überzeugen. Neben einschlägiger Literatur werden auch Werkzeuge vertrieben (etwa passende Plastiktüten, so genannte „exit bags", zur Verwendung mit oder ohne Heliumgas zum minutenschnellen Ersticken).

oder ein Äquivalent für den fehlenden Freundeskreis zu geben?[32] Verkörpert der Sterbehelfer das „Ja" der Gesellschaft zu einem im Kern unsicheren Werturteil, weil es am „Ende des Lebens" befürwortet, was man ansonsten bei jungen Leuten oder, sagen wir: bei einem Bilanzsuizid nach einer Firmenpleite missbilligen würde? Oder ähnelt der Dritte, der das Leben legal beendet, einem staatlich autorisierten Vollstrecker, wie es in den USA ja eigentümlicherweise auch die Mediziner sind, welche die staatlichen Todesurteile vollstrecken? In der modernen Figur des assistierten Suizids lädt namentlich die Arztbindung zum Spekulieren ein: Ist in Zeiten des Lebens die Medizin schlicht für jedes „Lebensende" und also auch für den Freitod zuständig? Oder ist in Zeiten des Lebens noch der Suizid ein Objekt der biomedizinischen Regulierung und wird in diesem Sinne über die Medizin institutionalisiert, weil er nur so zu dem wird, was er sein soll – ein vergesellschafteter Akt?

Halten wir fest: Schon was die Entstehung der liberalen Sterbehilfe angeht, sind durch das moderne Autonomiemotiv der Suizid und der Gemeinnutzentod aufs engste aneinander gebunden. Der liberale Sterbehilfetod ist dabei auf charakteristische Weise gekoppelt an die Idee der Gabe des Todes von fremder Hand – er ist also gerade nicht im traditionellen Sinne ein Freitod, der Freiheit dokumentiert, indem man ihn selbst vollzieht. Der ökonomisch grundierte Lebenswert-Gedanke lässt die Kalküle, die die „dritte Hand" autorisieren, verschwimmen. Eugenik und Sozialhygiene wurden so nicht nur als Ausgrenzungsprojekt, sondern von Anfang an auch als Mitmach-Projekt realisiert. Eine gewisse Fixierung auf die rassenideologisch überwölbten Massenmorde des 20. Jahrhunderts hat uns den Blick auf diesen Zusammenhang im Nachhinein verstellt. Auch die Tatsache, dass die Prägung des Begriffs vom „Lebenswert" ganz wesentlich in einem von der Ethik überhaupt nicht klar getrennten Sinne *ökonomisch* gemünzt ist – nicht im Sinne individueller Bereicherung, sondern im Hinblick auf die allgemeine Ratio einer populationsmedizinischen Gesamtrechnung –, gilt es schärfer in den Blick zu nehmen. Der Wertgedanke tritt nicht in den 1930er Jahren zu einem Materialismus des biologischen Lebens im Wortsinne „wertend" hinzu. Die beiden Größen „Leben" und „Wert" sind vielmehr schon für die menschenwissenschaftlichen Diskurse des 19. Jahrhunderts nahezu synonym – und dies nicht nur, weil „Leben" seit Darwin den absoluten „Wert" des *Überlebens* repräsentiert. Sondern vielmehr weil „Leben" als Populationsleben einer statistischen Skalierung der relativen „Werte" zugänglich ist; weil es Normalwertberechnungen und auch – wie bei Jost zitiert – dem quasimathematischen Spiel mit Minuswerten und Pluswerten offen steht.

Da, wie Foucault das entfaltet hat, der Tod im „Leben" des 19. Jahrhunderts sich immer schon abzeichnet, da also der Tod nicht mehr der große Gegner alles Leben-

---

[32] In diese Richtung gingen Anfragen von Barbara Orland und Michael Hampe, denen ich für Diskussionsbeiträge danke.

digen, sondern vielmehr die innere Grenze des kollektiven biologischen Lebens selbst geworden ist, legt sich eine diesbezügliche permanente Selbst-Evaluation des Sozialen und eine – Wertsteigerung intendierende – Technisierung dieses „Lebensendes" mehr als nahe. Auch die Gesellschaft behandelt „sich" nach den Maximen einer (Über-) Lebensmedizin. Die lange Linie einer gleichsam malthusianischen und keineswegs lediglich eugenisch-rassistischen Dynamik im Inneren moderner Lebenspolitik verdient dabei mehr Beachtung – und die Frage nach den liberalen, den demokratiefähigen Vermittlungsformen dieser Seite von Biopolitik scheint mir dabei besonders interessant.

Die biologische Modernitätsschwelle einer Gesellschaft liegt nach Foucault „dort, wo es in ihren politischen Strategien um die Existenz der Gattung selber geht", und er ergänzt: „Der moderne Mensch ist ein Tier, in dessen Politik sein Leben als Lebewesen auf dem Spiel steht."[33] Ein biosozialer Lebensbegriff, der auf Gattungsebene kein Lebensende mehr kennt, sowie eine pathetische Anthropologie der „Endlichkeit" des Individuums gehen in dieser Politik, die das Leben auf das Spiel setzt, Hand in Hand. So findet sich eine „Autonomie" zum und „im" Tod mit der Idee von dessen sozialpolitischer Institutionalisierung (und seiner produktiven Rolle im Rahmen einer Ökonomie des Gattungsnutzens) verbunden.

3.2. Wohin bewegt sich die Sterbepolitik?

Mein letzter Punkt, die Frage nach dem biopolitischen Charakter heutiger Sterbepolitik, ist längst angeschnitten. Ich spitze die historische Diagnose noch einmal auf die aktuelle Konstellation zu, von der ich ausgegangen war. Für Deutschland scheinen mir unverkennbar rechtspolitische Suchbewegungen im Gang, die auf eine internationale Angleichung der Dogmatik und des öffentlichen Redens in Sachen Sterbehilfe zielen – auf eine kohärente und aktiv gestaltbare Lebensbeendigungspolitik des modernen Tiers Mensch. Für die europäische Sterbepolitik generell dürfte dabei gelten: Ob „medizinische Maßnahme am Lebensende" oder „assistierter Suizid" – eine bestimmte, staatlich wohlkontrollierte und ethisch eingebettete Form der Tötung von fremder Hand ist aus dem allgemeinen Raum der verbotenen Fremdtötung ausgegliedert worden. Und eine rechtliche Fassung dieses neuen Raumes wird derzeit flächendeckend[34] stabil institutionalisiert.

Die Disparatheit und auch die Sprachverlegenheit, welche die rechtspolitischen Institutionalisierungsversuche prägen, zeigen eindrucksvoll, wie schwer der hier zu

---

[33] M. Foucault: *Der Wille zum Wissen. Sexualität und Wahrheit 1.* (1976) Frankfurt a. M. 1983, S. 170 f.
[34] Im übrigen auch auf EU-Ebene, worauf hier nicht eigens eingegangen worden ist.

organisierende Traditionsbruch zu plausibilisieren ist. Und zwar im Hinblick auf den klassischen Kanon der Tötungsdelikte, das Gewaltmonopol des Staates und in Deutschland wohl auch noch im Hinblick auf die Handlungsschemata des Arztberufes.

Ich nenne noch einmal die beiden Alternativen: Sterbehilfe als *Therapie*, also im Medikalisierungs-Paradigma, setzt auf das Konstrukt der „Patientenautonomie": Die Selbstbestimmung wird als Wertentscheidung über das eigene Leben, als Einwilligung in ein medizinisches Handeln stilisiert, dessen Indikationen und Gebotensein letztlich aber standesrechtlichen Bedingungen unterliegt. Diese Autonomiefigur ist paradox – sofern sie nur zur Abtretung der Handlungsvollmacht an einen Arzt dienen kann. Auf dessen Seite entsteht ebenfalls eine Paradoxie, denn, autorisiert zur Entscheidung über den tödlichen Akt, soll er nun sein Berufsprivileg nutzen für etwas, das eigentlich keine medizinische Handlung mehr ist. Das konkurrierende Paradigma der *Suizidbeihilfe* setzt auf eine etwas andere Form der Autonomie, sagen wir auf eine Art Bürger-Autonomie, in welcher dann freilich die Arztbindung keine genuine Begründung mehr findet. Sie kann nur mühsam (über die Verschreibungspflichtigkeit des tödlichen Stoffes) gehalten werden. Im Paradigma der Suizidbeihilfe wird der Sterbehilfetod als Freitod stilisiert – allerdings ein solcher, der ebenfalls mit einem unerklärlichen Paradox behaftet ist, nämlich dem, dass ein Dritter den „eigenen" Willen vollstrecken soll.

Mir scheint, die biopolitische Dynamik im Inneren der aktuellen Liberalisierungstendenzen wird überall dort besonders deutlich, wo der Dritte – die Arztbindung – und wo die Objektivierung der „Wertentscheidung" – die Frage nach massenmedial gefilterten Kriterien hinsichtlich der Vorbedingungen zur Inanspruchnahme von Sterbehilfe oder eines medizinisch assistierten Suizids – in Rede stehen. Selbst von *Right-to-die*-Aktivisten wird ja die Legalisierung der Suizidbeihilfe an Kriterien geknüpft. Der jugendliche Liebeskummer, der Karriereknick oder die Überforderung einer jungen Mutter – sie bilden auch für radikale Freitodbefürworter eine Grenze, für die niemand die Gewähr des assistierten Suizids erwägt. Noch bezeichnender sind die weniger radikalen Kriterien, die in gesetzgebungsnahen Diskursen aufgeboten werden – etwa in demjenigen Expertendiskurs, der sich im Papier des Nationalen Ethikrats spiegelt. Hier werden die Zielgruppen für ein Todesangebot im Grunde klar adressiert: Menschen im Sterbeprozess, Menschen mit irreversibel zum Tode führenden Krankheiten sowie Komapatienten, an denen Behandlungsaufwand erspart werden kann, und schließlich eine im Zeichen einer neuen „Volkskrankheit" adressierte, besonders prekäre Gruppe: Menschen im Zustand der Demenz. Ganz pauschal geht es um Alte und Kranke ab dem Punkt einer schlechten Prognose.

Wertentscheidungen in der Sterbepolitik werden ethisch und rechtspolitisch diskursiviert, aber sie sind ökonomischen Bewertungsszenarien nicht fremd. Die SAMW stellt ihre Überlegungen zur „Behandlung und Betreuung von älteren pflegebedürftigen Menschen" explizit in den Kontext der Bezahlbarkeit knapper medizinischer und pflegerischer Leistungen in Zeiten eines demographischen Wandels – man lese die diesbezügliche Präambel. Dass auch das deutsche Regime des Umgangs mit Volkskrankheiten wie der Demenz nicht zuletzt auf ein Kostenproblem zielt, steht außer Frage. Dies festzustellen, heißt nicht, einen staatlichen Sparwillen als „Täter" etwa hinter den Vorstößen des Ethikrates und des Juristentages zu vermuten. Ganz sicher ist Sterbehilfe oder der „assistierte" Tod auch ein für äußerst unterschiedliche Beteiligte und gesellschaftliche Gruppen aus intrinsischen Gründen interessantes Produkt.

Ich wage nicht zuletzt deswegen die Prognose, dass der assistierte Suizid im Zeitalter des Lebens nie ganz freigegeben werden wird. Er wird auch nicht die romantische Form der zivilen „ehrenhaften" Verrichtung unter Freunden haben, mit welcher die Aktivisten einschlägiger Vereine werben. Zu offensichtlich ist das Geschäft dieser Vereine dubios.[35] Allein die Sterbehilfe mit Arztbindung kommt dem Gewaltmonopol des Staates entgegen – und nur sie kann auch im Zweifel die biomedizinische und bioökonomische *Governance* für eine (im Kern gewollte) Freigabe ziviler Tötungsmacht sichern. Institutionalisierung, aber dabei Arztbindung – eine Spielart der letzteren wäre die quasi-medizinische Professionalisierung der einschlägigen gemeinnützigen Vereine.[36] Jedenfalls aber wird keine Sterbepolitik ohne biomedizinische Ratio von der europäischen Politik favorisiert. Es geht nicht um das Bedienen von Todesgelüsten ganz allgemein und es geht auch nicht um Selbstbestimmung „über den eigenen Körper" (wie es im Ethikratpapier hieß) als *Prinzip*. Es geht vielmehr um das öffentliche Aushandeln von Bedingungen, unter denen eine Lebenswertentscheidung, die mit einer sozialen Wertentscheidung im Einklang steht, in eigenem Namen getroffen werden soll – wobei gerade die Kleinteiligkeit der einschlägigen Debatten zeigt, wie sehr Sterbe(hilfe)politik tatsächlich „Biopolitik", also: Lebensrationierungs-, Lebensoptimierungs- und Lebenskostenverteilungspolitik ist. Vieles deutet nun darauf hin, dass der deutsche Gesetzgeber zur Schaffung von Gestaltungsräumen inzwischen sogar den Preis zu zahlen bereit

---

[35] Seit Ende 2006 erheben Soraya Wernli und Ignaz Reutlinger, zwei langjährige Dignitas-Aktivisten, schwere Vorwürfe gegen die Praktiken des Vereins.

[36] Im Falle *Exit* stand (oder steht?) eine solche Lösung – Professionalisierung der Organisation, dafür gesetzliche Akkreditierung – für den Kanton Zürich in Gestalt eines Gesetzentwurfes des Oberstaatsanwaltes Andreas Brunner im Raum. In den Niederlanden werden Euthanasie-Ärzte für das Arbeitsgebiet eigens zusätzlich ausgebildet. Möglicherweise bringt das biosoziale Anwendungsfeld der Lebensbeendigung über kurz oder lang eigene Berufsbilder hervor.

ist, die liberale Terminologie der Suizidbeihilfe zu wählen. Er wird allerdings den assistierten Suizid in die Hände von Ärzten geben. Genau dadurch wird dieser zweideutige Suizid regierbar – als Bewirtschaftung von Gesundheit und Leben.

Rudi Visker

Gibt es einen Tod nach dem Leben?

Der Titel dieses Beitrags[1] ist ein Rätsel – nicht, weil es eine Frage ist, sondern weil es eine Frage ist, die man nicht erwartet. Sie dreht eine andere, bekannte Frage um: Gibt es ein Leben nach dem Tod? Diese Frage ist uns so vertraut, dass sie sich fast vor die Titelfrage schiebt und den Blick auf sie verstellt. Es gab sogar mehrere, die mich angesichts der ungewöhnlichen Formulierung gefragt haben, ob das mein Versehen oder ein Druckfehler sei. Diese Reaktion ist Teil des Problems, das ich anzusprechen versuche – sie zeigt uns, was Tod und Leben in unserer gegenwärtigen Gesellschaft bedeuten. Man lebt nur einmal, sagt man, also sollte man es genießen! In anderen Worten: Es gibt nur dieses Leben, und dann kommt der Tod. Das Auffällige ist nun, dass man damit, scheinbar ohne es zu merken, eine positive Antwort auf die von mir gestellte Frage gibt. Jeder kennt diese Antwort. Wir haben sie schon so oft gehört, dass wir gar nicht merken, dass sie eine Antwort ist, sogar eine Antwort auf diese Frage. Wir sind mit der Antwort so vertraut, dass wir die zugehörige Frage gar nicht erkennen.

Aber zurück zu der anderen Frage: Gibt es ein Leben nach dem Tod? *Das* ist eine Frage, die wir alle kennen. Wer sie bejaht, ist ein Gläubiger; er glaubt, dass der Tod nicht das Ende ist. Der Ungläubige verneint das – für ihn endet das Leben mit dem Tod. Ein solcher Ausdruck des Unglaubens ist natürlich auch eine Art von Glauben: Die Überzeugung, dass nach dem Tod nichts mehr kommt. Wie könnte man darüber auch etwas *wissen*? Der Tod ist kein Gegenstand des Wissens. Wir wissen nur, *dass* es den Tod gibt, nicht *was* er ist. Wie Lacan einst feststellte: „Der Tod gehört zum Bereich des Glaubens." Er fährt fort: „Natürlich ist es berechtigt zu glauben, dass man sterben wird. Das hilft uns weiter. Aber es ist nur ein Glaube!" Anders gefragt: Sind wir wirklich tot, wenn wir tot sind? Gibt es einen Tod nach dem Leben? Es ist kein Zufall, dass uns diese Frage verwirrt, scheint Lacan sagen zu wollen. Sie ent-

---

[1] R. Visker: „Is there death after life?" In: *Umbr(a)* 2006, S. 101-117. Übers. v. Maxine Saborowski.

zieht uns die Sicherheit, die wir brauchen, um leben zu können. „Würden wir nicht glauben, dass wir sterben würden, könnten wir dann das Leben ertragen, das wir leben? [...] Stellen wir uns vor, wir hätten eine unendliche Anzahl von Leben, die aufeinander folgen, unaufhörlich. Könnten wir das ertragen?"[2]

Mit diesem Kommentar lässt Lacan den doch recht banalen Schluss, dass es nach dem Leben (nur) den Tod gibt, scharf hervortreten. Diese Schlussfolgerung ist weniger eine tatsächliche Bewertung, sondern vielmehr eine Annahme, die dem Tod einen Sinn verleiht, mit dem wir leben können. Das, was über den Tod gesagt wird, tut etwas mit ihm. Es ist ein performativer Akt im Sinne Austins: Es tut, was es sagt. Das Sprechen 'über' den Tod legt ihn fest, weist ihm einen Platz zu. Und die entgegengesetzte Behauptung, es gebe wahrhaftig ein Leben nach dem Tod, ist nicht weniger performativ. Zum Beispiel der Gedanke der Reinkarnation im Hinduismus: Nach dem Tod würde es ein anderes Leben geben, und danach ein weiteres, und danach noch eines... Dieser Glaube widerspricht nicht dem, was Lacan in seinem letzten Satz vorschlägt, denn der Hinduismus ist auch nur ein Versuch, mit der ewigen Wiederkehr umzugehen, etwas damit anzufangen. Wer sein Leben richtig führt, kann dem Kreislauf entkommen. Mit anderen Worten: Der Kreislauf der Wiedergeburt kann unterbrochen werden, er ist nicht endlos! Dieser Gedanke hält den Hindu am Leben. Wie jeder Glaube, so gibt auch der Hinduismus dem Tod einen Sinn, mit dem man leben kann. Dieser Sinn ist natürlich nicht der gleiche wie bei dem Ungläubigen: Der Tod ist hier nämlich nicht das Ende dieses einen Lebens, das wir haben, sondern der Übergang in ein anderes Leben, welches wiederum in ein anderes übergehen wird usw. Aber man wird nicht ewig wiederkehren, sondern ein Ende finden können. Ähnlich wie die Annahme des Ungläubigen stellt dieser Glaube schließlich eine Art von Befreiung in Aussicht.

Was die Philosophie zum Tod zu sagen hat, ist von diesen zwei Arten des Glaubens, die scheinbar schon im Gespräch miteinander stehen, nicht völlig verschieden: „Gibt es einen Tod nach dem Leben? Nein, denn es gibt ein Leben nach dem Tod!" – „Gibt es ein Leben nach dem Tod? Nein, denn es gibt einen Tod nach dem Leben!" Die Philosophie hat jedoch nicht nur versucht, den Tod dadurch in den Griff zu bekommen, dass sie ihm einen Platz zuweist, sondern sie hat sich auch gefragt, ob man ihm wirklich einen Platz zuweisen kann und was man eigentlich tut, wenn man das zu tun versucht. Durch diese Fragen ist die Philosophie anders in die Frage nach dem Tod verwickelt als die zwei schon vorgestellten Glaubensrichtungen. Sie arbeitet nicht mit zwei, sondern mit vier Positionen, wie im folgenden Diagramm deutlich wird:

---

[2] J. Lacan: *Extraits de la conférence à l'Université Catholique de Louvain* (gemeint ist die Katholieke Universiteit Leuven). Aufgenommen am 18. Oktober 1972 von Françoise Wolff, Regie RTBF. [Zitate zusammengestellt von RV, übers. v. MS]

Gibt es einen Tod nach dem Leben?

		ja	nein
Gibt es ein Leben nach dem Tod?	ja	?	2
	nein	1	3

Die ersten beiden Positionen haben wir bereits kennen gelernt: 1) steht für die Position derjenigen, die glauben, es gebe nichts nach dem Tod, 2) steht für die Position jener, die den Tod als Übergang verstehen. Bei beiden Positionen ist das Ja gegen ein Nein vertauscht und umgekehrt, sie bilden also zueinander das logische Gegenteil. Aber es gibt noch zwei weitere Positionen, wie das Diagramm zeigt. Diese scheinen weniger offensichtlich. Wie kann man beides bejahen oder beides verneinen, dass es ein Leben nach dem Tod gibt und dass es einen Tod nach dem Leben gibt?

Mein Vorhaben ist das Folgende: Zuerst möchte ich ein Beispiel aus der Philosophiegeschichte geben für die erste und die zweite Position. Dann werde ich diese Positionen durch die dritte kontrastieren, die mit der langen Tradition bricht, wie man über den Tod nachgedacht hat. Ich denke an den Autor von *Sein und Zeit*, denn Heidegger hatte eine Erkenntnis, die so genial wie einfach war: Er stolperte über das Wort 'nach' in den beiden Fragen und ersetzte es durch das ebenso unauffällige Wort 'in', dem er eine sehr spezielle Bedeutung gab. So bleibt noch die vierte Position: die doppelte Bejahung. Für den Moment kann ich dazu nur sagen, dass ich keinen Philosophen kenne, der aus rein philosophischen Gründen diese Position beanspruchen würde. Aber vielleicht wird uns die Beschäftigung mit Heideggers Versuch, den Tod 'in' das Leben zu verlegen und gewissermaßen zu verinnerlichen, dabei helfen zu verstehen, warum die Philosophie als Philosophie unfähig ist, diese vierte Position zu besetzen.

1. Der Tod ist ein(e Art) Ende: Epikur, Sokrates

Die erste Position ist dem Leser vertraut. Sie stammt von Epikur. Man sollte dem Tod nicht erlauben, die Freude am Leben zu trüben, schreibt Epikur in seinem berühmten Brief an Menoikeus, denn wenn man tot ist, ist man nicht mehr, und wenn man ist, ist der Tod nicht. Deshalb gebe es keinen Grund, den Tod zu fürchten, denn der Tod ist buchstäblich nichts. Er betrifft uns nicht, weder wenn wir leben (denn dann ist der Tod nicht da) noch wenn wir tot sind (denn dann können wir nicht an ihm leiden). Epikur schlussfolgert: Die Erkenntnis, dass der Tod nichts ist, das uns beträfe, verwandelt das Leben in etwas, das wir genießen können, „indem sie uns nicht eine unbegrenzte Zeit dazugibt, sondern die Sehnsucht nach der Unsterblichkeit wegnimmt."[3]

Für Epikur beruht das Problem mit dem Tod auf einer unvernünftigen Angst und einem unvernünftigen Wunsch. Seine einfache logische Argumentation (entweder wir leben, oder wir sind tot) impliziert eine Ethik, in der man den Verstandeseinsichten folgt – folglich sollte man diese Angst und diesen Wunsch aufgeben, denn sie verwandeln den Tod in etwas, während er doch eigentlich ein Nichts ist.

Die andere Position ist dem Leser ebenso vertraut. Platon schreibt sie Sokrates zu, der wegen moralischer Verdorbenheit verurteilt wurde und im Gefängnis auf den Schierlingsbecher wartet, den er gemäß dem Urteilsspruch austrinken muss. Seine Freunde trauern, Apollodorus weint. Aber Sokrates weist sie zurecht. Es gibt keinen Grund zu trauern, lehrt er sie, denn durch den Tod wird die Seele von einer Fessel befreit. Sokrates spricht über die Seele des Philosophen, über die Seele dessen, der nach dem wahren Wissen, nach wahrer Weisheit strebt. Für diesen stellt der Körper eine Fessel, ein Beschwernis dar: „[M]it Gelüsten und Begierden, Furcht und mancherlei Schattenbildern und vielen Kindereien erfüllt er uns; so daß recht in Wahrheit, wie man auch zu sagen pflegt, wir um seinetwillen nicht einmal dazu kommen, auch nur irgend etwas richtig einzusehen."[4] Durch den Körper sind wir mit vielen Dingen beschäftigt, so dass wir gar nicht dazu kommen, uns mit dem zu befassen, mit dem wir uns wirklich befassen wollen – dem Streben nach wahrem Wissen. Aber das ist noch nicht alles: „Und endlich noch, wenn er [der Körper] uns auch einmal Muße läßt und wir uns anschicken, etwas zu untersuchen: so fällt er uns wieder bei den Untersuchungen selbst beschwerlich, macht uns Unruhe und Störung und verwirrt uns, so daß wir seinetwegen nicht das Wahre sehen können."[5]

Ohne Körper geht es dem Philosophen besser. Unter der Bedingung natürlich, dass der Tod ihn nur von seinem Körper trennt und nicht von seiner Seele. Im Rest des Dialogs *Phaidon*[6] versucht Sokrates seinen Schülern zu zeigen, dass es sich eben so verhält. Kommentatoren beziehen sich seitdem, mit einiger Übertreibung, auf Sokrates' *Beweise* der Unsterblichkeit der Seele.[7] Umstritten ist unter anderem, ob Platon selbst glaubt, was er in dem Dialog Sokrates zuschreibt – Platon hat den Di-

---

[3] Epikur: *Von der Überwindung der Furcht*. Hg. von O. Gigon. Zürich, Stuttgart ²1968, S. 101.
[4] Platon: *Phaidon*. Übers. v. F. Schleiermacher, Stuttgart 1987, 66 c.
[5] Ebd., 66d.
[6] Der Dialog ist benannt nach demjenigen, der bei Sokrates Tod anwesend war. Von dieser Begebenheit erzählt eben dieser Phaidon einem so genannten Echekrates.
[7] Zu dieser Übertreibung vgl. die bekannte Studie von Hans-Georg Gadamer: „Die Unsterblichkeitsbeweise in Platos 'Phaidon'." In: ders.: *Gesammelte Werke*. Bd. 6. Tübingen 1985, S. 187-200.

alog geschrieben, er war aber, so teilt uns Phaidon zu Beginn des Dialogs mit, die ganze Zeit des Geschehens über abwesend, weil er krank war. Für unser gegenwärtiges Ziel ist folgender Ausspruch von entscheidender Bedeutung, den Platon in Sokrates' Mund legt: Philosophieren heißt *sterben lernen*. Damit ist gemeint, dass ein Philosoph sich bereits zu Lebzeiten so wenig als möglich von seinem Körper beeinflussen lassen sollte. So finden wir auch hier wie bei Epikur eine Ethik vor, die aus einer Behauptung über das Wesen des Todes entspringt. Die Unsterblichkeit der Seele, über die Sokrates spricht, ist keine objektive Tatsache – als wäre die Seele per essentiam (ihrem 'Wesen' nach) unsterblich. Sie muss sich ihre Unsterblichkeit ehrlich „verdienen", daher ist es so wichtig, „sterben zu lernen", sich langfristig von „den Fesseln des Körpers" zu befreien. Wer dies nicht tut, ist kein philo*sophos*, sondern ein philo*somatos*, jemand, der den Körper und nicht die Weisheit liebt. Die Seele einer solchen Person wächst so fest mit dem Körper zusammen, hat so sehr teil am Körperlichen, dass sie nach dem Tod wieder in das Sichtbare, in einen Leib zurückgezogen wird. „[S]o lange irren sie [solche Seelen], bis sie durch die Begierde des sie noch begleitenden Körperlichen wieder gebunden werden in einen Leib."[8] Sie irren umher zwischen Gräbern und Grabstätten, sagt Sokrates (aber meint er das?), weil sie nicht vollkommen abgelöst sind, sondern noch immer am Sichtbaren teilhaben. Dies wiederum erklärt, warum sie als Schattenbilder oder Geister gesehen werden können. Am Ende kehren sie wieder in der Gestalt, die sie verdienen: Die Unersättlichen als Esel, die Ungerechten als Wölfe, die Herrschsüchtigen als Habichte. Es wäre besser, nicht zurückzukehren. Es wäre besser, ein Philosoph zu sein.

Sokrates bezieht sich hier natürlich auf die östlichen Weisheitslehren, die über verschiedene Traditionen im Griechenland seiner Tage einflussreich waren (sein Todesurteil wird 399 v. Chr. vollstreckt). Aber er unterwirft alle diese Lehren der Seelenwanderung, Wiedergeburt oder Erlösung der Autorität der Philosophie. Und im gleichen Zug bestimmt Sokrates die Bedeutung seines eigenen Todes: Er untersagt seinen Freunden zu weinen, weil diese Tränen auf eine Liebe zu seiner körperlichen Gestalt hinweisen würden. Er wäscht seinen Körper selbst, während der Brauch in Athen besagte, dass der Körper nach dem Tod von Frauen gewaschen werden sollte. Schließlich sagt er Kriton, dass es ihm egal sei, wie er beerdigt würde. Sokrates „lächelte ganz ruhig"[9] angesichts einer solchen unphilosophischen Sorge und mit seinem Lächeln stellt er sich über die Bräuche und Regeln der Stadt.

Platon *rächt* sich an der Polis, die seinen Lehrer zum Tode verurteilt hat, auf eine viel kompliziertere Weise, als ich hier wiedergeben kann.[10] Oft wird seine Methode

---

[8] Ebd., 81d-e.
[9] Ebd., 64 c.
[10] N. Loraux: „Donc Socrate est immortel." In: *Le temps de la réflexion* 3/1982, S. 19-46. Loraux beschreibt sehr überzeugend, wie Platon auch in der Wahl seiner Worte versucht, das alte Ideal der

„Ironie" genannt, aber es ist fraglich, ob es sich hier nicht eher um *Hybris* handelt: Um die *Hybris* der Philosophie, die denkt, sie könne dem Tod einen Platz zuweisen, und die sich dadurch das Recht nimmt, gegen die üblichen Bräuche (Angst haben wie Epikurs Freund, weinen, waschen, aufbahren, beerdigen und trauern wie Sokrates' Schüler) vorzugehen und sie zu verändern. Heidegger ist keineswegs eine Ausnahme von dieser Tendenz der Philosophen, sich des Todes zu bemächtigen. Auch er wollte das „menschliche Sein revolutionieren" – ein Vorhaben, dessen Fundament er mit *Sein und Zeit* gelegt hat. Aber das wirklich Revolutionäre seiner Untersuchungen über den Tod war, dass sie das, was traditionell über den Tod gesagt wurde, minimal, aber vollkommen veränderten.[11] *Sein und Zeit* zufolge ist der Tod nicht ein Ende (*einde*), sondern eine 'Wende', ein Horizont (*einder*). Er darf nicht als der Punkt gedacht werden, an dem die Zeitlinie abbricht (der letzte Augenblick), denn die Zeit ist nicht linear. Wie wir sehen werden, wird der Tod vielmehr verinnerlicht und gibt so der Zeit ihr eigentliches, menschliches Gesicht.

2. Heideggers Revolution

Für Sokrates wie für Epikur war der Tod ein Ende. Ein unwiderrufliches Ende (Epikur) oder eine Art von Übergang, ein Tor oder ein Sieb, das uns von der überflüssigen Schlacke des Körpers befreit. Beide beginnen mit der Frage, ob es ein Leben nach dem Tod gebe. Epikur antwortet „Nein" und versteht dabei das 'nach' ganz wörtlich. Für Sokrates dagegen ist der Tod – möglicherweise, je nach Vorbereitung – eine Art von Übergang in das wahre Leben, in dem man nicht mehr nach der Weisheit sucht, sondern sie wirklich findet. Hier ist der Tod also auch eine Art Ende: Die Seele kehrt in ihr eigentliches Element zurück, aus dem sie kam und in dem sie zuhause ist.[12]

In diesen beiden Fällen spricht die Philosophie etwas an, das gewöhnlichen Menschen vertraut ist. Mit dem Tod verändert sich etwas ganz deutlich. Da wir nicht wissen, was danach kommt, ist es verständlich, dass wir sowohl neugierig als auch ängstlich sind. Epikur behandelt vorwiegend letzteres: Der Tod ist ein Nichts und somit nichts, vor dem wir uns zu fürchten haben. Sokrates wendet sich an unsere

---

Unsterblichkeit in der Polis hinter die Philosophie zurückzustellen. Nur ein Detail dazu: Im Griechischen heißt das Gift, das Sokrates trank, *aphrôn* und es beeinträchtigt zuerst die Gehirnaktivität – während es in Platons Version erst die Zehen befällt!

[11] Im englischen Text werden an dieser und ähnlichen Stellen die Worte *end* und *bend* verwendet, wobei der eine Buchstabe dem Wort eine ganz andere Bedeutung verleiht, aber das war nur ein Notbehelf. Das ursprüngliche Wortspiel existiert nur in der niederländischen Sprache – Ende = *einde*; Horizont (Grenze) = *einder*. Es lässt sich eigentlich nicht übersetzen, auch nicht ins Deutsche.

[12] Der Tod ist ein Ende für den Körper; für die Seele ist er lediglich ein Übergang.

Neugier: Er beantwortet die Frage, was nach dem Tod kommt, ganz anders als Epikur, aber er kommt doch zu der gleichen Schlussfolgerung: Es gibt keinen Grund, sich zu fürchten.

Neugier und Angst sind zwei Merkmale der alltäglichen Annäherung an das Thema Tod. Heidegger hat für diese kein Verständnis. Sie sind, in seiner technischen Sprache, 'un-eigentlich', das heißt: Diese Bestimmungen verhindern, dass man den Tod zu sich selbst in ein Verhältnis bringt. Der Tod wäre dann etwas, das mich nichts angeht, das anderen zustößt, nicht mir. Oder der Tod ist etwas, das nichts mit mir hier und jetzt zu tun hat, das mir erst später zustößt. Er kommt vom Hörensagen. Er ist eine Neuigkeit, die uns nur kurz beschäftigt. Das Leben – *mein* Leben – geht weiter, zumindest vorläufig. Irgendwann natürlich werde auch ich sterben, aber das ist eine sehr ferne Zukunft, die mich jetzt noch nichts angeht.

In anderen Worten: Epikurs Auffassung ist ein Beispiel für das, was Heidegger als die uneigentliche Einstellung zum Tod abweist. Diese beruht auf einer vulgären Vorstellung von Zeit. Zeit ist nicht, wie Epikur zu behaupten scheint, eine Reihe von Jetzt-Momenten, die aufeinander folgen (die Vergangenheit ein Jetzt, das nicht mehr ist, die Zukunft ein Jetzt, das noch nicht ist), mit einem letzten Jetzt irgendwann und schlussendlich dem Tod. Für Heidegger liegt die Vergangenheit nicht hinter uns, sie ist nicht abgeschlossen. Sie ist in der Gegenwart mit aufgenommen. Wir 'sind' unsere Vergangenheit, das heißt, wir sind mit ihr befasst und wir sind aus der Vergangenheit heraus mit dem befasst, mit dem wir uns jetzt gerade befassen. Und auf dieselbe Weise 'sind' wir bereits jetzt unsere Zukunft. Diese Zukunft kommt immer schon auf uns zu. Man sitzt zum Beispiel in einem Vortrag und ist schon mit der Frage beschäftigt, die man nach der Pause stellen möchte, denn man hat eine ähnliche Geschichte schon mal gehört, aber noch nicht mit dieser Pointe usw. Gegenwart, Zukunft und Vergangenheit sind miteinander verbunden und unsere Leben wären nicht Leben, so wie wir sie kennen, wenn diese Verbindung nicht da wäre. Wer keine Zukunft hat, ist entweder in die Gegenwart verstrickt oder ganz durch die Vergangenheit in Anspruch genommen. Wer die Zukunft nicht ertragen kann (Ich kann mich jetzt nicht konzentrieren, weil ich dies und jenes noch zu tun habe.), lebt in einer Situation fortwährender Überlastung (Ich müsste *jetzt* alle diese Dinge tun, die ich noch zu tun habe, aber die Umwelt versagt mir die Unterstützung: Die Bank ist geschlossen, der Kopierer ist außer Betrieb usw.). Eigentlich zu leben heißt, sich auf etwas einzulassen aus dem Bewusstsein heraus, dass man nicht alles gleichzeitig tun kann, dass man, wenn man etwas tut, nicht zugleich noch etwas anderes tun kann, und dass, was auch immer man tut, von einer Vergangenheit getragen wird, der es eine neue Bedeutung gibt (indem es an sie anschließt oder mit ihr bricht), und sich an einer Zukunft orientiert, auf die es sich beziehen kann.[13]

Menschliches Leben geschieht nicht in der Zeit, es ist durchdrungen von Zeit (es *ist* Zeit, wie Heidegger sagt). Der Tod ist deshalb nicht bloß etwas außerhalb meiner selbst. Der Tod ist keine Sachlage – das Nun-tot-Sein eines anderen, mein zukünftiges Tot-Sein. Der Tod *ist* gar nicht, er ist kein Seiendes, sondern eine Seinsweise. Genauer gesagt: Er ist meine Seinsweise. Jeder von uns ist immer schon auf seinen eigenen Tod bezogen. Er oder sie stirbt, nicht irgendwann später, sondern immer, ständig. Das menschliche Sein, sagt Heidegger, ist ein Sein-zum-Tode. Sobald man geboren ist, stirbt man.

Was Heidegger damit meint, ist Folgendes: Menschlich zu sein heißt sterblich zu sein. Das ist keine Einschränkung, sondern eine Auszeichnung. Der Tod – mein Tod – ist nichts, das mich meiner Zeit entzöge, sondern er macht meine Zeit zu einer menschlichen Zeit. Der Tod ist eine Art Leitstern, er gibt Orientierung. Anders gesagt: Der Tod ist nicht der Punkt, an dem mein Leben endet, sondern ein Horizont, der meiner Lebenszeit eine Art „gegenstrebige Fügung" verleiht (*palintropos harmoniè*).[14] Wenn Heidegger von einem Horizont spricht, so meint er nicht einen neutralen Behälter, in den mein Leben eingeschlossen wäre. Horizont kommt vom Griechischen *hōrizein*, abgrenzen, ausschneiden, begrenzen. Wir neigen dazu, uns eine derartige Grenze als einen Ort oder eine Linie vorzustellen, an der etwas endet, also als ein Ende. Aber, so schlägt Heidegger an anderer Stelle vor, wir sollten uns die Grenze vorstellen in Analogie zu den Konturen einer Skulptur oder dem Rahmen eines Bildes: Als das, von wo aus etwas in Erscheinung tritt, *zum Vorschein kommt*.[15] Ein Gemälde endet nicht mit seinem Rahmen. Der Rahmen engt es nicht ein, sondern macht es möglich. Die Grenze (*peras*) ist kein Ende, sondern ein Horizont. Das griechische Wort für etwas, das ohne eine derartige Grenze ist, lautet *a-peiron*. Wir würden sagen: un-begrenzt, end-los, un-ermesslich. Weil das Endliche begrenzt ist, hat es eine Auszeichnung, die es nicht hätte, wenn diese Grenze nicht wäre. Was *a-peiron* ist, ist un-endlich, aber das, was nicht endlich ist, ist nicht besser als das Endliche. Im Gegenteil: Ihm fehlt etwas. *Apeiron* ist ein anderes Wort für Chaos, Unordnung. Sich mit dem Tod zu beschäftigen bedeutet für Heidegger also

---

[13] „Eigentlich handeln die, die aus der Zukunft leben, diese können aus der Vergangenheit leben und die Gegenwart macht sich von selbst" (aus den so genannten Kasseler Vorträgen vom April 1925, in denen Heidegger einen Entwurf von Sein und Zeit entwickelte). Postum erschienen: M. Heidegger: „Wilhelm Diltheys Forschungsarbeit und der gegenwärtige Kampf um eine historische Weltanschauung." In: *Dilthey-Jahrbuch für Philosophie und Geschichte der Geisteswissenschaften* 8/1992-1993, S. 143-180, S. 169.
[14] Heraklit, Fragment 51, 2-3 (übers. v. J. Taubes).
[15] „Die Grenze im griechischen Sinne riegelt nicht ab, sondern bringt als hervorgebrachte selber das Anwesende erst zum Scheinen." M. Heidegger: *Holzwege*. Frankfurt a. M. 1980, S. 68.

nicht, dass man ständig über ihn grübelt als etwas, das mein Leben beenden wird. Es geht nicht so sehr darum, auf das Sterben vorbereitet zu sein, als vielmehr darum, auf das Leben vorbereitet zu sein, leben zu können. Der Tod beendet das Leben nicht, sondern eröffnet es, gibt ihm eine Gliederung und einen Rhythmus, macht das Leben möglich. Er ist kein Feind, sondern ein Freund.[16]

Man könnte Heideggers Einsicht mit Hilfe all der Geschichten veranschaulichen, in denen jemand sich auf die Suche nach dem Elixier ewigen Lebens begibt (wie es Gilgamesch in dem nach ihm benannten Epos tat). Fosca zum Beispiel, die Hauptfigur aus Simone de Beauvoirs Novelle *Alle Menschen sind sterblich*, trinkt im 14. Jahrhundert in Italien ein Elixier, durch das er ewig jung bleibt. „Welche Dinge werde ich tun können!" Aber dieser Antrieb verschwindet schnell. Handlungen verlieren schließlich ihre Bedeutung, wenn nichts auf dem Spiel steht. Weder Erfolg noch Versagen sind endgütig – am Ende kann ihn nichts mehr bewegen, alles wird gleichgültig, denn es macht für Fosca keinen Unterschied. Unsterblichkeit ist kein Privileg, sondern ein Fluch: Die Unfähigkeit zu sterben ist eine Einschränkung. Man kann nur leben, wenn man sterben kann, wenn es einen Horizont gibt. Die Existenz verliert ihre Menschlichkeit, wenn man den Horizont der Zeit verloren hat, sie wird grenzenlos und dadurch bedeutungslos.

3. Jenseits von Heideggers Verinnerlichung des Todes

Trotz aller Unterschiede ist Heidegger näher an Epikur als an Platon. Er versteht wie Epikur den Wunsch nach Unsterblichkeit als töricht. Es wäre besser, sterben zu können – und zwar wegen eben diesem Leben, nicht wegen dem, was danach kommt. Der Tod bedroht das Leben nicht, er macht es bedeutsam, gibt ihm Stärke. Er ist das Salz des Lebens. Man sollte ihn nicht besiegen wollen, sondern ihm erlauben, seine Arbeit zu tun. Indem er das Leben beendet, eröffnet der Tod das Leben, macht es nicht gleichgültig. Der Ort des Todes ist nicht *nach* dem Leben, sondern *in* ihm. Er ist kein Ende (*einde*), sondern eine Grenze (*einder*), die dem Leben einen Horizont gibt, den es braucht, um menschliches Leben zu sein. Wer aus dieser Grenze ein Ende macht, läuft nicht nur vor dem Tod davon, sondern auch vor dem Leben. Solch ein Mensch lebt nicht, sondern lässt sich leben, als hätte er alle Zeit der Welt. In dem Moment, da sein Leben zum Ende kommt, merkt er – wie Iwan Iljitsch aus Tolstois berühmter Geschichte –, dass es ein tragischer Fehler war, den Horizont des Todes als die „Wand eines Gefäßes" zu betrachten, „das mit seiner

---

[16] Die mysteriöse „Stimme des Freundes, den jedes Dasein bei sich trägt" aus *Sein und Zeit* (§ 34) könnte also wirklich die des Todes sein. Vgl. R. Visker: *Truth and Singularity. Taking Foucault into Phenomenology*. Dordrecht: Kluwer 1999, S. 33 ff.

Wandung den Inhalt [seines Lebens] nichts angeht", als wäre er nur eine ihm „übergestülpte Schale".[17] Er ist verärgert darüber, dass sein Leben eine Lüge war, so wie er verärgert ist über die Lügen der anderen, die noch an seinem Sterbebett beharrlich meinen, es ginge ihm besser:

> „'Nicht wahr, jetzt ist dir doch besser?'
> Er antwortete, ohne sie anzusehen: 'Ja!'
> Ihre Kleidung, ihre Haltung, der Gesichtsausdruck, der Klang ihrer Stimme, alles das sagte ihm nur eines: 'Das ist es nicht. Alles, wovon du gelebt hast und lebst, ist Lüge, ist Betrug und verdeckt dir Leben und Tod.' Und sowie ihm dieser Gedanke kam, stieg in ihm der Haß auf und zugleich mit dem Haß der körperliche Schmerz und mit diesem das Bewußtsein des unvermeidlichen nahen Endes."[18]

Man kann dieses Zitat auf verschiedene Weisen lesen: mit Heidegger oder gegen ihn. Aus Sorge um seine Frau sagt Iwan ihr, dass er sich besser fühle. Aber er hasst die Täuschung (ihr und sich selbst gegenüber), und er hasst seine Frau genau so, wie er seine ganze Umgebung hasst, die den Tod als eine Art Krankheit behandelt, von der er geheilt werden kann. Das ist heideggerianisch: Man sollte den Tod nicht verstecken, ihn aus dem Leben verbannen oder als etwas betrachten, das das Leben von außen bedroht. Aber die Philosophie hat Heidegger später vorgeworfen, er habe den Tod verinnerlicht. Und tatsächlich, als Heidegger auf Tolstoi zu sprechen kommt, beachtet er weder Iwans Schmerz noch ist er sonst wie mit dem Leiden, dem 'wirklichen' Sterben befasst, mit dem, was der Philosoph und Psychiater von Gebsattel den „tödlichen Tod" nennt.[19] Mit Heidegger hat der Tod sozusagen kein Außen, keine Exteriorität mehr. Seine gesamte Untersuchung befasst sich mit einem bedeutungsvollen Tod, das heißt mit einem Tod, der uns sein Gesicht zuwendet und *unserem* (das heißt: *meinem*) Leben eine Orientierung gibt.

Der Tod, wie wir ihn kennen, hat aber etwas Verwirrendes an sich. Ein Mensch, der Schmerzen hat, ist von diesem Schmerz eingenommen, schleppt sich mit ihm dahin, fühlt sich verängstigt und ohnmächtig, weil er wirklichen Schmerz nicht ertragen kann. Letztlich ist der Schmerz nicht etwas, das man hat. Er ist etwas, das *uns* hat, das sich über *uns* ergießt. Er ist kein Inhalt des Bewusstseins, sondern etwas, das man nicht aushalten kann. Man schreit auf in Schmerzen, und wer Schmerzen

---

[17] M. Heidegger: *Die Grundbegriffe der Metaphysik. Welt – Endlichkeit – Einsamkeit.* Gesamtausgabe Bd. 29/30. Frankfurt a. M. 1983, S. 220 (Vorlesung aus dem Wintersemester 1929/30).
[18] L. Tolstoi: „Der Tod des Iwan Iljitsch." In: ders.: *Sämtliche Erzählungen*. Bd. 2. Hg. v. G. Drohla, Frankfurt a. M. 1961, S. 603-675, S. 671.
[19] V. E. Freiherr von Gebsattel: „Aspekte des Todes". In: *Prolegomena einer medizinischen Anthropologie. Ausgewählte Aufsätze*. Berlin 1954, S. 389-412. Heidegger ist sich natürlich des Leidens, der Schmerzen usw. bewusst (vgl. Sein und Zeit § 47, § 49), aber er ist der Meinung, dass diese nur von seiner existenzial-ontologischen Bestimmung des Todes her zu verstehen seien. Kritiker dagegen meinen, dass diese Bestimmung an der Sache vorbeigeht.

hat, fürchtet sich vor noch mehr Schmerzen: Das Schmerzhafte am Schmerz ist, dass er kein Ende zu haben scheint. Nicht nur kann man sich dem Schmerz nicht entziehen, sondern es droht einem etwas noch Schmerzhafteres als das jetzt zu Ertragende, als wäre da ein Abgrund im Schmerz, aus dem etwas über uns hereinbricht, das noch furchtbarer ist als der Schmerz, dem wir jetzt ausgesetzt sind. Levinas, dem ich hier folge, nennt dieses 'Etwas', das über uns hereinbricht und uns von allen Seiten einengt, den *Tod*.[20]

Es ist offensichtlich, dass Levinas eine ganz andere Art von Tod vor Augen schwebt als der, den wir bei Heidegger antrafen. Dieser Tod hat es auf uns abgesehen; er ist weder ein Ende noch ein Horizont; er ist kein Leitstern, der unsere Existenz lichtete und sie lebbar machen würde, sondern eher etwas, das nicht verortet werden kann, mal hier, mal dort, überall und nirgends, die völlige Verwirrtheit durch ein Etwas, das uns überkommt, ohne dass wir irgendetwas dagegen tun könnten. Es gibt kein Entkommen vor dem, was uns so bedrohlich einschließt. Wir werden überrumpelt, fallen auf die Knie, wie in dem Moment, da wir den Schmerz nicht länger aushalten und nur noch unsere Ohnmacht herausschreien können, bis wir all unseren Widerstand und unsere Würde verlieren. Es geht nicht mehr um einen Schmerz, den wir lokalisieren können („meine Zähne tun weh"), dessen wir uns bewusst sind und den wir beherrschen können. Der Tod, der sich hier offenbart, beraubt uns unserer gesamten Selbstbeherrschung. Es geht um etwas, das ich weder greifen noch verstehen kann, gegen das ich nicht im geringsten geschützt bin. Dieser Tod gibt mir keinen Auftrag, er wappnet mich nicht für das Leben, das ich zu leben habe, sondern er „packt mich, ohne mir die Chance zu geben, ihn zu bekämpfen". Wenn dieser Tod da ist, schreibt Levinas mit einem boshaften Zwinkern zu Epikur, „bin ich nicht mehr da", aber nicht, wie Epikur dachte, weil ich Nichts geworden bin, sondern weil der Tod mir „nichts mehr gibt, an dem ich mich festhalten könnte". Indem er uns alles nimmt, an dem wir uns festhalten könnten, macht der Tod es unmöglich, seinen Angriff vorherzusehen und sich vorzubereiten – wir können den Schlag nicht ahnen, der uns treffen wird, und dieses Unvermögen ist das Beängstigende.

Diese Angst ist berechtigt. Denn der Unterschied zwischen Angst und Furcht entstammt der Tatsache, dass die Angst „kein Objekt" hat.[21] Furcht bezieht sich auf etwas, das mich bedroht, eine Gefahr, die ich einschätzen kann, gegen die ich mich schützen kann. Epikurs Fehler ist, dass er unsere Angst vor dem Tod als Furcht vor dem Tod versteht, eine Erklärung, die den Tod als ein Etwas, ein Seiendes, eine

---

[20] Einige wichtige Texte, die das Folgende anregten: E. Levinas: *Die Zeit und der Andere*. Hamburg 1984; *Vom Sein zum Seienden*. Freiburg 1997. Vgl. auch meine technisch-philosophischen Erklärungen in *Truth and Singularity*, a. a. O., S. 235-273.

[21] Vgl. R. Visker: „Whistling in the Dark". In: ders.: *The Inhuman Condition: Looking for Difference After Heidegger and Levinas*. Dordrecht: Kluwer 2004, S. 59-75.

Bedingung voraussetzt. Weil er von dieser Annahme ausgeht, kann Epikur den Tod als ein Nichts betrachten, denn wenn er da ist, sind wir nicht (mehr). Das genau ist es, was Levinas bestreitet. Natürlich ist der Tod kein 'Etwas', der Tod 'ist' nie da. Er ist nicht 'jetzt'. Aber er nähert sich uns, er kommt auf uns zu, und deshalb ist er nicht einfach ein 'Nichts'. Weil der Tod kein Etwas ist, kann es keine Furcht vor dem Tod geben. Aber es kann Angst geben! Daher unser Verlust an Macht, unsere Regression, das kindliche Schluchzen desjenigen, der all seinen Widerstand aufgegeben hat und nun die Beute ist von dem, dessen Griff man nicht entgehen kann. Menschen haben berechtigterweise Angst vor dem Tod – wie man auch sagt: Man hat keine Angst vor dem Tod, aber vor dem Sterben. Man hofft auf einen guten Tod: einen Tod, den man gar nicht bemerkt, der wie ein Dieb in der Nacht kommt, während man schläft, also nicht bei Bewusstsein ist und sich den Schrecken erspart, das Bewusstsein an etwas zu verlieren, das man nicht unter Kontrolle hat, sondern das uns hat, das in uns einfällt und 'uns' von uns selbst hinwegrafft. Der Schmerz, der das Selbst wegreißt und zerstört, lässt nichts als einen Haufen erschütternden Elends zurück, das Zittern eines Körpers, der nichts mehr ist als eine Flut von Tränen, in der er langsam verschwindet.

4. Dem Tod Raum geben

Im vorangegangenen Abschnitt habe ich versucht, das zu beschreiben, was ich das *Außen des Todes* nenne, die Seite, die uns abgewandt ist, die unserer Existenz keine Bedeutung gibt, ihr gegenüber gleichgültig ist, noch schlimmer: die sich unserer Existenz nicht bewusst ist. Kurz gesagt: Es ist die Seite des Todes, die Heidegger nicht beachtet hat, als er zeigen wollte, dass es nicht so sehr um ein Ende des Lebens als um ein Zu-leben-Beginnen geht. Was ich als Verinnerlichung des Todes bezeichne, ist genau dieser Gedanke, dass der Tod, genau genommen, im griechischen Sinne ein *peras* ist. Im Lichte unserer Analyse von Schmerz und Angst sieht Heideggers Bestimmung sehr nach einer typisch philosophischen aus, ein weiterer Versuch, dem Tod eine Rolle zu geben, ihm einen Ort zu gewähren. Aber der Tod als *a-peiron* fügt sich in keinen Horizont.[22] Statt ein Horizont (oder ein *peras*) zu sein, ist der so verstandene Tod eher einengend, beängstigend und schrecklich, denn er schließt ein, wie in der Geschichte von Poe, in der die vier Wände eines Raums sich auf uns zu bewegen und es kein Entkommen gibt.[23] Heidegger hatte natürlich darin

---

[22] E. Levinas: *Totalität und Unendlichkeit. Versuch über Exteriorität.* Freiburg, München 1986, S. 341.
[23] Ich beziehe mich auf die Folterkammer aus *Die Grube und das Pendel* (1843). Ein ähnliches Motiv gibt es in *Das Fass Amontillado* (1846) und natürlich in *Das vorzeitige Begräbnis* (1844).

recht, den Tod als etwas 'nach' dem Leben zurückzuweisen. Der Tod ist tatsächlich 'im' Leben, aber eher wie ein Bandwurm, der uns auffrisst, der von innen an uns nagt und nicht zerstört werden kann.

Dieses Bild des Todes erkennen wir aus unseren größten Ängsten wieder: Aus der Angst eines Kindes davor, im Dunkeln über einen Friedhof zu gehen, aber auch aus der Angst der Älteren, am Ende in einem Krankenhaus zu liegen und an Maschinen angeschlossen zu sein, die uns am Leben halten, ohne dass wir *die Möglichkeit haben,* das Leben zu lassen. Angst vor dem Tod betrifft nie den Tod als solchen, das heißt als Gegenspieler des Lebens. Unsere Angst betrifft einen Tod, der jegliche Logik verhöhnt, auch die Logik des Entweder-Oder (entweder Leben oder kein Leben, also Tod – der berühmte Satz des ausgeschlossenen Dritten). *Der Tod lässt sich nicht so einfach festlegen.* Er folgt seinem eigenen Weg. Er ist der lachende Dritte, der sich nicht ausschließen lässt. Dies ist der Grund dafür, dass unsere Angst vor dem Tod immer die Gestalt eines Oxymorons annimmt: Die Angst, lebendig begraben zu werden; die Angst davor, dass *die Toten gar nicht tot* sind oder ins Leben zurückkehren, wie in Romeros legendärem Kultfilm *Die Nacht der lebenden Toten;* die Angst, man würde selbst zu einem *lebenden Toten* werden (lebendig *gehalten* von Maschinen); und schließlich die Angst angesichts derer, die wir für *tot* halten, die aber noch *lebendig* erscheinen (die ganze Diskussion über die Richtigkeit der Hirntod-Definition und die Möglichkeit, dass trotz aller diagnostischer Vorsichtsmaßnahmen immer noch Fehler auftreten können).[24]

All diese Beispiele betreffen die Angst eher als die Furcht, denn sie betreffen etwas, das die Macht unserer Kategorien herausfordert. Wir sind daran gewöhnt, den Tod vom Leben zu unterscheiden, aber wenn die Toten zu leben beginnen, dann verlieren wir die Nerven. Es bedarf einer speziellen Schulung, um den Anblick eines *Leichnams* zu ertragen, der von Maden *wimmelt*. Ebenso ist verständlich, dass ein angehender Mediziner beim ersten Sezieren einer Leiche in Panik gerät, wenn der *tote* Körper sich plötzlich *bewegt*. Das ist auch die Angst, mit der Horrorfilme spielen (ich denke an *The Thing* oder *The Blob*)[25]: Angst wird hervorgerufen durch etwas, das nicht ist, was es zu sein scheint. 'Das Ding' ist 'etwas', das jede mögliche Form von Leben annehmen kann, auch eine menschliche. Dann platzt plötzlich der 'Wirt' auf und man sieht im Film eine Andeutung von etwas Formlosem: Ein blutiger, bebender Haufen aus Fühlern mit mehreren Köpfen, die alle ihrerseits explodieren. Im Film spielen wir nur mit der Angst, denn das, was uns gezeigt wird, ist ganz offensichtlich *nicht* das Formlose; dieses Formlose hat noch eine Form, es verändert ununterbrochen seine Form, es ist nicht a-morph, sondern poly-morph. Und die

---

[24] Vgl. die Beiträge in M. Potts, P. Byrne, R. Nilges (eds.): *Beyond Brain Death. The Case Against Brain Based Criteria for Human Death.* Dordrecht: Kluwer 2000.
[25] [Die deutschen Titel lauten: *Das Ding aus einer anderen Welt* und *Schrecken ohne Namen.*]

Helden dieses Films geben nie nach. Sie sind erschrocken von dem, was sie nicht verstehen, weil es sich ihren Kategorien entzieht (was wie ein Mensch aussieht, ist in Wirklichkeit etwas anderes), und sie suchen nach neuen Kriterien (sie nehmen Blut, halten es ins Feuer, und wenn es nicht wegkriecht, dann ist es 'wirklich' menschlich), die sich im Moment höchster Spannung als nicht hinreichend sicher erweisen. Aber schließlich ergibt sich dieses Film-'Etwas' – im Gegensatz zum Tod, auf den es allegorisch anspielt. Es ist nicht von Grund auf unerkennbar, unverständlich. Wir können es letztendlich verstehen. Das Leben schafft es schließlich, dieses 'Etwas', das sich allen Versuchen der Objektivierung entzieht, in ein Objekt zu verwandeln. Wir verlassen das Kino erleichtert: Am Ende ging es doch um ein normales *Etwas*, wenn auch um etwas Ungewöhnliches. Unser Entsetzen war keine Angst, sondern Furcht.

Solche Filme zeigen uns etwas über den Ort, den der Tod in unserer Gesellschaft einnimmt. Er ist nicht 'verschwunden', wie einige noch immer behaupten. Vielmehr ist er vertrieben und verbannt worden. Aber er kehrt zurück, zum Beispiel in einem Film, in dem man versucht, das Undarstellbare darzustellen *und mit ihm umzugehen*. Hier kommt etwas wieder, von dem unsere Gesellschaft, in der der Tod etwas Unanständiges geworden ist[26], sich mit aller Kraft abgewendet hat: Nicht so sehr der Tod, sondern viel eher die Angst vor dem Tod. Aber das ist noch nicht präzise genug. Schauen wir näher hin.

Nehmen wir Roland Barthes' Idee, dass mit dem Auftreten der Fotografie der Tod im Auslösen der Kamera zu finden sei. Das Auslösen würde die Lebenden in die fotografische Ewigkeit verbannen.[27] Aber müsste man nicht vielleicht eher sagen, dass in unserer westlichen Gesellschaft das Leben weniger vom Tod in Anspruch genommen wird (wie im Beispiel des Fotos) als vielmehr der Tod vom Leben? Wir denken den Tod als einen Teil des Lebensprozesses und behandeln ihn wie eine Art Krankheit, wie ein kaputtes Teil einer Maschine, das repariert werden kann. Max Scheler nennt diesen Tod „katastrophal"[28]; er ist wie ein unglücklicher Unfall, wie etwas, das man hätte verhindern können. Eben dies muss sich auch die University of Cambridge gedacht haben, als sie 2003 einen Preis für das Team ausschrieb, das es schafft, die Formel für ein Lebenselixier zu finden. Vier der besten akademischen Forschergruppen der USA und eine britische Gruppe traten im Wettstreit an. Nicht ohne begründete Hoffnung – meine Zeitung zitierte Aubrey de Grey vom Institut für Genetik der ausschreibenden Universität: „Die Forscher haben es geschafft, das Leben von Versuchstieren, darunter auch Säugetiere, dramatisch zu

---

[26] Ph. Ariès: *L'homme devant la mort*. Paris: Seuil 1977.
[27] R. Barthes: *Die helle Kammer. Bemerkungen zur Photographie*. Frankfurt a. M. 1985, S. 102 f.
[28] Vgl. M. Scheler: „Tod und Fortleben." (1911-1914) In: ders.: *Schriften aus dem Nachlaß. Bd. I: Zur Ethik und Erkenntnislehre*. Gesammelte Werke Bd. 10. Bern 1957, S. 9-64, S. 31 f.

verlängern. Alles weist darauf hin, dass dasselbe auch mit Menschen möglich ist." So war zum Beispiel das Leben von Mäusen um eine Dauer verlängert worden, die beim Menschen 200 Jahren entspräche. Sogar die doppelte Länge scheint möglich! Ewige Jugend rückt in Reichweite.

Man kann sich vorstellen, was dann passieren wird. Nicht jeder wird es sich leisten können. Zum ersten Mal in der Geschichte und aus ('ontologischen') prinzipiellen Gründen wird es so etwas wie *die* Menschheit nicht mehr geben. Vielmehr wird es Sterbliche und Unsterbliche geben. Aber werden die Unsterblichen diejenigen sein, die nicht sterben *müssen*, oder die, die – wie Beauvoirs Fosca – nicht sterben *können*? John Boorman hat schon vor Jahren die erschreckende Antwort darauf in seinem Science-Fiction-Film *Zardoz* vorweggenommen: Nicht nur die Menschheit wird geteilt sein, auch die Unsterblichen selbst. Es wird die geben, die die Unsterblichkeit lieben, und die, die sich zu Tode langweilen! Selbst als 'Besiegter' gibt der Tod nie auf, er hört nie auf, seine Arbeit zu tun. Diese Arbeit sieht nur heutzutage, da wir uns eher nach Todlosigkeit als nach Unsterblichkeit sehnen, anders aus.[29] Früher hatten wir das Bild von einem Totentanz, in dem die Oberen und die Unteren, die Reichen und die Armen nach der Melodie eines Todes tanzen, der keine Unterschiede kennt. Der Tod schaffte demokratische Verhältnisse in einer Zeit, in der es so etwas wie Demokratie nicht gab: Vor dem Tod war jeder gleich.[30] Heute bewirkt der Tod nicht mehr diesen Ausgleich, er ist eher die phantasmatische Gestalt desjenigen, das in uns allen nagt und uns fortschreitend zerfallen lässt. Die Filme von Boorman oder andere der genannten Horrorfilme zeigen etwas von dieser Angst, auseinander zu fallen. Filme wie diese *geben der Angst*, die wir hier beschrieben haben, *eine Form*. In diesem Sinne sind sie ehrlicher als unsere Zeitungen und die anderen Medien, in denen der Tod zu einer banalen, virtuellen Realität gemacht wird. Man denke an die durchschnittlichen Polizeifilme, in denen nur die Schlechten sterben, während die Guten, mit denen sich der Zuschauer natürlich identifiziert, nicht nur vom Tod nicht getroffen werden können, sondern obendrein auch keine Angst vor ihm haben. Nur der Feigling stirbt, während der Mutige dem Tod ins Auge sieht und seine Botschaft versteht.

Den Unterschied zwischen Furcht, die vor dem Tod davonläuft, und Angst, die ihm direkt in die Augen schaut, ihn annimmt und dadurch eigentlich leben kann, ist das einzige, das die Medien von Heidegger behalten haben.[31] Selbst in den besseren Horrorfilmen, in denen die Angst umso größer ist, je weniger ihre 'Ursache' gezeigt wird, wird immer noch die Botschaft verbreitet, man könne, wenn man es nur ver-

---

[29] E. Morin: *L'homme et la mort*, Paris: Seuil 1970, S. 363 ff.
[30] In dieser Beziehung spricht Heidegger von dem „Wie, in dem alles Was zerstäubt". M. Heidegger: *Der Begriff der Zeit* (1924). Gesamtausgabe Bd. 64, Frankfurt a. M. 2004, S. 124.
[31] Vgl. M. Heidegger: *Sein und Zeit*. (1927) Tübingen 1979, S. 265, 425.

sucht, in seine Gewalt bekommen, was sich uns entzieht.[32] Das eigentliche Tabu gilt nicht dem Tod als solchem, auch nicht der Angst vor ihm, sondern vielmehr der Rückseite dieser Angst, unserer Ohnmacht ihr gegenüber. All diese Bilder unterstellen uns eine Macht, die wir schlussendlich nicht haben, denn der Tod, der die Angst erzeugt, ist nicht die Möglichkeit der Unmöglichkeit[33], sondern die Unmöglichkeit der Möglichkeit, wie Levinas sagen würde. Er ist nichts, dessen wir fähig wären (wie Heideggers Vermögen zu leben oder zu sterben) oder mit dem wir umgehen könnten, sondern etwas, das uns in die Knie zwingt.

In diesem Sinne hat Max Scheler nicht Unrecht, wenn er in *Tod und Fortleben* beiläufig bemerkt: Unsere Zeit ist die erste, die kein Bild vom Tod hat (wie den Sensenmann, das Skelett).[34] Auf gewisse Weise haben wir *zu viele* Bilder vom Tod (es ist vielleicht kein Zufall, dass Romeros *Die Nacht der lebenden Toten* so viele Folgen hat und dass diese, wenn ich meiner Videothek glaube, zu den am meisten ausgeliehenen Titeln gehören). Was wir aber *nicht haben*, ist ein *beständiges* Bild vom Tod, genau deshalb wimmelt es in unserer Gesellschaft von seinen Bildern: Der Tod ist wirklich überall und nirgends. Ein beständiges Bild aber wäre mehr als ein Bild. Es wäre ein Bild, das mit einer Erzählung, einer Geschichte kommt. Der Tod bekäme einen Platz in dieser Geschichte, einen Platz, der ihm gerecht würde. Ich denke an die berühmten Zeilen, mit denen das niederländische Gedicht *Der Gärtner und der Tod* von P. N. van Eyck endet. „Lächelnd antwortet er [der Tod]: 'Eine Bedrohung war's nicht, / vor der dein Gärtner geflohen ist. Ich war verblüfft, / als ich diesen Morgen hier noch an der Arbeit vorfinde, / den ich doch in Isfahan abzuholen hab' am Tagesende."[35] Das ist natürlich nur ein Gedicht. Aber es bewirkt etwas, das wir weder in der Philosophie noch in den Medien erlebt haben. Es tröstet. Nicht, indem es unsere Ohnmacht verkennt und vorgibt, wir wüssten, was oder wo der Tod sei, sondern indem es unserer Ohnmacht und unserem Leiden – und damit auch dem Tod – Raum gewährt.[36]

---

[32] Im *Blair Witch Project* zum Beispiel sieht man nie, wovon die Bedrohung ausgeht. Es ist einer der wenigen Filme, die verstanden haben, dass das wirklich Beängstigende (wie der Tod) etwas ist, das von Grund auf unerkennbar ist und daher nicht gezeigt werden darf.

[33] Vgl. Heidegger, *Sein und Zeit*, a. a. O., S. 262.

[34] Vgl. Scheler, a. a. O.

[35] In diesem Gedicht sieht der Gärtner den Tod und leiht sich daraufhin von seinem Herrn ein Pferd, um nach Isfahan zu fliehen. P. N. van Eyck: *De Tuniman en de dood*. http://4umi.com/vaneyck/tuinman.htm. Stand: 17. Januar 2007 [Übers. v. MS].

[36] Vielleicht erreicht die Poesie das nicht nur durch ihre Inhalte (wie Sterben, Begraben u. ä.), sondern auch mit der Art, wie sie Sprache verwendet. Die Sprache eines Gedichts ist so inkarniert (nicht mehr empfänglich für Veränderungen, als wäre sie selbst ein erstarrter Körper), dass sie etwas Monumentales wird, als wäre das Gedicht selbst der Ort, an dem der Körper der Sprache aufgebahrt ist. Dieses „Aufbahren" hängt mit dem Inhalt zusammen, der die *imitatio mortis* erträglich macht.

5. Die Außenseite des Leids

Als ich diesem Text den Titel „Gibt es einen Tod nach dem Leben?" gab, hatte ich eine Einführung in die Diskussion des 20. Jahrhunderts im Kopf. Ich hatte die Hoffnung, eine Antwort auf eine Frage zu finden, die Roland Barthes folgendermaßen angeregt hatte: „[I]n einer Gesellschaft muss der Tod irgendwo zu finden sein; wenn nicht mehr (oder in geringerem Maße) in der religiösen Sphäre, dann anderswo".[37] Wie der Leser bemerkt haben wird, habe ich bisher nur zeigen können, wo der Tod *nicht* ist. Erinnern Sie sich an das Diagramm, mit dem wir angefangen haben – ein Feld war frei geblieben. Es ist das Feld, in dem beide Fragen bejaht werden – die Frage, ob es ein Leben nach dem Tod gibt, ebenso wie die Frage, ob es einen Tod nach dem Leben gibt. Wer sich noch ein wenig mit der Tradition auskennt, weiß, dass dies die Position des Christentums ist, dem es nicht um Unsterblichkeit, sondern um Auferstehung geht. Damit ist nicht eine fortwährende Existenz gemeint, sondern eine Existenz, die durch den Tod geht und *auferstehen* wird in und durch Gott. Nach dem christlichen Glauben ist der Mensch nicht unsterblich, weder als Körper noch als Seele, „im Gegenteil: er [der Mensch] ist dem Tode verfallen; dem Tode in allerlei Gestalten, der sein Leben raubt, von dem Augenblick an, wo er damit beginnt; dem Tode, auch in dessen geheimnisvollen, aber sehr wirklichen Zusammenhang mit der Sünde".[38] (Der Tod ist der Sünde Sold, nach der Bibel: Röm 6, 23 und Kor 15, 56.) Das hört sich altmodisch an, besonders der Teil über die Sünde, zumal für jemanden, der nicht weiß, dass Sünde etwas mit einer Art *Selbstbehauptung*[39] zu tun hat. Ebenda schreibt van der Leeuw, als wäre er unser Zeitgenosse: „Die Hoffnung wird dann ihres Charakters beraubt und macht einer Überzeugung in Bezug auf die eigene Dauer, Unsterblichkeit und Göttlichkeit Platz. Die Realität des Todes wird a priori geleugnet. Das ewige Leben wird ein Leben in der Verlängerung des eigenen Lebens. Der Glaube wird ein Nicht-sterben-wollen."[40]

So scheint es sich tatsächlich mit dem Glauben zu verhalten. Ein Beispiel: „Die traditionellen Ansichten über das Leben nach dem Tod – ein ewiger Himmel oder eine ewige Hölle – sagen mir nichts. Aber sich ein absolutes Nichts hiernach vorzustellen, ist eine gleichermaßen wenig attraktive Alternative. Die Lehre der Reinkarnation bietet einen schönen Ausweg aus diesem Dilemma."[41] Es ist kein Zufall, dass es sich hier mehr um Reinkarnation als um Wiedergeburt handelt. Reinkarnation ist

---

[37] Barthes, *Die helle Kammer*, a. a. O., S. 103.
[38] G. van der Leeuw: *Unsterblichkeit oder Auferstehung*. Theologische Existenz heute 52. München 1956, S. 21.
[39] [Deutsch im Original].
[40] G. van der Leeuw, a. a. O., S. 20.
[41] H. Verbrugh, zitiert von B. Willems: „Echt, er is leven na de dood." In: *De Morgen* vom 13. Januar 2001, S. 3 [übers. v. MS].

in der Tat die falsche Bezeichnung für das, worum es im Hinduismus geht: Es gibt ja nicht mal die Garantie dafür, dass man als Fleisch, geschweige denn als menschliches, wiederkehrt.[42] Aber der Ausweg aus dem Dilemma, der in dem vorangegangenen Zitat beschrieben wird, ist nicht die östliche, sondern die westliche „New Age"-Version der Wiederkehr: Die Motivation für das wachsende Interesse daran (etwa 25 % der niederländischen Bevölkerung glaubt an Reinkarnation) ist, dass ein einziges Leben nicht genug ist, dass es noch so viel mehr zu tun gibt; man wünscht sich sozusagen so viele Runden auf dem Karussell wie möglich, wie ein Kind, das auf dem Spielplatz bleiben und nicht nach Hause gehen will. Während im Osten der Kreislauf das Problem ist, aus dem man einen Ausweg sucht, ist in der westlichen Version das Ende zum Problem geworden. Und solange man in Cambridge noch eine Lösung sucht, muss man sich mit der Reinkarnation als Antwort zufrieden geben. Man könnte das „selektive Akkulturation" nennen. Das Christentum nennt es Sünde.[43] In einem gewissen Sinne habe ich versucht zu verstehen, warum uns „moderne" Menschen eine derartige Auslegung kalt lässt. Wie wir gesehen haben, verleugnet die ganze Geschichte der Philosophie von Sokrates bis Heidegger das, was ich das Außen des Todes genannt habe. Erinnern Sie sich an Sokrates' Hybris: Der doppelte Anspruch, die Bedeutung seines Todes zu bestimmen und, in eins damit, sich selbst über die Riten, Gebräuche und Sitten, den Glauben der normalen Menschen zu stellen. Den gleichen Fehler findet man bei Heidegger und Epikur. Es ist wirklich nicht zufällig, dass ein Feld (*ja, ja*) in der Philosophie frei geblieben ist. Denn dieses Feld verweist darauf, was man, um eine Formulierung des niederländischen Philosophen Cornelis Verhoeven zu gebrauchen, *die Außenseite des Leids* nennen könnte.

In seinem schönen, obgleich etwas seltsamen, wirren und häufig widersprüchlichen Text erörtert Verhoeven den Moment, in dem ein Individuum einen Rahmen für seine eigenen Äußerungen findet, und er nennt diesen Rahmen den Ritus, den er als Übergang von einem Impuls (Angst, Trauer, Leid) zu einer Institution bestimmt. Dieser „Rahmen, wie grausam und wie unverständlich er auch sein mag, hat darum etwas Mütterliches an sich. Er befreit den Menschen von sich selbst und von seinem Leid, weil er sozusagen ihren Platz einzunehmen versucht."[44] Man kann sich fragen, ob es nicht das Ergebnis eines doppelten Widerstands ist, wenn das Christentum

---

[42] Vgl. H. von Stietencron: „Vom Tod im Leben und vom Leben im Tode: Bemerkungen zur hinduistischen Auffassung von Tod." In: J. Schwartländer (Hg.): *Der Mensch und sein Tod*. Göttingen 1976, S. 146-161.
[43] Vgl. K. Rahner: *Zur Theologie des Todes*. Freiburg 1958, S. 31-51.
[44] C. Verhoeven: *Wohin ist Gott?* Freiburg, Basel, Wien 1969. Die Verwirrung hat mit seiner Bestimmung des Ritus als etwas Starrem und einer Erstarrung zu tun. Philosophen werden dahinter die Problematik einer Philosophie der Präsenz erkennen, die Derrida zu dekonstruieren versucht. Das hier wiedergegebene Zitat ist eine Art *Fremdkörper* [Deutsch i. O.] in dem Text.

heute scheinbar nicht als Kandidat in Betracht gezogen wird, diese Funktion eines Rahmens zu übernehmen: Den ersten Widerstand habe ich nicht analysiert, er entspringt dem Verdacht, dass das Äußere das Innere verrät, und einem Verdacht, der herrührt von einem Expressivismus, der zu einer Krise der Symbolisierung in unserer Kultur geführt hat. Eine Symbolisierung drückt nämlich niemals nur etwas aus, sondern drückt sich in etwas ein und in-formiert es dadurch.[45] Den zweiten Widerstand jedoch habe ich versucht zu erhellen: Auf die Annahme, dass der Tod kein Außen habe, folgt natürlicherweise, dass man kein Bedürfnis nach einem Außen des Leids mehr verspürt. Wer keinen Schmerz empfindet, braucht auch keine Hilfe. Man zieht sich aus eigener Kraft heraus. Dieser fehlgeleiteten Autarkie habe ich ein anderes Bild des Todes entgegenstellen wollen, ein Bild, das eher in Einklang mit der Angst steht, die er in uns allen auslöst. Deshalb ein Gesuch um eine Philosophie, die die Qualen des Todes nicht verschleiert und nicht vorgibt, sie würde sein Problem lösen. Die Lösung sollte man nicht von der Philosophie erwarten. Sie muss von anderswo kommen. Lassen Sie uns noch einen letzten Blick auf das Diagramm werfen:

Philosophie: Gibt es einen Tod nach dem Leben?

Gibt es ein Leben nach dem Tod?		*ja*	*nein*
	ja	?	Sokrates
	nein	Epikur	Heidegger und danach

Religion: Gibt es einen Tod nach dem Leben?

Gibt es ein Leben nach dem Tod?		*ja*	*nein*
	ja	Christentum	Wiedergeburt
	nein	(Un-)Glaube	?

---

[45] Zur Krise der Symbolisierung vgl. R. Visker: „Enfance, transcendance et mortalité des valeurs. Pour un républicanisme actuel." In: A.-M. Dillens (ed.): *Le pluralisme des valeurs. Entre particulier et universel*. Brüssel: Facultés universitaires Saint-Louis (F.U.S.L.) 2003, S. 31-52.

Bei der Philosophie wie auch bei der Religion ist ein Feld frei geblieben. Man sollte versuchen, diese beiden miteinander zu verbinden. Das wäre die Aufgabe einer zeitgenössischen Theologie. Das ist kein Glaubensbekenntnis, sondern eine Forschungsaufgabe.

Andreas Hetzel

Todesverdrängung?
Stationen einer Deutungsgeschichte

Der Tod ist ein Stachel im Fleisch des *animal rationale*; auf ihn bleibt alles Denken, Sprechen und Handeln bezogen und doch lässt er jeden Versuch, ihn wahrzunehmen oder zu symbolisieren, ihn zu verstehen oder gar zu rechtfertigen, scheitern. Vormoderne Kulturen bemühen sich um einen aktiven Umgang mit diesem Mysterium. Dem Tod und den Toten wird hier ein zentraler Stellenwert eingeräumt, sie sind im sozialen und symbolischen Raum allgegenwärtig.

Die moderne Kultur des Westens hat, so lautet eine verbreitete Diagnose, genau diese Kommunikation mit dem Tod abgebrochen. An die Stelle der kulturellen Arbeit am Tod treten Verleugnung, Verdrängung und Invisibilisierung. Kranke und Sterbende geraten, wie es Philippe Ariès in seiner *Geschichte des Todes* eindrucksvoll belegt, seit der Mitte des 19. Jahrhunderts aus dem Blickfeld des europäischen Menschen; sie verschwinden aus der vertrauten familiären Umgebung, werden in Krankenhäuser und Hospize abgeschoben. Die Rituale, welche die Bestattung begleiten, werden an spezielle Unternehmen und Experten delegiert; die Friedhöfe wandern vom Zentrum in die Peripherie der Stadt; die Trauer verliert ihre Sprache und ihre Ausdrucksformen.[1]

Eine Möglichkeit, die Ursachen der modernen Todesverdrängung zu verstehen, liegt darin, sie als Kehrseite eines Triumphes des Lebens zu betrachten. Als technisch-kulturelle Formation tritt die Moderne an, um den Skandal des Todes zu überwinden. Gesellschaftliche Modernisierung meint auch Säkularisierung der christlichen Heilsgeschichte. Die mit dem Versprechen der individuellen Unsterblichkeit verbundene Verheißung einer Erlösung nach dem Ende der Geschichte wird in ein technisches, bereits im Diesseits zu realisierendes Projekt überführt. Als leitendes Phantasma dieses Projekts erscheint die Idee eines grenzenlosen Lebens, einer absoluten Immanenz oder Endlichkeit. Der Tod fungiert hier nicht mehr als Übergang oder Transzendenz, sondern als kontingentes Ende des Lebens, in dessen

---
[1] Vgl. Ph. Ariès: *Geschichte des Todes.* Darmstadt 1996, S. 715-770.

Horizont er steht und dessen Möglichkeit er zugleich eröffnet. Er gilt nun nur noch als das, was die menschliche Existenz endlich werden lässt und ihr dadurch eine neue Unendlichkeit verleiht, eine Unendlichkeit des Lebens selbst.[2] Der Herstellung dieses grenzenlosen Lebens haben sich insbesondere die Bio- und die Informationstechnologien verschrieben. Während die Gentechnologie suggeriert, die Sterblichkeit des organischen Körpers sei eine bloß vorläufige, die sich im Zuge der weiteren Entwicklung medizinischer Forschung überwinden ließe, verspricht die Informationstechnologie eine Ablösung des geistigen Lebens vom organischen: die Speicherung des Bewusstseins auf einer Festplatte. Hinter beiden Utopien stehen Phantasmen von der Abschaffung des Todes. Diese Phantasmen manifestieren sich nicht nur in populärkulturellen Produktionen wie *Science-Fiction*-Filmen und -Büchern, sondern auch in (staatlich geförderten) Forschungsprogrammen zum *human enhancement* sowie in der Einstellung des modernen Individuums zum eigenen Körper. Die moderne Biographie ist nicht mehr auf das Seelenheil ausgerichtet, sondern auf das Projekt einer Todesabwehr, auf ein Überleben, welches im Rahmen einer rationalen und verantwortlichen Planung der eigenen Biographie ebenso befördert wird wie mit einer auf Dauer gestellten Selbstmedikalisierung: mit Diätetik, Sport, Prognostik, pharmakologischen und chirurgischen Eingriffen.

Der Bruch mit dem Tod erscheint so radikal, dass einige Interpreten von der Todesverdrängung als *dem* wesentlichen Zug moderner Kultur sprechen. Die psychoanalytisch konnotierte Rede von einer „Verdrängung" soll dabei nahe legen, dass etwas vom Verdrängten wiederkehrt und das Leben selbst in seinem Innersten heimsucht. Ein Leben, das sich absolut zu setzen droht, mutiert letztlich selbst zu einer Gestalt des Todes, so wäre zu vermuten.

Die These von der Todesverdrängung bleibt nicht ohne Widerspruch. So verweist neuerdings insbesondere Armin Nassehi auf eine „Geschwätzigkeit des Todes in unserer Zeit", die er als Pendant zu seiner mangelnden Erfahrbarkeit begreift. Der Tod wird aus dieser Perspektive nicht verdrängt, sondern permanent beschworen: „Die Nichterfahrbarkeit des Todes hat eben nicht Sprachlosigkeit zur Folge, sondern das Gegenteil: Seine Nichterfahrbarkeit entfesselt Kommunikation [...]. Insofern ist der Tod vor allem dies: *geschwätzig*"[3]. Hinter der Rede von einer Todesverdrängung verberge sich, so Nassehi weiter, eine kulturkritische Attitüde, die im Tod den Inbegriff einer (verlorenen) Eigentlichkeit sehe. Der Tod gelte denjenigen, die sein Ver-

---

[2] Auf die Bedeutung des Todes für die Etablierung einer „Analytik der Endlichkeit" verweist Michel Foucault, wenn er in Bezug auf die Entstehung der modernen Medizin schreibt: „Der Tod ist der Spiegel, in dem das Wissen das Leben betrachtet." M. Foucault: *Die Geburt der Klinik. Eine Archäologie des ärztlichen Blicks.* (1963) Frankfurt a. M., Berlin, Wien 1976, S. 160.

[3] A. Nassehi: „'Worüber man nicht sprechen kann, darüber muß man schweigen.' Über die Geschwätzigkeit des Todes in unserer Zeit". In: K. P. Liessmann (Hg.): *Ruhm, Tod und Unsterblichkeit. Über den Umgang mit der Endlichkeit.* Wien 2004, S. 118-145, hier: S. 120.

schwinden betrauerten, „als das innerlichste, eigenste, Authentischste, das den einzelnen dazu nötigt, sich in seiner Ganzheit zu beobachten"[4]. Vom Tod als einem (wenn auch prekär gewordenen) Garanten dieser Eigentlichkeit seien wir regelrecht besessen. Die Belege, die Nassehi dafür anführt, dass der Tod heute „alles andere als Anathema" sei, klingen allerdings nicht wirklich überzeugend: „[A]ktive und passive Sterbehilfe, Hospizbewegung, Hirntoddebatte, Embryonal- und Stammzellenforschung, Debatte über das Klonen, medizinische Machbarkeiten, antizipative Zählungen der Opfer von Kriegen, Verkehrspolitik oder Strukturreformen im Gesundheitswesen und vieles mehr zeugen auch in der Moderne von einer *Geschwätzigkeit des Todes*."[5] Was Nassehi hier auflistet, steht gerade für eine Reduktion des *Todes* auf jenes sozial- und biopolitisch abzuarbeitende *Sterben*, welches eine Gestalt des Lebens bildet, die (wie wir weiter unten im Abschnitt zu Zygmunt Bauman sehen werden) von den Vertretern der Verdrängungsthese als Symptom der Todesverleugnung angeführt wird.

Die Diagnose der Todesverdrängung, so möchte ich gegen Nassehis Einwände zeigen, lässt sich weder auf eine romantizistische Suche nach Authentizität noch auf die restaurative Sehnsucht nach einem kulturell „einheitliche[n] Todesbild" reduzieren. So wie der Tod den Philosophen in früheren Zeiten eine Möglichkeit bot, einen exorbitanten Punkt zu beziehen, von dem aus sich das individuelle und soziale Leben gleichsam von seinem Extrem her in den Blick nehmen ließ, so erlaubt es auch die Todesverdrängung in privilegierter Weise, etwas über unsere Kultur und Gesellschaft zu erfahren. Die Autoren, denen ich mich im Folgenden zuwende, interessieren sich durchgängig für den Zusammenhang von Normalisierung und Pathologisierung in den modernen westlichen Gesellschaften. Der Versuch, eine transparente Ordnung des Wissens zu etablieren und den Bereich des Sozialen ausgehend von diesem Wissen vollständig zu beherrschen, führt in der Moderne zu einer epistemologischen und politischen Abwehr alles Ambivalenten, Unbestimmten und Fremden, wie es sich unter anderem im Tod manifestiert. Genau dieses ausgegrenzten und marginalisierten Fremden nehmen sich Autoren wie Walter Benjamin, Georges Bataille, Jean Baudrillard und Zygmunt Bauman an, deren Thanatologien im Mittelpunkt der vier Abschnitte meines Beitrags stehen.

1. Der Tod und die Erzählbarkeit des Lebens: Walter Benjamin

Eine der ersten Diagnosen der Todesverdrängung verdanken wir Walter Benjamin. In seinem 1936 veröffentlichten Aufsatz *Der Erzähler. Betrachtungen zum Werk*

---

[4] Nassehi, a. a. O., S. 126.
[5] Ebd., S. 130.

Nikolai Leskows verkündet Benjamin zunächst ein Ende des Erzählens. Er weist darauf hin, dass die Zeit des Narrativen seit der Mitte des 19. Jahrhunderts abgelaufen sei: „Der Erzähler – so vertraut uns der Name klingt – ist uns [...] etwas bereits Entferntes und weiter noch sich Entfernendes."[6] Die Kontinuität der über Generationen hinweg tradierten Erfahrungen sei in den industrialisierten (und damit in einem totalen Sinne mobilisierten) Gesellschaften Europas abgebrochen. Die Biographien der Menschen zerfielen unter den Bedingungen industrialisierter Arbeit zunehmend in diskontinuierliche Sequenzen. Die von der großstädtischen Existenz und der monotonen Industriearbeit nahegelegte Rezeptionshaltung des modernen Menschen richte sich dementsprechend ganz auf Zerstreuung und momenthafte Erlebnisse, nicht dagegen auf die eine Fähigkeit zur Kontemplation erfordernde Erfahrung, wie sie der Erzähler vermittele. Schon 1933 konnte Benjamin in *Erfahrung und Armut* schreiben: „Die Erfahrung ist im Kurs gefallen."[7] Als Grund für die von ihm diagnostizierte Erfahrungsarmut in der Moderne gibt er die umfassende Technisierung der Lebenswelt an, welche die Wahrnehmungskompetenz der Menschen wesentlich verändert habe. Das gravierendste Beispiel für die Konfrontation des Einzelnen mit der Technik bilde dabei der Erste Weltkrieg: „Eine Generation, die noch mit der Pferdebahn zur Schule gefahren war, stand unter freiem Himmel in einer Landschaft, in der nichts unverändert geblieben war, als die Wolken, und in der Mitte, in einem Kraftfeld zerstörender Ströme und Explosionen, der winzige gebrechliche Menschenkörper. Eine ganz neue Armseligkeit ist mit dieser ungeheuren Entfaltung der Technik über die Menschen gekommen"[8], eine Armseligkeit an Erfahrung. Die Soldaten sind nicht reicher, sondern ärmer an Erfahrung von den Schlachtfeldern zurückgekehrt; was ihnen dort widerfahren ist, lässt sich nicht länger erzählen.

Ein weiterer wichtiger Grund für das Ende des Erzählens liegt nach Benjamin in der Expansion der Informationstechnologien, zunächst der Zeitung, später dann des Radios und des Films.[9] Informationen, wie sie von Massenmedien verbreitet werden, unterschieden sich von Erfahrungen dadurch, dass sie den direkten Bezug zum Leben des Einzelnen verloren hätten. Sie vermittelten uns nur noch Sinnbruchstücke, die keine Chance hätten, auf eigene Erfahrungen bezogen und habitualisiert zu werden. Die Information eröffne eher eine Distanz zu den und zwischen den Lebenswelten der Informierten und der Informierenden. Anders dagegen Erzählungen,

---

[6] W. Benjamin: „Der Erzähler". In: ders.: *Gesammelte Schriften*. Bd. II.2. Frankfurt a. M. 1980, S. 438-465, S. 438.
[7] W. Benjamin: „Erfahrung und Armut". In: ders.: *Gesammelte Schriften*. Bd. II.1. Frankfurt a. M. 1980, S. 213-219, S. 214.
[8] Ebd.
[9] „Wenn die Kunst des Erzählens selten geworden ist, so hat die Verbreitung der Information einen entscheidenden Anteil an diesem Sachverhalt." Benjamin, „Der Erzähler", a. a. O., S. 444.

deren Quelle Erfahrungen seien, „die von Mund zu Mund"[10] gehen und die einem handwerklichen Verhältnis zu den Dingen entsprechen: „Die Erzählung, wie sie im Kreis des Handwerks – des bäuerlichen, des maritimen und dann des städtischen – lange gedieh, ist [...] eine gleichsam handwerkliche Form der Mitteilung. [...] Sie senkt die Sache in das Leben des Berichtenden ein, um sie wieder aus ihm hervorzuholen."[11]

Unter Bedingungen der Industrialisierung sei das Ende der mündlichen Erzählung unwiderruflich. Nichts wäre aus der Sicht Benjamins allerdings „törichter, als in ihm lediglich eine 'Verfallserscheinung', geschweige denn eine 'moderne', erblicken zu wollen. Vielmehr ist es nur eine Begleiterscheinung säkularer geschichtlicher Produktivkräfte, die die Erzählung ganz allmählich aus dem Bereich der lebendigen Rede entrückt hat und zugleich eine neue Schönheit dem Entschwindenden fühlbar macht"[12], die sich wiederum bestimmte Autoren nutzbar zu machen wissen. Nikolai Leskow etwa, einem der letzten Erzähler, sei es gelungen, der Erzählung gerade im Augenblick ihres Sturzes zu einer letzen Größe zu verhelfen.

Benjamin bindet die Diagnose vom Ende der Erzählung unmittelbar an eine veränderte Haltung zum Tod. In gleichem Maße, in dem sich die narrative „Mitteilbarkeit der Erfahrung [...] vermindert hat", ist auch „das Gesicht des Todes ein anderes geworden"[13], ohne das immer klar angegeben werden könnte, was hier als Ursache fungiert und was als Wirkung. Benjamin entfaltet in diesem Kontext eine detailreiche Phänomenologie der Todesverdrängung, die den Tod als Bedingung der Möglichkeit von Erzählung – und damit auch eines kohärenten Lebens – erscheinen lässt. Erst im Lichte des Todes als seines Endes lässt sich der *bíos* in eine Biographie verwandeln und (sich selbst und anderen) erzählen. Die Moderne zeichne sich geradezu dadurch aus, dass in ihr der „Todesgedanke an Allgegenwart und an Bildkraft Einbuße leidet"[14]: Im „Verlauf des neunzehnten Jahrhunderts hat die bürgerliche Gesellschaft mit hygienischen und sozialen, privaten und öffentlichen Veranstaltungen einen Nebeneffekt verwirklicht, der vielleicht ihr unterbewußter Hauptzweck gewesen ist: den Leuten die Möglichkeit zu verschaffen, sich dem Anblick von Sterbenden zu entziehen. // Sterben, einstmals ein öffentlicher Vorgang im Leben des Einzelnen und ein höchst exemplarischer (man denke an die Bilder des Mittelalters, auf denen das Sterbebett sich in einen Thron verwandelt hat, dem durch weit geöffnete Türen des Sterbehauses das Volk sich entgegen drängt) – Sterben wird im Verlauf der Neuzeit aus der Merkwelt der Lebenden immer weiter herausgedrängt.

---

[10] Ebd., S. 440.
[11] Ebd., S. 447.
[12] Ebd., S. 442.
[13] Ebd., S. 449.
[14] Ebd.

Ehemals kein Haus, kaum ein Zimmer, in dem nicht schon einmal jemand gestorben war. [...] Heute sind die Bürger in Räumen, welche rein vom Sterben geblieben sind, Trockenwohner der Ewigkeit, und sie werden, wenn es mit ihnen zu Ende geht, von den Erben in Sanatorien oder in Krankenhäusern verstaut."[15]

Was Benjamin hier beschreibt, ist eine Todesverdrängung, die im Zentrum aller Exklusionen von Heterogenem in der Moderne steht, im Zentrum aller sozialen, hygienischen und epistemischen Techniken, die sich in den Dienst eines Lebens stellen, das zu einem bloßen Überleben wird. In einer von allen Spuren des Todes und des Sterbens bereinigten Welt wird der Mensch zombifiziert, zum „Trockenwohner der Ewigkeit" ohne erzählbare Geschichte. Ein wie auch immer sinnvolles, zeitlich artikuliertes und damit auch erzählbares Leben bleibt auf Tod und Sterben als letzte Grenzen und Bedingungen der Möglichkeit von Erfahrung verwiesen: „Nun ist es aber an dem, daß nicht etwa nur das Wissen oder die Weisheit des Menschen sondern vor allem sein gelebtes Leben – und das ist der Stoff, aus dem die Geschichten werden – tradierbare Form am ersten am Sterbenden annimmt. So wie im Innern des Menschen mit dem Ablauf des Lebens eine Folge von Bildern sich in Bewegung setzt – bestehend aus den Ansichten der eigenen Person, unter denen er, ohne es inne zu werden, sich selber begegnet ist –, so geht mit einem Mal in seinen Mienen und Blicken das Unvergeßliche auf und teilt allem, was ihn betraf, die Autorität mit, die auch der ärmste Schächer im Sterben für die Lebenden um ihn her besitzt. Am Ursprung des Erzählten steht diese Autorität."[16]

Erst vom Tode her wird das Leben des Individuums als einmaliges, unwiederbringliches, prekäres Leben sichtbar, als ein Leben, das diejenigen, denen es erzählt wird, in eine gewisse Verantwortung ruft; in einer Art retroaktiver Performativität verleiht der Tod dem Leben eine Form, eine „Lebensform" im Sinne Giorgio Agambens: „ein Leben, das niemals von seiner Form geschieden werden kann [...], in dem es niemals möglich ist, etwas wie ein bloßes Leben zu isolieren"[17]. Im Tod manifestiert sich also immer auch eine Widerstandslinie, eine Möglichkeit, sich dem Reduziertwerden auf ein formbares und verwaltbares Leben zu entziehen.[18] An diesem Widerstand partizipiert auch die Erzählung, die in diesem Sinne nichts anderes ist als eine Lebensform. Das erzählte Leben wird dem Tod immer auch entrissen.

---

[15] Ebd.
[16] Ebd., S. 449 f.
[17] G. Agamben: *Mittel ohne Zweck. Noten zur Politik*. Berlin 2001, S. 13.
[18] Nach Auschwitz allerdings wird die Möglichkeit einer Widerständigkeit des Todes, so Theodor W. Adorno, problematisch: „Mit dem Mord an Millionen durch Verwaltung ist der Tod zu etwas geworden, was so noch nie zu fürchten war. Keine Möglichkeit mehr, daß er in das erfahrene Leben des Einzelnen als irgend mit dessen Verlauf Übereinstimmendes eintrete. Enteignet wird das Individuum des Letzten und Ärmsten, was ihm geblieben war." Th. W. Adorno: *Negative Dialektik*. Frankfurt a. M. 1975, S. 355.

Die Erfahrungen des Erzählers perpetuieren sich in denen seiner Zuhörer, leben in ihnen und durch sie fort. In ihrer innersten Möglichkeit vom Tod abhängig, trotzt die Erzählung zugleich dem Tod.

2. Der verfemte Tod: Georges Bataille

Es ist vielleicht kein Zufall, dass der zweite Philosoph, der sich intensiv mit der Verdrängung des Todes auseinandersetzen sollte, in engem Austausch mit Benjamin stand. Dieser hatte seinen Aufsatz über den Erzähler 1939 selbst ins Französische übersetzt, in einer Zeit also, in der er intensiv an den Diskussionen des *Collège de Sociologie* in Paris teilnahm. Wie man dem Briefwechsel Benjamins aus dieser Zeit entnehmen kann, sah er den theoretischen Kopf des *Collège*, Georges Bataille, von 1935 bis 1939 fast täglich in der Pariser Bibliothèque Nationale.[19] Auch für Bataille zeichnet sich die Moderne insgesamt durch einen Hang zur Todesverdrängung aus. Der Tod gilt ihm, neben der Erotik, als Inbegriff des Verfemten und Heterogenen schlechthin. Bataille entwickelt in den 1930er Jahren eine heterologische Soziologie, eine Wissenschaft vom Pathologisierten und Verdrängten, als dessen Urbild der Tod gelten kann.

Batailles Werk kreist um das Heterogene, das in all seinen Gestalten aus der modernen Gesellschaft ausgegrenzt wird. Aus der Sicht Batailles ähnelt das soziale Leben unter den Bedingungen einer fortgeschrittenen Industrialisierung zunehmend dem ungeschlechtlichen organischen Leben. Auf der Ebene der ungeschlechtlichen Zellteilung sei alles mit allem direkt verwandt; das Leben reproduziere sich unablässig und bleibe sich in seiner Selbstreproduktion ewig gleich. In analoger Weise reproduziere sich die moderne Gesellschaft über Arbeit und instrumentelle Vernunft. Sie verdränge insbesondere den Eros und den Tod als Gestalten einer Überschreitung, die aus der Hölle des Immerwiedergleichen auszubrechen trachtet.

Im Laufe der Evolutionsgeschichte wird das Kontinuum des ungeschlechtlichen organischen Lebens durch den Schnitt, den die sexuelle Fortpflanzung bedeutet, mit einer Diskontinuität konfrontiert. Im Gefolge der sexuellen Fortpflanzung kommen Geburt und Tod in die Welt. Zwischen den Individuen tut sich nun ein „Abgrund" auf. Durch die je eigene Geburt und den je eigenen Tod werden sie zu radikal „diskontinuierlichen Wesen"; als sich geschlechtlich fortpflanzende Individuen sind sie getrennt durch eine „ursprüngliche Differenz", die durch „keine Kommunikation"[20] beseitigt werden kann. Die Sexualität und der Tod, die eine erste Diskontinuität in

---

[19] Vgl. dazu St. Moebius: *Die Zauberlehrlinge. Soziologiegeschichte des Collège de Sociologie (1937-1939)*. Konstanz 2006, S. 370-383.
[20] G. Bataille: *Die Erotik*. (1957) München 1994, S. 15.

das ursprüngliche Kontinuum des Lebens hineintragen, stellen die Kontinuität aber gleichzeitig auf einer neuen Stufe wieder her. Die Erfahrungen des Todes und des Erotischen sprengen das Individuationsprinzip. Im Tod und in der sexuellen Ekstase eröffnet sich der Horizont einer „starken Kommunikation" zwischen den Individuen wie zwischen jedem einzelnen Individuum und der Welt.

Vormoderne Kulturen leben, wie Bataille an vielfältigen prähistorischen und ethnologischen Beispielen zu belegen trachtet, im Bewusstsein einer wenn auch bereits bedrohten Kontinuität. Sie versuchen, die durch Vernunft und Arbeit unterbrochene Kontinuität des Seins immer wieder neu in Ritus, Opfer und Fest, symbolischen Inszenierungen des Todes, zu restituieren. In den modernen, todesvergessenen Gesellschaften gerät die alte Intimität mit dem Tod – und damit die Erfahrung einer Kontinuität – schließlich soweit in den Hintergrund, dass sich das ursprüngliche Verhältnis von Kontinuität und Diskontinuität umkehrt. Die mittels der diskursiven Vernunft und der Arbeit erzeugte Diskontinuität zwischen Mensch und Welt verdichtet sich nun zu einem neuen Kontinuitätszusammenhang, welchen Bataille mit dem Begriff der „Homogenität"[21] belegt. Diese Homogenität wird in den Begriffen eines Lebens expliziert, das sich endlos, ohne die Intervention einer Differenz, erhält und reproduziert.

Kontinuität wird dagegen nur noch an den Rändern der Moderne als ein „Heterogenes"[22] erfahrbar, um das Batailles Soziologie kreist. Imagines dieses Heterogenen sind etwa eine rauschhafte Sexualität, Exkremente, das geöffnete Innere des menschlichen Körpers, Gewalt und Tod. Bataille faltet diese heterogenen Ränder auf das Zentrum der modernen Kultur zurück. Er bemüht sich, jenen Zustand einer vorbegrifflichen Kontinuität, zu der uns Erfahrungen des Todes und der Erotik den Weg weisen, in den Mittelpunkt des philosophischen und literarischen Textes zu stellen, um so, in einem Akt der Selbstüberschreitung von Philosophie und Literatur, erneut eine Kommunikation mit dem Tod zu etablieren.

Die Welt der Arbeit und der Vernunft interpretiert Bataille als ein System von Ausgrenzungsmechanismen, die alle Spuren einer ursprünglichen Kontinuität als heterogen abwehren. Unter „Kontinuität" versteht er dabei weder eine Fülle oder Substanz noch eine Art Naturzustand. Letztlich ist es erst der Akt der Überschreitung selbst, der die Möglichkeit einer Kontinuität aufscheinen lässt. In der Überschreitung, die sich der Arbeit und der Vernunft entzieht, stellt sich Kontinuität ein und her. In den Worten Derridas: Batailles „Kontinuum ist die privilegierte Erfahrung eines die Grenze der diskursiven Differenz überschreitenden souveränen

---

[21] G. Bataille: „Die psychologische Struktur des Faschismus". In: ders.: *Die psychologische Struktur des Faschismus/Die Souveränität*. (1933) München 1997, S. 7-44, S. 14.
[22] Ebd.

Tuns"²³, einer *Praxis*, die sich am Tod orientiert, die dem Tod erneut einen Ort und eine Möglichkeit einräumt. Batailles Kontinuum lässt sich insofern in keinem Denken stabilisieren. Erst ausgehend von der Erfahrung einer diskontinuierlichen Welt kann Kontinuität als solche gedacht werden. Batailles in evolutionistische Metaphern gefasste Ursprungserzählung, die vom Einzeller bis zur Moderne reicht, erweist sich vor diesem Hintergrund als heuristische Konstruktion. Die Kontinuität des Seins kann immer nur von ihrer Überschreitung, vom Tod her gedacht werden.

3. Der symbolische Tausch und der Tod: Jean Baudrillard

Das Werk Jean Baudrillards lässt sich über weite Strecken als soziologische Einlösung des von Bataille skizzierten Programms einer Heterologie lesen. Baudrillard interessiert sich für verfemte Phänomene – er selbst spricht von „extremen Phänomenen" – wie Graffitis oder pornographischen Darstellungen, die einerseits höchst marginal und profan sind, am Rand der modernen Kultur stehen, andererseits aber deren zentrales Prinzip verkörpern. In diesen Phänomenen übersteigt sich unsere Kultur medialer Simulation in ihrer Sinnlosigkeit und löscht sich letztlich selbst aus. Diese Phänomene bedeuten nichts, bedeuten einfach nur die Abwesenheit von Bedeutung und inszenieren ausschließlich sich selbst. Sie überbieten die sinnlosen Zeichen der modernen Kultur mit noch sinnloseren Zeichen.

Das Grundprinzip der heutigen medialen Kultur bildet für Baudrillard der Tod. Die Form des ökonomischen Austauschs und der medialen Simulation ist für ihn identisch mit der Form des Todes. Da alles gegen anderes eingetauscht und von anderem simuliert werden könne, sei die Drohung des Todes allgegenwärtig. Für Baudrillard wird „der Tod zur eigentlichen Figur der Umkehrbarkeit (das heißt einer Umkehrung aller distinktiven Codes und Oppositionen, die die herrschenden Systeme begründen: zuallererst der Opposition von Leben und Tod, die den Ausschluß des Todes zur Folge hat, der Option von Subjekt und Objekt, von Signifikant und Signifikat, von männlich und weiblich)."²⁴ Unsere heutige Gesellschaft definiert Baudrillard als „ein Unternehmen des Todes, das versucht, den Tod abzuschaffen und deshalb Tod über Tod bringt, und das vom Tod als seinem eigenen Ende besessen ist."²⁵ Insbesondere die Arbeit unterstellt das Leben dem Imperativ des Todes:

---

²³ J. Derrida: *Die Schrift und die Differenz.* (1967) Frankfurt a. M. ³1987, S. 399 (Hervorhebung AH).
²⁴ J. Baudrillard: *Das Andere selbst.* Wien 1987, S. 61 f.
²⁵ J. Baudrillard: *Der symbolische Tausch und der Tod.* München 1982, S. 240.

„Die Arbeit ist ein langsamer Tod."[26] Und weiter: „Die Arbeit wird also überall vom aufgeschobenen Tod gelenkt. Sie ist aufgeschobener Tod."[27]

Als das zentrale Prinzip der gesellschaftlichen Organisation muss der Tod unsichtbar gemacht werden. Als sichtbarer würde er die Stabilität unserer Gesellschaft bedrohen. Für Baudrillard gibt es insofern „eine Ausschließung, die allen anderen vorhergeht, radikaler ist als die der Wahnsinnigen, der Kinder und niederen Rassen, eine Ausschließung, die ihnen allen vorhergeht und ihnen als Modell dient und die an der Basis selbst der 'Rationalität' unserer Kultur steht: das ist die Ausschließung der Toten und des Todes."[28] Mit dem Tod bekämpft die Moderne ihre eigene Wahrheit, die niemals ans Licht treten darf.

Baudrillard möchte dem langsamen, systemischen Tod den plötzlichen, nicht erwiderbaren Tod entgegensetzen, den Tod, der die Entdifferenzierung, die Austauschbarkeit und Hyperrealität aller Phänomene unterbrechen würde. Auf den Spuren Batailles sucht er heterogene Strategien, die nicht in den homogenen Verblendungszusammenhang unserer Gesellschaft integriert zu werden vermöchten. In frühen Texten diskutiert er zunächst den Selbstmord und den terroristischen Akt als zwei mögliche Strategien der Subversion des Simulakrums. Der Selbstmörder und der Terrorist geben der Gesellschaft etwas, was sie nicht zu erwidern vermag, was sich der Austauschbarkeit entzieht: den Tod selbst, einen sinnlosen Tod, der sich nicht wieder ökonomisieren lässt. Sie unterbrechen insofern den endlosen Kreislauf der Werte und der Zeichen.

Angesicht der Anschläge der RAF, die eine Ökonomie von Gewalt und staatlicher Gegengewalt in Gang setzen sollten, aus der der Staat gestärkt hervorgeht, revidiert Baudrillard seine Einschätzung des Terrorismus. Von der 1980er Jahren an sucht er nach anderen Strategien der Subversion. Auch gewisse symbolische Gaben wie z. B. die sinnlosen Zeichen des Graffiti verkraftet die heutige Gesellschaft nicht. Er schreibt nun ganz dezidiert: „Entweder die Revolution ist symbolisch, oder sie ist überhaupt nicht. Das hat bis in die Ordnung der Sprache hinein Gültigkeit."[29] Eine Möglichkeit der symbolischen Revolution erblickt Baudrillard in bestimmten Formen der Poesie, in denen sich die Sprache selbst auslöscht: „Die Poesie ist diese Umkehrbarkeit jedes Diskursbestandteils, seine Auslöschung, wie sie Saussure in den *Anagrammen* beschrieben hat. Folglich handelt es sich um eine gegen die Ordnung der Simulation gerichtete Bewegung eines Systems distinktiver Optionen, das Sinn unter Kontrolle hält, um eine Bewegung zur Wiederherstellung einer symboli-

---

[26] Ebd., S. 69.
[27] Ebd., S. 70.
[28] Ebd., S. 197.
[29] Baudrillard, *Das Andere selbst*, a. a. O., S. 61 f.

schen Ordnung, die mit einer höheren Authentizität von Tauschakten einhergeht."[30] Nur der *symbolische* Tod, wie ihn beispielsweise die moderne Poesie seit Mallarmé inszeniert, vermöchte die mediale Simulation zu überbieten; indem sie sich dem Sinn entzieht, zum radikal sinnlosen Akt wird, kann sie sich der Assimilation an die Kulturindustrie verweigern.

Der symbolische Tod konfrontiert unsere Gesellschaft mit dem realen Tod als ihrem innersten und verleugneten Prinzip. Seine List bestehe darin, „gegen das System das Prinzip seiner Macht selbst zu kehren: die Unmöglichkeit der Antwort und der Vergeltung. Das System herausfordern durch eine Gabe, auf die es nicht antworten kann, es sei denn durch seinen eigenen Tod und Zusammenbruch. [...] [D]iese Gabe [...] kann evidentermaßen nur die des Todes sein."[31]

4. Medizin und Unsterblichkeit: Zygmunt Bauman

In seinem Buch *Tod, Unsterblichkeit und andere Lebensstrategien* begreift der polnische Soziologe Zygmunt Bauman den Tod als Gestalt einer radikalen Ambivalenz: „Der Tod ist das Urbild eines Widerspruchs in sich."[32] Er kann nicht erfahren, nicht gewusst, nicht geglaubt werden und bildet somit die äußerste Grenze menschlicher Existenz. Indem sie sich als „Fabrik der Dauer"[33], als Versuch, künstlich Unsterblichkeit zu erzeugen, formiert, versucht die Kultur, die Widersprüchlichkeit des Todes zu kompensieren. Sie speist sich von den ägyptischen Pyramiden bis zur zeitgenössischen Kunst aus dem Versuch von Individuen, sich im Medium der Symbole dem Tod zu entziehen. Bauman liest die Kulturgeschichte als Geschichte der Auseinandersetzung mit dem Tod, die allerdings immer auch ein Leben mit dem Tod impliziert hat.

Die moderne Kultur radikalisiert den Versuch, den Tod zu überwinden. Die Sterblichkeit des Menschen wird hier nicht mehr als Faktum anerkannt, sondern unsichtbar gemacht. Die Moderne drängt den Tod, Bauman beruft sich hier auf Ariès und Baudrillard, in die Peripherie. Doch gerade in ihrem Versuch, den Tod abzuschaffen, wird die Moderne zunehmend vom Tod ereilt. Exemplarisch verkörpert findet Bauman diese Dialektik des Todes in der Medikalisierung des Lebens. Er kann dabei an eine Erfahrung anknüpfen, die, zumindest dem Prinzip nach, bereits Platon gemacht hatte. Die Organisation des individuellen Lebens als Todesabwehr verwandelt dieses Leben selbst in eine Gestalt des Todes.

---

[30] Ebd.
[31] Baudrillard, *Der symbolische Tausch und der Tod*, a. a. O., S. 65 f.
[32] Z. Bauman: *Tod, Unsterblichkeit und andere Lebensstrategien.* (1992) Frankfurt a. M. 1994, S. 27.
[33] Ebd., S. 12.

In der *Politeia* erwähnt Sokrates einen Menschen, der „sich den Tod recht lang gemacht hat. Denn seiner Krankheit [...] immer nachgehend, konnte er, glaube ich, sich selbst nicht heilen und lebte so, ohne sich mit etwas anderem zu tun zu machen, immer an sich kurierend fort, elend, sobald er nur im mindesten von der gewohnten Lebensordnung abwich; und so brachte ihn seine Kunst in einem schweren Sterben bis zu einem hohen Alter."[34] Eine „übermäßige Sorgfalt für den Körper [...] macht, daß man immer glaubt, krank zu sein, und nie aufhört, Not zu haben mit dem Leibe"[35]. Bei Platon bezog sich diese Erfahrung allerdings nur auf einige wenige pathologische Einzelfälle. In der Moderne hat sie sich für Bauman universalisiert. Prinzipiell und *in the long run*, so verspricht uns die moderne Medizin, wird sich jede Krankheit heilen lassen. Das Ende von Krebs und Herzinfarkt sei nur eine Frage der Zeit und der in die medizinische Forschung investierten Mittel. Der Tod erscheint in dieser Perspektive ausschließlich als technisches Problem. Im Bewusstsein der Moderne sterben wir nicht mehr am Tod, sondern an je besonderen, im Prinzip heilbaren Krankheiten. Gegen diese Krankheiten wird eine umfassende Medikalisierung des Lebens aufgeboten: Diäten, Fitnessprogramme, regelmäßige Vorsorgeuntersuchungen, medizinische Selbstbeobachtung. Diese permanent gewordene Abwehr des Todes durch die Medizin unterstellt das gesamte Leben einem Überlebenskampf, welcher wiederum vom Tod regiert wird: „Gegen die Ursachen des Sterbens anzugehen, wird zum Sinn des Lebens"[36].

Die lebenslange Verteidigung der Gesundheit verdeckt, dass der Tod nicht zu den Krankheiten gehört, sondern zu den Bedingungen menschlicher Existenz. Die moderne Medizin lebt vom Phantasma eines möglichen „Töten des Todes"[37], welches das ganze Leben als Todesabwehr reorganisiert und damit einem biologischen Überleben, einem „bloßen Leben" im Sinne Agambens, annähert.

Während sich die Moderne über den Versuch charakterisiert, „die unüberwindliche Sterblichkeit in eine Reihe überwindbarer Leiden" zu „dekonstruieren"[38] und damit das sterbliche Leben als defizitäre Vorstufe biologischer und kultureller Unsterblichkeit entwertet, begreift Bauman die Postmoderne umgekehrt als „Dekonstruktion der Unsterblichkeit"[39]. Die postmoderne Existenz versucht sich ganz im Hier und Jetzt einzurichten und auf die Perspektive eines geschichtlichen Überdauerns zu verzichten. Dieser neue Schritt führe allerdings zu keiner wirklichen Befreiung aus der Dialektik der Todesverdrängung, sondern lasse sich eher als Ver-

---

[34] Platon: *Politeia*. In: Werke in acht Bänden, Griechisch und Deutsch. Übers. v. F. Schleiermacher, hg. v. G. Eigler. Darmstadt ³1990, Bd. 7, III 406 b.
[35] Ebd., III 407 c.
[36] Bauman, a. a. O., S. 211.
[37] Ebd., S. 227.
[38] Ebd., S. 248.
[39] Ebd., S. 294.

drängung noch der Todesverdrängung selbst interpretieren. Unter den Bedingungen einer Postmoderne verwandelten sich die Biographien der Individuen in eine „Kette folgenloser Episoden"[40]. Die „von uns bewohnten Orte sind nur vorübergehende Stationen. [...] Fähigkeiten, Arbeitsplätze, Beschäftigungen, Wohnorte und Ehepartner – sie alle kommen und gehen, und sollten sie zu lange bleiben, dann neigen sie dazu, uns zu ärgern, zu langweilen oder zu belästigen."[41] Auch hier, wo nichts mehr als überlebenswert erachtet wird, kommt der Tod zu seinem Recht.

Die vier diskutierten Autoren diagnostizieren nicht nur eine Verdrängung des Todes als wesentliches Signum der Moderne, sondern bemühen sich darüber hinaus auch um seine Wiedergewinnung. Sie nutzen den Tod – den Inbegriff dessen, was sich nicht rationalisieren lässt – als Einspruchpotential gegen das Projekt einer vollständigen Rationalisierung der Welt, mit dem die Moderne vormodernen Eschatologien verhaftet bleibt und insofern ihrem eigenen Begriff nicht entspricht. Eine wirkliche Moderne, so legen uns Benjamin, Bataille, Baudrillard und Bauman nahe, würde erst dann anbrechen, wenn wir uns rückhaltlos der zugleich unverstellten und unmöglichen Erfahrung des Todes aussetzen würden.

---

[40] Ebd., S. 285.
[41] Ebd., S. 282.

Marc Rölli

Metaphysik der Endlichkeit
Heideggers Philosophieren im Schatten des Todes

> *Der freie Mensch denkt an nichts weniger, als an den Tod, und seine*
> *Weisheit ist nicht eine Betrachtung des Todes, sondern des Lebens.*
> Spinoza

Es ist ein Gemeinplatz der Philosophiegeschichte, dass sich im Zuge der Aufklärung das klassische Gleichgewicht in der Ordnung des Unendlichen und Endlichen verschiebt. Als Schulbeispiel dieser Verschiebung dient zumeist das Kantische Unternehmen einer Kritik der dogmatischen Metaphysik.[1] Ein anderes Beispiel gibt die Philosophie Humes, die mit den „prästabilierten" Regelungen der Gesetzmäßigkeit der Erfahrung Schluss macht, die noch die empiristische Tradition bis hin zu Berkeley heimsuchen. In beiden Fällen liegt eine – zwar abstrakte, aber wichtige – Gemeinsamkeit vor: Die „spontane" Denktätigkeit ist nur dann erkenntnistauglich, wenn sie sich mit den Erfahrungsgrundlagen, die das „rezeptive" Vermögen zur sinnlichen Wahrnehmung bereitstellt, auf kohärente Weise vermitteln kann. Metaphysik, heißt das, die nicht dogmatisch religiösen Vorurteilen nachhängt, muss zur Wissenschaft werden – und sie kann dies nur, wenn sie der Endlichkeit vor der Unendlichkeit den Primat einräumt.

In diesem Sinne hat womöglich auch in der Geschichte der Philosophie eine „kopernikanische Revolution" stattgefunden. Aber hat sich seitdem die Metaphysik als Wissenschaft etabliert? Auf diese Frage sind viele Antworten möglich. Die Uneindeutigkeit, die hier aufkommt, lässt sich auf prägnante Weise auf die Differenz des kritischen und des skeptischen Denkansatzes beziehen. Während Hume mit einer gewissen kompromisslosen Schärfe fordert, die „echte Metaphysik [zu] pflegen, um die unechte und verfälschte zu zerstören"[2], meint Kant (in der Einleitung zur zweiten Auflage der *Kritik der reinen Vernunft*), dass die „Metaphysik, wenngleich nicht als Wissenschaft, [so] doch als Naturanlage wirklich" ist. Gegen Hume betont er, dass „die menschliche Vernunft [...] durch eigenes Bedürfnis getrieben bis zu solchen Fragen fort [geht], die durch keinen Erfahrungsgebrauch der Vernunft und daher

---
[1] Vgl. etwa J. Vuillemin: *L'héritage kantien et la revolution copernicienne. Fichte, Cohen, Heidegger.* Paris: Presse Universitaire de France 1954.
[2] D. Hume: *Eine Untersuchung über den menschlichen Verstand.* (1739) Hamburg 1993, S. 11.

entlehnte Prinzipien beantwortet werden können".³ Gemeinsam ist ihnen also, dass sie den spekulativen Übermut, die Erfahrung aus den Augen zu verlieren, der metaphysischen Dogmatik anlasten. Ihr Vorgehen wird aber nicht zuletzt dadurch unvergleichlich, dass Kant im Unterschied zu Hume eine *metaphysica naturalis* im traditionellen Sinne in Anschlag bringt und somit „Gott, Freiheit und Unsterblichkeit [zu] *unvermeidlichen* Aufgaben der reinen Vernunft" erklärt.⁴

Vor diesem Hintergrund einer Metaphysik der Endlichkeit stellt sich die Frage, ob die Aufklärungsbewegung im Kern die natürlichen metaphysischen Bedürfnisse enttäuscht hat, weil sie sie unerfüllt ließ, oder ob die angeblichen Bedürfnisse als solche verschwunden sind. Gibt es *natürliche* metaphysische Bedürfnisse –, deren unmögliche Befriedigung ein Gefühl der *Sinnlosigkeit* – den *horror vacui* – erzeugt? Und ist es dann möglich, aus dieser wohl stilisierten Erfahrung einer Abwesenheit philosophischen Profit zu schlagen, indem das Unabänderliche zu einer Wahrheit erklärt wird, die man aushalten muss? Ist es nicht merkwürdig, dass in dieser aufgeklärten Haltung ein Pathos des Aufrechten mitschwingt, als ob gerade im direkten Anvisieren des abwesenden Gottes die unerschrockene Standhaftigkeit entschädigt würde? Wenn es aber heute nicht länger überzeugend ist, die metaphysische Enttäuschung zur Sinnlosigkeit, Verzweiflung und Leere zu steigern, dann erscheint der Ausdruck „Metaphysik der Endlichkeit" selbst als ein durchsichtiger Versuch, die Metaphysik „im Augenblick ihres Sturzes" doch noch festzuhalten.

Ein möglichst unmittelbarer Zugang zum Problem einer Metaphysik der Endlichkeit lässt sich durch die Lektüre der berühmten „Todesanalysen" gewinnen, die Martin Heidegger in seinem Buch *Sein und Zeit* vorgetragen hat. Jegliches Seinsverständnis wurzelt demzufolge im als wesentlich endlich bestimmten Dasein, das nur dann in einem ursprünglichen Sinne interpretiert werden kann, wenn sein „Ganzseinkönnen" – und d. h. in letzter Instanz: das „Sein zum Tode" – in den Blick gebracht worden ist. Die Strukturen des Daseins werden so auf ihren zeitlichen Sinn hin freigelegt, dass das grundsätzliche Verstehen der ihm zugehörigen begrenzten Lebensdauer allererst die Seinsmöglichkeiten erschließt, die dem Dasein als solchem zu eigen sind. Wer aber diese Grenzen aus den Augen verliert und damit auch den Tod, der vergisst nicht nur, was ihm bevorsteht, sondern der verspielt die eigene Existenz, indem er sich an den Gepflogenheiten des „Man" orientiert. Wer die Endlichkeit aus den Augen verliert, der verliert sich selbst aus den Augen.

Hiermit ist das eigentümliche Pathos beschrieben, das Heidegger dem Tod abgewinnt. Seine Auszeichnung der Endlichkeit des Daseins begreift sich als Fortsetzung und Radikalisierung der von Kant ins Werk gesetzten „Grundlegung der Meta-

---

³ I. Kant: *Kritik der reinen Vernunft.* (1781/²1787) Hamburg 1993, B 21.
⁴ Kant, a. a. O., B 7 [Hervorh. MR].

physik".⁵ „Transzendentale Erkenntnis untersucht also nicht das Seiende selbst, sondern die Möglichkeit des vorgängigen Seinsverständnisses [...]. Sie betrifft das Überschreiten (Transzendenz) der reinen Vernunft zum Seienden. [...] Die Möglichkeit der Ontologie zum Problem machen heißt: nach der Möglichkeit, d. i. nach dem Wesen dieser Transzendenz des Seinsverständnisses fragen, transzendental philosophieren."⁶ Im Unterschied zu Kant amalgamiert Heidegger das Transzendentale und die Transzendenz, indem er diese mit dem endlichen Wesen des Menschen in eins setzt, nämlich offen zu sein für Seiendes, das er nicht selbst ist.⁷ Er macht klar, dass die im Wesen der Endlichkeit liegende Bezugnahme auf Gegenstände und Gegebenes unhintergehbar ist. In diesem Sinne wird die ontologische Deutung der *transzendentalen* Synthesis möglich, weil mit der Verendlichung des Seinsverständnisses die Referenz auf ein Ding an sich als etwas, das hinter der Erscheinung zurückbleibt, als sinnlos verworfen wird. „Die Erscheinungen sind [...] das Seiende selbst."⁸

Im Folgenden werde ich in einem ersten Schritt die begrifflich relevanten Manöver von Heideggers „Denken des Todes" in problematisierender Absicht rekonstruieren. Im zweiten Teil wird es darum gehen, die Nachbeben dieser deutschen Überlegungen in der französischsprachigen Rezeption zu orten. Besondere Resonanz haben hier einerseits die von Levinas unter dem Titel *La mort et le temps* 1975-76 gehaltenen Vorlesungen, andererseits die von Derrida – zuletzt in dem Band: *Apories. Mourir – s'attendre aux «limites de la vérité»* (1996) – vorgetragenen Gedanken erfahren.⁹ Zum Schluss komme ich auf Foucault zu sprechen, der im ersten Band seiner *Histoire de la sexualité* (1976) eine von Heidegger deutlich abweichende Position zur aktuellen Bestimmung des Verhältnisses von Leben, Macht und Tod vertritt.¹⁰

I.

Heidegger beginnt den zweiten Abschnitt des (einzigen) „Ersten Teils" von *Sein und Zeit* mit den Analysen zum Begriff des Todes. Es geht ihm darum, die im ersten

---

⁵ Gegen die wissenschaftstheoretische Einengung der Erfahrungsproblematik im „Neukantianismus" – und im ungewissen Vorfeld dieser Theorierichtung vermutet Heidegger auch die empiristischen Philosophien – wird die Transzendentalphilosophie als Ontologie interpretiert. Vgl. M. Heidegger: *Kant und das Problem der Metaphysik*. (1929) Frankfurt a. M. 1991, S. 16-18.
⁶ Heidegger, a. a. O., S. 16.
⁷ Vgl. ebd., S. 43.
⁸ Ebd., S. 32.
⁹ Vgl. E. Levinas: *Gott, der Tod und die Zeit*. Wien 1996; vgl. J. Derrida: *Aporien. Sterben – Auf die 'Grenzen der Wahrheit' gefaßt sein*. München 1998.
¹⁰ Vgl. M. Foucault: *Der Wille zum Wissen. Sexualität und Wahrheit 1*. (1976) Frankfurt a. M. 1983.

Abschnitt vorgelegte Auslegung des Daseins als Sorge in die ursprünglichen Regionen der Zeitlichkeit hinein zu vertiefen. Diese blieb in zwei Hinsichten vorläufig: Einerseits indifferent gegenüber der Unterscheidung von *eigentlichem* und *uneigentlichem* Seinkönnen, andererseits noch nicht „sicher" auf das *Ganze* des Daseins ausgerichtet.[11] „Wenn die Existenz des Daseins bestimmt und ihr Wesen mitkonstituiert wird durch das Seinkönnen, dann muß das Dasein, solange es existiert, seinkönnend je etwas *noch nicht sein*." (SuZ, S. 233) Dieses Problem des „Ausstandes" haftet an der Seinsart des Daseins – und lässt bis zum Ende des ersten Abschnitts überhaupt offen, „ob nicht eine ursprüngliche ontologische Interpretation des Daseins scheitern muß." (SuZ, S. 233) Es gilt demnach, die Frage nach dem Ganzseinkönnen zu stellen, so Heidegger, indem das zum „Noch-nicht-sein" gehörige Ende, nämlich der Tod, wahrgenommen wird, der die „je mögliche Ganzheit des Daseins [begrenzt und bestimmt]".[12]

Zu Anfang seiner Analysen schildert Heidegger eine Schwierigkeit. Ist es überhaupt möglich, ein ganzes Dasein als Dasein zu erfassen? Im Wesen des sich um sich sorgenden Daseins liegt es, sich permanent vorweg zu sein bzw. sich in die Zukunft hinein zu entwerfen. Somit ist das Dasein als solches unabgeschlossen oder „unganz": Die Behebung, Einlösung oder Auffüllung dieser (noch nicht eingetretenen) Zukunft geht aber einher mit seiner „Vernichtung". Anders gesagt, ist das Dasein nicht mehr da, wenn es nichts mehr vor sich hat. Dieses Nicht-mehr-da-sein macht aus dem Dasein ein Ding (und aus dem Tod eine vorgegebene Sache). Im Unterschied dazu hält Heidegger an seinem Vorhaben fest, das Sein-zum-Tode als Seinsart des Daseins ontologisch zu fassen.

Zu diesem Zweck wendet er sich zunächst dem erfahrbaren Tod der Anderen zu. Lässt sich nicht über diesen „Umweg" eine Erfahrung vom Tode und damit ein ihm entsprechender existenzialer Begriff gewinnen? Aber im Mitsein wird „nicht das eigentliche Zuendegekommensein des Verstorbenen" erfahren, sondern nur ein Verlust für die Verbleibenden. „Die Frage steht nach dem ontologischen Sinn des Sterbens des Sterbenden als einer Seinsmöglichkeit seines Seins und nicht nach der Weise des Mitdaseins und Nochdaseins des Verstorbenen mit den Gebliebenen."

---

[11] „Eines ist unverkennbar geworden: die bisherige existenziale Analyse des Daseins kann den Anspruch auf Ursprünglichkeit nicht erheben. In der Vorhabe stand immer nur das uneigentliche Sein des Daseins und dieses als unganzes. Soll die Interpretation des Seins des Daseins als Fundament der Ausarbeitung der ontologischen Grundfrage ursprünglich werden, dann muß sie das Sein des Daseins zuvor in seiner möglichen Eigentlichkeit und Ganzheit existenzial ans Licht gebracht haben." M. Heidegger: *Sein und Zeit.* (1927) Tübingen 1986, S. 233. Im Folgenden zitiere ich den Text mit der Sigle SuZ.

[12] Vorwegnehmend fügt er hinzu, dass „der Tod nur in einem existenziellen *Sein zum Tode*" daseinsmäßig *ist* (SuZ, S. 234). Die existenziale Struktur dieses Seins zum Tode entspricht damit aber der geforderten „ontologischen Verfassung des Ganzseinkönnens des Daseins" (ebd.).

(SuZ, S. 239) In diesem Sinne begreift Heidegger die Herangehensweise, das Phänomen des Todes anhand des Sterbens anderer zu erschließen, als „vorgeschobenen Ausweg" (und den Tod des anderen als „Ersatzthema"), der mit falschen Voraussetzungen des alltäglichen Meinens operiert, insbesondere mit der Meinung, „Dasein könne beliebig durch anderes ersetzt werden" (SuZ, S. 239). Angesichts des Todes ist, wie Heidegger nicht zu unterstreichen vergisst, eine Stellvertretung unmöglich und somit auch der Versuch, das Ganzsein des Daseins phänomenologisch angemessen zu beschreiben. So wird deutlicher, dass der Tod durch „Jemeinigkeit" konstituiert wird. Diesen Punkt hält Heidegger in Sätzen wie den folgenden fest: „Keiner kann dem anderen das Sterben abnehmen" – oder: „Das Sterben muß jedes Dasein jeweilig selbst auf sich nehmen" – oder: „Der Tod ist, sofern er 'ist', wesensmäßig je der meine" (SuZ, S. 240).

Bevor Heidegger zu einer positiven Kennzeichnung des Seins zum Tode übergeht, insistiert er auf einer grundsätzlichen methodischen Differenz. Er behauptet, dass die ontologische Interpretation des Todes jeder ontischen Aussage über ihn vorgeschaltet ist. Hiermit weist er die biologisch-physikalischen Bestimmungen, aber auch die psychologischen, historischen, anthropologischen oder theologischen Diskurse über den Tod in die Schranken. Von diesen Wissenschaften wird stets ein fragloser Begriff des Todes vorausgesetzt. Das soll heißen, dass ihren Todesvorstellungen eine (unentdeckte) ontologische Problematik zugrunde liegt. Weder genügt es, das Dasein als Lebendes zu begreifen und in den Umkreis der Tier- und Pflanzenwelt einzuordnen, noch ist es legitim, *vor* einer de iure „rein diesseitig" ausgerichteten Ontologie des Todes ontisch auf ein Fortleben im „Jenseits" zu spekulieren. In beiden Fällen wird das Phänomen des Sterbens übergangen und auf ein bloßes (biologisch-physikalisch definiertes) *Verenden* oder *Ableben* Bezug genommen, das die Seinsweise verkennt, „in der das Dasein *zu* seinem Tode *ist*." (SuZ, S. 247) Der methodische Primat des Ontologischen vor dem Ontischen folgt der transzendentalphilosophischen Grundfigur, dem Empirischen Möglichkeitsbedingungen voraus zu denken. Mit Hilfe dieses Verfahrens einer Reduktion auf das Wesen(tliche) verbindet sich die Haltung der Abstinenz gegenüber (sämtlichen?) existentiellen Stellungnahmen zum Tode.[13]

Die existenziale Struktur des Todes erhält ihre Vorzeichnung, indem Heidegger die Grundmerkmale der Sorge, nämlich Existenz, Faktizität und Verfallen am Sein

---

[13] In dieser Haltung verbirgt und verschleiert Heidegger das Problem der Eigentlichkeit, auf das ich zurückkommen werde. Geschickt erzeugt er mit seinem Drang zum Ursprünglichen eine suggestive Spannung, die sich aus der Einklammerung des empirischen Wissens um den Tod einerseits und seiner Aufhebung in einem höheren, ontologischen Denken andererseits ergibt: Somit verschwindet der Tod als empirisches Faktum, während sich das Pathos der echten Konfrontation mit ihm vor dem Hintergrund seines Verschwindens ganz im Sinne einer „erhabenen Stimmung" genießen lässt.

zum Tode erläutert. Leitend ist dabei, dass im Dasein eine „durch das Sein zum Ende konstituierte Ganzheit möglich ist" (SuZ, S. 249), die freilich nicht als (verdinglichter) „Ausstand", sondern als ein „Bevorstehen" gedacht wird, zu dem sich das Dasein verhalten kann und muss. Der Tod steht nicht einfach aus, sondern er steht dem Dasein bevor, und zwar in der besonderen Weise einer *möglichen Unmöglichkeit*.[14] In dieser paradoxen Formel steckt Heideggers Denkeinsatz. Unmöglich ist die im eigentlichen Sterben liegende Seinsmöglichkeit, weil sie im „Nicht-mehr-dasein-können" wurzelt. Diese äußerste Möglichkeit hat das Dasein zu übernehmen, da sie ihm existierend bevorsteht, so dass es auf sich selbst, auf sein ureigenstes Seinkönnen zurückgeworfen wird. Der Tod zeigt sich als eigenste, unüberholbare und irrelationale Möglichkeit, sofern „in ihm alle Bezüge zu anderem Dasein gelöst" sind (SuZ, S. 250). Im Sein zum Tode konkretisieren sich Existenz und Faktizität „ursprünglich", weil das Dasein in die Welt – und d. h. auch: in die Zeit – geworfen und so seiner Endlichkeit überantwortet ist. Hiermit kann Heidegger von einem impliziten, vorontologischen Wissen ausgehen, das keineswegs von einer bloßen Einstellung zum Tode abhängig ist. In diesem Sinne enthüllt sich die ontologische Bestimmung des Daseins in der Angst, die implizit das Sein zum Ende als Befindlichkeit erschließt. In ihr liegt – im Modus der Eigentlichkeit – die sich selbst unausweichliche Existenz der Existenz vor: der vielfach beschworene Ereignischarakter des puren „Dass-seins". Gleichwohl eröffnen sich hier, so Heidegger, unterschiedliche existentielle Möglichkeiten, wie sich menschliches Dasein im existenzial strukturierten Sein zum Tode halten kann. Zunächst und zumeist flüchtet es vor der ihm innewohnenden Gewissheit des Todes, es flieht aus der Unheimlichkeit, nämlich „vor dem eigensten Sein zum Tode" (SuZ, S. 252). Heidegger schreibt, dass „das Dasein faktisch stirbt, solange es existiert", sich aber im Alltäglichen in der Weise des Verfallens aufhält. Also gibt es ein mit dem daseinsmäßigen Leben gleichursprüngliches und koextensives Sterben, das nicht auf eine Zeit nahe am Ende des Lebens eingeschränkt wird, sondern dem man sich *jederzeit* zu stellen hat.

Zwar bietet das Sein zum Tode nach Heideggers These die existenziale Möglichkeit für ein existenzielles Ganzsein des Daseins, zunächst soll es aber in wenngleich uneigentlicher Form in der Alltäglichkeit ausweisbar sein. Es kommt der Öffentlichkeit und ihrem „Gerede" zu, das Dasein von seinem eigensten Seinkönnen zu entlasten, indem es den Tod als unbestimmten „Todesfall" ansieht, der einem „von außen" zustößt, „für einen selbst nicht vorhanden" ist und nur die anderen betrifft. „Die öffentliche Daseinsauslegung sagt: 'man stirbt', weil damit jeder andere und man selbst sich einreden kann: je nicht gerade ich; denn dieses Man ist das Niemand." (SuZ, S. 253) Auf diese Weise verkehrt sich das unvertretbare jemeinige Sterben in ein öffentliches Vorkommnis. Das einzelne Dasein untersteht der „Für-

---

[14] „Der Tod ist die Möglichkeit der schlechthinnigen Daseinsunmöglichkeit." (SuZ, S. 250).

sorge" des Man. „Das Man besorgt eine ständige Beruhigung über den Tod" (ebd.) und regelt überhaupt das allgemeine Verhalten ihm gegenüber. Die Vorgaben des „Man" – einer kompakten Kategorie festgefahrener Konventionen der Allgemeinheit – übernehmen die Daseinsaufgabe des Einzelnen, frei zu sein, indem sie die Angst vor dem Tod in die – als „feige" bezeichnete – Furcht *vor* einem eintretenden Fall umkehren. „Das Man läßt den Mut zur Angst vor dem Tode nicht aufkommen." (SuZ, S. 254) Somit „entfremdet" es das Dasein von sich selbst, im Verfallen als Flucht oder „Ausweichen" vor dem Tod, der das Dasein eigentlich vor es selbst stellt und seiner unüberholbaren Möglichkeit ausliefert. Im ständigen Ausweichen bezeugt sich allerdings die Bestimmtheit der alltäglichen Existenz durch das Sein zum Tode, „im Modus des Besorgens einer unbehelligten Gleichgültigkeit *gegen* die äußerste Möglichkeit seiner Existenz." (SuZ, S. 255; Hervorh. v. Vf.)

An diesem Punkt ist festzuhalten, dass Heidegger die früher gängige soziologische und historische Annahme von dem Rückzug des Todes in der modernen Gesellschaft auf sonderbare Weise mitthematisiert. Bei ihm erscheint der mit dem Tod zusammenhängende Sinnverlust als ein Phänomen der Uneigentlichkeit, das nur der je besonderen kulturellen Entwicklung geschuldet ist, aber keineswegs ein eigentlich ontologisches Fundament hat. Dieses zeigt sich in den unerschrockenen Anstrengungen des Selbstseinkönnens der Einzelnen. In diesem Sinne stellt sein Aufruf zum „Mut zur Angst" eine *Reaktion* dar, die Sinn und Wert des Todes gegen seinen Niedergang im Zeitgeist zu bewahren sucht.[15]

In einem nächsten Schritt kommt Heidegger auf die Gewissheit des Todes zu sprechen, die als weiteres Merkmal – neben der Unbezüglichkeit, Selbstzugehörigkeit und Unüberholbarkeit – die ihm verschriebene Seinsmöglichkeit charakterisiert. Zwar ist das alltägliche Fürwahrhalten des Todes gewiss – „man sagt: es ist gewiß, daß 'der' Tod kommt" (SuZ, S. 257) –, aber diese Gewissheit bleibt „unangemessen" und hält den Tod „verdeckt", weil sie nicht in der Daseinsgewissheit, d. h. im Gewiss*sein* (des „eigensten, unbezüglichen Seinkönnens des Daseins"), ihren anerkannten Grund findet (ebd.). „Die verfallende Alltäglichkeit des Daseins kennt die Gewißheit des Todes und weicht dem Gewißsein doch aus. [...] Man sagt: der Tod kommt gewiß, aber vorläufig noch nicht." (SuZ, S. 258) Mit diesem „aber" wird die eigentliche Gewissheit verdrängt, nämlich die Gewissheit, dass der Tod „jeden Augenblick möglich" ist (ebd.). Die charakteristische temporale Unbestimmtheit des

---

[15] Aus dem Blick gerät hier, dass die zeitgenössische Individualisierung des Sterbens ein Sinnproblem transportiert, gerade weil sich ein kollektiv gesicherter (im Kontext der Religion noch verbindlicher) Sinn des Sterbens nicht mehr existentiell aneignen lässt. Die mit der Säkularisierung verknüpfte funktionale Differenzierung der Gesellschaft stellt neue Betreuungs-, Versorgungs- oder Verwahrungseinrichtungen für die Sterbenden bereit, so dass das „normalisierte", aber niemals wirklich normale Sterben gerade nicht auf ein einheitliches Modell – die „Herrlichkeit des Man" – reduziert werden kann.

Todes wird im alltäglichen Meinen auf ein ungewisses, vage bestimmtes „später einmal" verschoben. Heidegger spricht von dem „uneigentlichen Sein zum Tode" im alltäglich verfallenden Ausweichen vor ihm (SuZ, S. 259). Denn eigentlich stirbt das Dasein, „seiend zu seinem Tode", ständig (ebd.). Es ist bemerkenswert, dass hiermit das Sterben zum eigentlichen Lebensvollzug des Daseins gemacht wird, dem man sich stellen muss, indem die Verstrickungen in das alltägliche Miteinander und Besorgen, d. h. in die sozialen Lebenswelten, gelöst werden – in einem Akt heroischer Gleichgültigkeit. Berufen zu Höherem begibt man sich aus dem Niederen (oder aus den „vulgären" Regionen) zu sich selbst. Heidegger betont, dass sich das Dasein in einem eigentlichen Sein zum Tode halten kann, indem es seine äußerste Möglichkeit eigentlich ergreift und versteht. Wenn es bei der Analyse des Seins zum Ende um die Herausarbeitung des Ganzseins des Daseins geht, so zeigt sich nun, dass das zum Dasein gehörige Noch-nicht als bevorstehendes Ende nichts ist, was die Einheit des Daseins fragmentiert oder auch als „irgendwo" in der Zukunft liegender Endpunkt die Ganzheit zu einem noch ausstehenden Faktum einer abgeschlossenen – und deshalb als gelungen oder misslungen interpretierbaren – Lebensgeschichte macht.[16] Vielmehr ist es so, laut Heidegger, dass das im bevorstehenden Ende sich bestimmende Vorlaufen in den Tod allererst das Ganzseinkönnen des Daseins ermöglicht.

Im eigentlichen Sein zum Tode verhält sich das Dasein zu seiner eigensten und äußersten Möglichkeit, ohne vor ihr auszuweichen oder sie verdeckend umzudeuten. Es geht nicht darum, diese Möglichkeit zu verwirklichen, d. h. das Ableben herbeizuführen, oder bei ihr denkend zu verweilen. Tatsächlich schwächt das Nachgrübeln über das Ende „durch ein berechnendes Verfügenwollen" den Tod ab (SuZ, S. 261). Im eigentlichen Verhalten zum Tod muss dagegen „die Möglichkeit ungeschwächt als Möglichkeit verstanden [...] und ausgehalten werden." (SuZ, S. 261) Dieses Aushalten des Möglichen beschreibt Heidegger als reines Erwarten, das sich auf das Mögliche als solches bezieht und vom wirklichen Eintreten des Erwarteten vollständig absieht. Die Annäherung an das Mögliche zielt nicht auf Verwirklichung, sondern nur auf die Vergrößerung des rein Möglichen. Heidegger beschreibt das Ereignishafte des „Vorlaufens in die Möglichkeit" wie folgt: „Die nächste Nähe des Seins zum Tode als Möglichkeit ist einem Wirklichen so fern als möglich. Je unverhüllter diese Möglichkeit verstanden wird, umso reiner dringt das Verstehen vor in die

---

[16] In den Bichat-Interpretationen von Foucault findet sich ein (modernes) Modell des „fragmentierten" Todes: „Bichat hat den Begriff des Todes relativiert, hat ihn seiner Absolutheit beraubt, welche ihn zu einem unteilbaren, entscheidenden, unwiderruflichen Faktum gemacht hatte; er hat ihn sich in das Leben verflüchtigen lassen, indem er ihn in partielle und langsam fortschreitende Tode auflöste". M. Foucault: *Die Geburt der Klinik*. (1963) München 1973, S. 158-159. Vgl. auch G. Deleuze: *Foucault*. Frankfurt a. M. 1992, S. 185, S. 129-130. Ein neueres Beispiel für die (klassische) Ganzheitskonzeption liefert M. Weingarten: *Sterben (bio-ethisch)*. Bielefeld 2004.

Möglichkeit als die der Unmöglichkeit der Existenz überhaupt." (SuZ, S. 262)[17] Es ist gerade dem Tod als Daseinsunmöglichkeit geschuldet, dass die Möglichkeit nicht Wirklichkeit werden kann. So verharrt sie rein in sich – im eigentümlichen Zeitmodus einer Nicht-Gegenwart.

In fünf Punkten stellt Heidegger zuletzt die Merkmale der konkreten ontologischen Struktur des Vorlaufens in den Tod als existenziale Möglichkeit eines eigentlichen existenziellen Seins zum Tode zusammen. *Erstens* ist der Tod als eigenste Möglichkeit des Daseins bestimmt, so dass es sich auf sein eigentliches Seinkönnen entwerfen und sich dieses erschließen kann. Dabei zeigt sich, dass das Dasein im Wesentlichen dem Man entzogen ist und sich diesem je entziehen kann. Dabei zeigt sich aber auch, dass das Dasein faktisch immer schon in seiner Alltäglichkeit sich verloren hat. *Zweitens* ist der Tod unbezüglich auf andere und nur von dem Dasein selbst zu übernehmen, das sich in ihm vereinzelt. In der Vereinzelung wird sichtbar, „dass alles Sein bei dem Besorgten und jedes Mitsein mit Anderen versagt, wenn es um das eigenste Seinkönnen geht." (SuZ, S. 263) *Drittens* steht der Tod in der Weise unüberholbar bevor, dass das Dasein damit konfrontiert wird, sich selbst aufgeben zu müssen. Im Vorlaufen in den Tod wird das Dasein überhaupt erst frei „für die eigensten, vom Ende her bestimmten, das heißt als *endliche* verstandenen Möglichkeiten." (SuZ, S. 264) Im Horizont der Unüberholbarkeit des Todes konturiert sich eine Ganzheit des Daseins, die die eigenen faktischen Existenzmöglichkeiten erkennbar und wählbar macht und die Seinsmöglichkeiten Anderer als Möglichkeiten begreifen kann, die nicht die eigenen sind, ohne das Seinkönnen der Anderen direkt auf sich selbst zu beziehen.[18] *Viertens* ist der Tod ontologisch gewiss, nicht als Evidenz unmittelbarer Gegebenheit eines Erlebnisses für ein Bewusstsein, sondern im Sinne einer daseinsmäßigen Erschlossenheit, die im Vorlaufen das Dasein seiner selbst (bzw. seiner unüberholbaren Ganzheit) vergewissert. *Fünftens* ist der Tod unbestimmt, nämlich eine jederzeit dem Da des Daseins entspringende Bedrohung, die auszuhalten ist. Im Unterschied zur Furcht hält die Angst diese Bedrohung offen: „in ihr befindet sich das Dasein vor dem Nichts der möglichen Unmöglichkeit seiner Existenz" (SuZ, S. 266) und erschließt sich so seine äußerste Möglichkeit und sein eigentliches Seinkönnen.

---

[17] Vgl. zur Ereignismetaphysik Heideggers und zu ihrer Rezeption in Frankreich: M. Rölli (Hg.): *Ereignis auf Französisch*. München 2004.

[18] „Weil das Vorlaufen in die unüberholbare Möglichkeit alle ihr vorgelagerten Möglichkeiten mit erschließt, liegt in ihm die Möglichkeit eines existenziellen Vorwegnehmens des *ganzen* Daseins, das heißt die Möglichkeit, als *ganzes Seinkönnen* zu existieren." SuZ, S. 264.

II.

Ich möchte die vorsichtig problematisierende Lesart von Heideggers Nachdenken über den Tod in *Sein und Zeit* im Folgenden zuspitzen. Zu diesem Zweck komme ich auf die methodische Differenz zurück, mit der Heidegger die ontischen von den ontologischen Aussagen trennt. Demnach setzen die historischen und anthropologischen Arbeiten, die psychologischen oder theologischen Diskurse sowie naturwissenschaftliche Annahmen, die das Sterben oder den Tod betreffen, einen für selbstverständlich genommenen Vorbegriff voraus, der nur im Rahmen einer ontologischen Analyse angemessen reflektiert werden kann. Dabei zeigt sich für Heidegger, dass die ontologische Struktur des Todes zunächst und zumeist uneigentlich verstanden ist, aber gleichwohl eigentlich zugeeignet werden kann. Demzufolge gibt es eine existenziale, im Sein des Daseins verankerte Verfassung des Seins zum Tode, die sowohl eine eigentliche als auch eine uneigentliche Form des existentiellen Vollzugs ermöglicht. Problematisch ist hier, dass sich die ontologischen Strukturen und die Formen der eigentlichen Existenz gegenseitig zirkulär absichern und den Transport von hier nach dort (vom Empirischen ins Transzendentale) unsichtbar machen. Das wird deutlicher, wenn in der Folge die von Heidegger herausgestellten Grundmerkmale des Seins zum Tode, das Verfallen, die Unbezüglichkeit, die Ganzheit des Selbstseins sowie die Angst unter Verdacht gestellt werden.[19]

Heidegger kommt über die Notwendigkeit des Ganzseinkönnens auf das Thema des Todes zu sprechen, indem er auf die bis dahin fehlende Integrität des Daseins aufmerksam macht. Es steht immer noch etwas aus, was das Dasein vor sich hat, doch darf dieses „Vor-sich-haben" nicht gegenstandslogisch gedacht werden. Gleichwohl insistiert Heidegger auf dem Mangel der Nicht-Ganzheit, indem er diesen daseinslogisch behebt: mit Hilfe einer Zeitlichkeit, die sich von der Gegenwart (oder auch vom Anfang) bis zum Ende erstreckt. Die Zeitspanne konkretisiert sich dabei in der Form endlicher Möglichkeiten, die das Dasein als je seinige zu ergreifen hat. Im Tod beschließt sich die Offenheit, indem sie aus der Zerstreuung zurückgeholt und auf die Möglichkeiten hin entworfen wird, die dem Dasein als eigene zur unvertretbaren Übernahme konkret vorgegeben sind. Hiermit ermöglicht das Ganz-

---

[19] Es ist fraglich, ob das Ganzsein, wie Heidegger selbstverständlich annimmt, als ontologische Bestimmung gelten kann oder nicht doch alltäglichem Meinen entstammt, nämlich der (biographischen) Vorstellung von einem identifizierbaren, am Ende zu Ende gegangenen Leben. Wenn es sich aber so verhält, dann sind auch die Bestimmungen der eigentlichen Existenz (z. B. die Auszeichnung der Angst) und damit zusammenhängend die Abkehr von den Anderen sowie der Absprung aus dem so und so bestimmten Verfallen im Netz des gesellschaftlichen Lebens fragwürdig. Wie es Levinas einmal formuliert hat: „alles geschieht hier, als ob die Erfahrung das Tiefgreifendste wäre, was uns widerfahren kann." Levinas: „Der Tod und die Zeit". In: ders.: *Gott, der Tod und die Zeit*. Wien 1996, S. 17-132, S. 48.

seinkönnen die eigentliche Existenz in den bereits genannten Grundzügen, nämlich in der wesenhaften Vereinzelung aus den Verfallstendenzen des Man sich zurückzuziehen und angstvoll seiner Endlichkeit in erschlossener Haltung zu begegnen, indem das Unvermeidliche als Möglichkeitsbedingung der Eigentlichkeit ausgewiesen wird.

„Der Tod wird zum Stellvertreter Gottes", bemerkt dazu Adorno.[20] Er dominiert (als *deus absconditus*) die ontologische Bestimmung des Daseins. Als neues Schwergewicht bildet er den Konvergenzpunkt sowohl der existenzialen Strukturen als auch der existenziellen Ästhetik. Nicht umsonst spricht Heidegger von einer *Metaphysik* des endlichen Daseins. Die Seinsstrukturen sind identisch mit den Existenzialien, die sich von einem Wesen aussagen, das *zum Tode ist*. Dass sich mit dem eigentlichen Vollzug dieses in der Angst stehenden Sterbens die Loslösung aus den Verfallserscheinungen der Alltäglichkeit verbindet, ergibt sich aus der absoluten Selbstzugehörigkeit, Unvertretbarkeit und Unüberholbarkeit des Todes. An diesem Punkt setzt die von Levinas in *La mort et le temps* geübte Kritik an. Levinas lehnt es ab, den Tod vom je meinigen Dasein aus zu denken, indem er den Tod der anderen philosophisch privilegiert.

„Für Heidegger bedeutet der Tod *meinen* Tod, im Sinne meiner *Vernichtung*. Die Untersuchung der Beziehung von Tod und Zeit ist bei ihm durch das Bemühen motiviert sicherzustellen, daß das Dasein [...] in seiner Authentizität oder Integrität erfaßt und beschrieben wird. Da der Tod auf den ersten Blick den Abschluß des Daseins markiert, ist gerade durch ihn das Dasein oder der Mensch [...] die Ganzheit dessen, was es ist – durch den Tod eigentlich da."[21] Levinas wirft die Frage auf, ob nicht der herausragende Sinn des Todes im „Tod der Anderen" liegt, „um in einem Ereignis, das sich nicht auf sein Sein beschränkt, eine Bedeutung zu erlangen?"[22] Die Antwort ist eindeutig. Die ganze Tragweite des Todes lässt sich nur ermessen, so Levinas, „wenn er zur Verantwortung für den Anderen wird".[23] Der Tod des Anderen ist demnach „der erste Tod", in dem „jenseits von Heidegger" ein anderer (jenseits der Ontologie liegender) Ursprung der Zeit gefunden werden kann, eine „Beziehung zum Unendlichen", die den im Dasein und im Sein zum Tode angezeigten „Besitz seiner selbst" übersteigt.[24] Nicht verwunderlich, dass sich Levinas – auf der Suche nach Philosophiegeschichten, die aus dem Monopol der Seinsgeschichte ausscheren – auf Kant bezieht, indem er Heideggers Lektüren der ersten Kritik sein Verständnis der praktischen Vernunft entgegensetzt. Dass es etwas zu

---

[20] Th. W. Adorno: *Jargon der Eigentlichkeit*. Frankfurt a. M. 1964, S. 115.
[21] Levinas, „Der Tod und die Zeit", a. a. O., S. 60 f.
[22] Ebd., S. 68.
[23] Ebd., S. 52.
[24] Ebd., S. 53.

hoffen gibt – und somit ein gegenüber Heideggers Schilderungen der Ontotheologie wacherer, nüchterner und denkenderer Gottesglaube noch möglich ist –, dass „in einer vom Tod determinierten Existenz [...] Bedeutungen [existieren], die sich nicht auf das Sein einschränken lassen", das zeigt sich in der praktischen Philosophie Kants. Somit zeigt sie auch, „daß die Heideggersche Reduktion nicht zwingend ist" und „daß es in der Philosophiegeschichte eine andere Bedeutung als die Endlichkeit geben kann."[25]

Den Gedanken der Hoffnung verfolgt Levinas weiter, indem er auf die Philosophie Blochs einschwenkt. Es ist der Diachronie der Zeit geschuldet, dass der Einheit des Selben ein Riss zugefügt wird, in dem sich die Transzendenz, die Beziehung auf den Anderen herstellt.[26] Hierin birgt die Dauer der Zeit „einen religiösen Sinn, den Sinn eines Sich-Beugens vor dem Unendlichen."[27] Zwar wendet sich Levinas gegen die Logik der Subjektivität, die er in *Sein und Zeit* am Werk sieht.[28] Im gleichen Atemzug aber setzt er das von Heidegger später praktizierte Ereignisdenken fort, indem er in traditioneller philosophisch-kontemplativer Manier um das „Höchste" seine Gedanken kreisen lässt – freilich so, dass er für die Radikalität des Endlichen das Unendliche substituiert. In diesem Sinne heißt es bei ihm: „Um die Bedeutung dieser Dauer freizulegen, muß man sie suchen."[29] So kann es geschehen, dass die Zeit das Bewusstsein erschüttert im Modus eines Betroffenseins, „passiver als alle Passivität", das „geduldig zu ertragen" ist. „Geduldiges Warten. Geduld und Ertragen des Unmaßes, Zu-Gott, Zeit als Zu-Gott."[30] – „So entspräche die Zeit der Art und Weise des Unendlichen zu 'sein'. Diese Weise macht die Weise aus, das Unendliche zu ertragen – sie ist Geduld."[31] Wo diese geduldige Hingabe nicht eigens aufgebracht wird, dort herrschen allerdings wieder die Geister des Verfallens und der Verlust der Transzendenz.[32]

---

[25] Ebd., S. 71.

[26] Gegen das empiristische Motiv vom „Fließen" der Zeit hält Levinas fest: „Die Zeit ist weniger das Fließen der Bewußtseinsinhalte als vielmehr die Wendung des Selben zum Anderen." Levinas: „Der Tod und die Zeit", a. a. O., S. 122. Vgl. auch seine Abwehr des Husserlschen Zeit-Flusses „als Prozeß der Immanenz". Ebd., S. 127.

[27] Ebd., S. 125.

[28] „In der Heideggerschen Analyse des Todes erstaunt die Reduktion des Todes auf das Sein-zum-Tode, auf die Struktur des Daseins, das heißt in seinem Ursprung immer noch auf die Subjektivität, auf den wahren Bezug zum Sein, von dem aus der andere Mensch verstanden wird." Ebd., S. 103.

[29] Ebd., S. 125.

[30] Ebd., S. 126.

[31] Ebd., S. 127.

[32] Vielleicht sollte noch gesagt werden, dass Levinas seinen Begriff vom Tode, nämlich angesichts des Todes des Anderen zur Verantwortung gerufen zu werden – d. i. eine traumatische „Nicht-Erfahrung" im Zeitmodus des nicht assimilierbaren Einfalls des Anderen ins Selbe –, in der radikalen Grundlosigkeit des Sterbens verankert. Auf diese Weise umgeht er die Nöte des Verfallens, wenn sich die Beziehung zu den Anderen in den alltäglichen Strukturen der Gewohnheit so verfestigt hat,

Ich nehme an dieser Stelle den Gedanken auf, dass die am eigenen und eigentlichen Seinkönnen befestigte Ganzheit des Daseins die Vereinzelung und damit die Unbezüglichkeit oder die Abschattung des Andersseins *erzwingt*, weil sie als Sein zum Tode die Voraussetzung macht, dass das Dasein ein Seiendes ist, dem es in seinem Sein um sein Sein geht, das sich zeitlich bis zum Ende erstreckt und deshalb im Ergreifen der eigenen endlichen Möglichkeiten sich selbst aufgegeben ist. Diese von Levinas unter dem Stichwort des Subjektivismus geführte Kritik lässt sich mit Bezug auf das Verfallen noch steigern – indem an der Endlichkeit in einem zwar entdramatisierten, aber doch das Tragische nicht verharmlosenden Sinne festgehalten wird. Das bedeutet, die Figur des Eigentlich-Uneigentlichen zu problematisieren, sofern gerade in den vielleicht nicht länger alltäglichen Strukturen der gemeinhin am Rande und unsichtbar Sterbenden die (eigentliche) Realität des Todes wirklich wird. Dieser Wirklichkeit ist kaum beizukommen mit der These, dass hier „nicht eigentlich" gestorben werde. Der anscheinend historische Sinnverlust von Tod und Sterben lässt sich nicht auf die Seite eines Verfallens schlagen, das durch die mutige Entschließung zum Selbstseinkönnen kompensiert werden könnte. Schließlich ist es gerade die Vereinzelung im Alter, die der Massenabfertigung der Sterbenden in den Krankenhäusern und Altenheimen korrespondiert.

In seinem Buch *Aporien* kommt Jacques Derrida ausführlich auf Heideggers Analytik des Todes zu sprechen. Wie Levinas hält er sich an dem Punkt auf, wo das Eigene des Eigentlichen durchlässig wird auf das Andere. Im Unterschied zu Levinas nimmt er sich vor, „Heidegger so weit wie möglich [zu folgen]".[33] Er meint, „daß eine gewisse Enteignung des Enteignis immer schon dem Eigenen der Eigentlichkeit innegewohnt haben wird, selbst bevor sie benannt wird – wie sich später herausstellen wird."[34] Und trotzdem bleibt er hartnäckig in Bezug auf die Frage nach dem Eigentlichen, die er im Ausgang der bereits erwähnten methodischen Entscheidung Heideggers stellt, nämlich inwiefern die Grenzziehungen zwischen dem Ontologischen und dem Ontischen einen problematischen Status besitzen, der sich

---

dass keine „echte" Verantwortung mehr möglich scheint: „Aber diese Beziehung zum schlechthin Anderen in der Frage, die die Sterblichkeit des Anderen aufwirft, kann ihre Transzendenz durch die Gewohnheit, die sie organisiert, verlieren und zur Kontinuität in der Gesellschaft werden, wo der Andere und ich demselben sozialen Körper angehören. [...] Die Passivität ist demnach nur möglich, wenn ein reiner Wahnsinn im Innersten selbst des Sinns vermutet werden kann, der sich in der Hingabe kundtut, die auf den Anderen kodifiziert ist. Diese Absurdität bildet meine Sterblichkeit, mein Tod für nichts – der verhindert, daß meine Verantwortung Assimilation des Anderen durch ein Verhalten wird. Es ist meine Sterblichkeit, mein Verdammtsein zum Tode, meine Zeit, die im Sterben liegt, mein Tod, der keine Möglichkeit der Unmöglichkeit darstellt, sondern reiner Raptus, reines Hinweggerissenwerden ist, die jene Absurdität konstituiert, die die Grundlosigkeit meiner Verantwortung für den Anderen ermöglicht." Ebd., S. 128.

[33] J. Derrida: *Aporien. Sterben – Auf die 'Grenzen der Wahrheit' gefaßt sein.* München 1998, S. 80.
[34] Ebd., S. 124.

nicht zuletzt im Rekurs auf den Tod in exemplarischer Weise zum Ausdruck bringt. Derrida verfolgt diese Abgrenzung, indem er sie als teils unvermeidlichen, teils autoritären Akt beschreibt, die kursierenden Meinungen philosophisch außer Kraft zu setzen und als Vorurteile zu analysieren.[35] Die historischen Anthropologien tradieren in diesem Sinne – Derrida kapriziert sich auf Studien von Louis-Vincent Thomas und Philippe Ariès – „die kulturellen und politischen Wertvorstellungen", indem sie etwa ausdrücklich das Verschwinden des Todes in der abendländischen Moderne bedauern.[36] Ariès spricht davon, dass der Tod von Verboten und Tabus belegt wurde, die ihn mehr und mehr „verheimlicht, abgefertigt und verleugnet erscheinen" lassen. Heideggers Analytik hält sich „diesseits all dieser Plattheiten komparativer Predigten", wie Derrida sagt.[37] Allerdings wird ihr doch attestiert, „ein Urteil über den Verlust an Authentizität im Bezug auf den Tod" vorzubringen, das „eine gewisse Unfähigkeit anklagt [...], das Sein-zum-Tode auf entschlossene Weise auszuhalten" und – hier zielt Derrida haarscharf an Heidegger vorbei – „dem Tod ins Antlitz zu schauen." Dazu gesellt sich die These von der „nivellierenden Alltäglichkeit", wenngleich Derrida ihr nicht jede Plausibilität nehmen will. „Kurzum, für alle und quer durch alle Differenzen ist ein Gefühl dominierend, daß nämlich der Tod – wie Sie sehen – nicht mehr das ist, was er war. Und wer wird es leugnen?"[38] Die aporetische Logik des Todes öffnet sich, weil die Grenzen überschritten werden, die das Ontische vom Ontologischen fernhalten – wenn „der ontologisch genannte Inhalt [...] auf die Weise der ontologischen Wiederholung insgeheim Theoreme und

---

[35] Vgl. ebd., S. 92-93, wo Derrida auf missverständliche Weise eine Formulierung Heideggers interpretiert. Dieser schreibt in *Sein und Zeit*, dass es „unentschieden" sei, ob die Frage danach, „was nach dem Tode sei", als „theoretische Frage" aufgefasst werden könne. Diese Unentschiedenheit erstreckt sich keineswegs, wie Derrida unterstellt, auf die nach Heidegger durchaus entscheidbare Frage nach der Abgrenzung des ontologischen vom ontischen Bereich. Derrida kommentiert Heideggers Vorziehung der „diesseitigen ontologischen Interpretation des Todes [...] vor jeder ontisch-jenseitigen Spekulation" (SuZ, S. 248) mit folgenden Worten: „Das, was auf diese zugleich so autoritäre und entschiedene Weise in dem Augenblick entschieden wird, wo es darum geht, über das zu entscheiden, was unentschieden bleiben soll, hat eine Wichtigkeit, die es nicht mehr möglich ist zu übertreiben." (Derrida, a. a. O., S. 93) Darf diese Wichtigkeit also in der Weise „übertrieben" werden, dass Derrida entgegen Heideggers entschiedenen Grenzziehungen die Unentscheidbarkeit dorthin einschmuggelt, wo sie Heidegger heraushalten will? Dieses Vorgehen ist m. E. im schlechten Sinne nebulös, auch dann, wenn Seiten später eine gewisse sachliche Klarheit erreicht wird. Vgl. Derrida, a. a. O., S. 96.
[36] Derrida, a. a. O., S. 97. Vgl. Ph. Ariès: *Studien zur Geschichte des Todes im Abendland*. München 1981; L.-V. Thomas: *Anthropologie de la mort*. Paris: Payot 1975. Vgl. auch N. Elias: *Über die Einsamkeit der Sterbenden*. Frankfurt a. M. 1982.
[37] Derrida, a. a. O., S. 98.
[38] Ebd., S. 98-99.

Theologeme wiedereinführt, die von fundiert und abhängig genannten Disziplinen herstammen."³⁹

Die existenziale Analytik des Todes wird laut Derrida mit der Zuerkennung absoluter Priorität universal. Sie wird in Stand gesetzt, sämtliche kulturellen Grenzen des Todes zu überfliegen. Den historischen Anthropologien übergeordnet, bleibt die Radikalität der Differenz doch, wie wir gesehen haben, fragwürdig. Zwar ist der existenziale Diskurs grenzenlos, sofern er die kulturellen und historischen Grenzen aus prinzipiellen Gründen ignorieren kann, aber er zieht dort Grenzen, wo das Dasein von allen anderen Seienden und Lebenden unterschieden ist – und natürlich dort, wo die regionalen Wissenschaften von der ontologischen Sphäre abgetrennt werden, was schließlich eine Demarkationslinie hervortreten lässt, die der Begrifflichkeit der Fundamentalontologie insgesamt inhärent ist. Aus diesem Zusammenhang folgt die Neutralität der existenzialen Analytik im Hinblick nicht nur auf Kultur und Moral, sondern auch im Hinblick auf die Politik. Mit Süffisanz bemerkt Derrida, dass Heideggers Analytik des Todes „nach keiner Kompetenz strebt – und sie hat auch wirklich keine –, um politische Probleme der Bestattung, des Totenkultes, und vor allem des Krieges und der Medizin zu behandeln."⁴⁰ Da sich aber ein beständiger und zudem aktuell brisanter Wandel in Bezug auf Leben und Tod vollzieht, lässt sich leicht nachvollziehen, dass auch Heidegger mit seinem Diskurs über den eigentlichen oder besten Tod implizite Politiken engagiert, die laut Derrida an die gewandelten lebenstechnischen Zusammenhänge, „die Krankheit und die sozialmedizinischen Versicherungen, alle [bioethisch relevanten] Daten"⁴¹, anschließbar sind. „Was man Bioethik nennt, [ist] im gleichen Atemzug eine Thanato-Ethik [...] – und eine Thanato-Ethik ist notwendigerweise eine allgemeine Euthanato-Ethik, eine Philosophie [... oder Kunst] des guten Sterbens im Allgemeinen." Außerdem hält Derrida fest, dass „die existenziale Analytik nichts vom Wiedergänger und von der Trauer wissen [will]."⁴² An diesem Punkt beginnt Derrida, seine eigene Position im Unterschied zu Heidegger und Levinas – die als „Diskursivitätsbegründer" dargestellt werden – zu konturieren, was ihm sichtlich schwer fällt. Lavierend zieht er sich in die Region des Unentscheidbaren zurück, indem er den Vorrang des Todes der Anderen, wie er sich in einer „ursprünglichen Trauer" äußern könnte, zurückweist. „Wenn die Jemeinigkeit [...] sich in ihrer Selbstheit ausgehend von einer ursprünglichen Trauer konstituiert, dann empfängt oder unterstellt folglich dieser Selbstbezug den anderen innerhalb seines Selbstseins als von sich selbst verschiedenes. Und umgekehrt: Der Bezug zum anderen [...] wird sich nie von einem trauern-

---

³⁹ Ebd., S. 93 f.
⁴⁰ Ebd., S. 100.
⁴¹ Ebd., S. 101.
⁴² Ebd., S. 102.

den Begreifen unterscheiden. Die Frage, zu wissen, ob sich ausgehend vom eigenen Tod oder vom Tod des anderen der Bezug zum Tod oder die Gewißheit des Todes einstellt, sieht so ihre Relevanz von Anfang an begrenzt."[43]

Zum Schluss widmet sich Derrida der Aporie in Heideggers Sein zum Tode als Möglichkeit der Unmöglichkeit und wiederholt so ein weiteres Mal den Gegensatz zwischen Ereignis und Enteignis, oder weniger gekünstelt gesprochen: zwischen Bezug auf sich selbst und Bezug auf anderes. Im Begriff *s'attendre* komprimiert Derrida diese Doppeldeutigkeit (als Übersetzung von Heideggers Text). „S'attendre", das heißt „sich bevorstehen" im Sinne des „Gefasst-seins auf" das Eintreten des Unmöglichen oder Anderen – das heißt aber auch „sich bevorstehen" im Sinne des selbstmächtigen Seinkönnens und Übernehmens der eigenen Möglichkeiten.[44] Wie Heidegger hervorhebt, besteht das Wesen des Daseins im Unterschied zu vorhandenem oder zuhandenem Seienden darin, ein Mögliches zu sein. Dieses Möglichsein lässt sich zweifach charakterisieren: einmal affirmativ als Möglichkeit, sich selbst bei sich selbst zu erwarten, sich auf sich gefasst machen, oder aber anders, als Möglichkeit, auf die „Grenzen der Wahrheit" (so steht es im Untertitel des Buches), d. h. auf anderes, Ankommendes, gefasst zu sein. – An diesem Punkt einer allzu strengen Alternative betont Derrida erneut ihre Zugehörigkeit zu einer aporetischen Struktur, indem er eine dritte – „vielleicht primäre" – Möglichkeit eröffnet, nach der „man [...] gegenseitig auf *sich* warte[t] – der eine auf den anderen, die eine auf die andere"[45], „Name für die unmögliche Gleichzeitigkeit [...], die wir dennoch gleichzeitig wissen, auf die wir zusammen gefaßt sind."[46]

Dieser Logik folgend, liegt im „s'attendre" des Todes nicht nur eine Möglichkeit und nicht nur eine Unmöglichkeit, sondern – wie Heidegger sagt, die Möglichkeit der Unmöglichkeit (des Daseins) bzw. die Möglichkeit als Unmöglichkeit. Hiermit

---

[43] Ebd., S. 102 f. Hier gilt der Satz von der bestehenden Tradition der Metaphysik auch von der Ontologie des Daseins. Die Dekonstruktion ist nicht in der Lage, ihre Gegenstände aufzuheben. Es kommt ihr darauf an, die Geltungskraft bestehender Diskurse auf eine geschickte Weise zu destruieren, und d. h., „eine politische Dimension" im Rahmen einer „gewissen Gestaltung" wahrzunehmen. „Keine Politik [...] ohne Organisation des Raumes und der Zeit der Trauer, [...] der Bestattung" etc. (ebd. S. 103). Mit Paul Valéry meint Derrida, dass vom „wilden Denken" einiges zu lernen sei über eine Politik des Todes, nämlich durch die Art und Weise, wie dieses seine Beziehungen zu den Geistern von Toten institutionalisiert: Die Grenze zwischen Lebenden und Toten wird wechselseitig durchlässig, so dass sie per se als (politische) Grenze unterschiedlicher Kulturen gelten kann.

[44] Vgl. ebd., S. 106 f.

[45] Ebd., S. 108.

[46] Ebd., S. 109. Erneut unterstreicht Derrida, dass das Denken der Aporien, des Anachronismus des simultanen sich-Erwartens in der „Unzeit der Trauer", die begrifflichen Vorgaben in den Debatten um Tod und Sterben, die „gemeinhin und hastig" von Heidegger und Levinas (und auch von Freud) übernommen wurden und werden, „abändern" würde. Die Abänderungen aber würden die übereilte Logik der Alternative betreffen, nämlich den Tod entweder als „den Tod seiner selbst" oder als „den Tod des anderen" (primär) aufzufassen. Vgl. ebd., S. 109.

wiederholt sich die Aporie.[47] Einerseits bedeutet die Möglichkeit der Unmöglichkeit, dass es dem Dasein bevorsteht, nicht mehr zu sein. Andererseits bedeutet sie, dass es für das Dasein möglich ist, sich dieser Unmöglichkeit zu stellen, so dass die Möglichkeit „als die der Unmöglichkeit der Existenz überhaupt" (SuZ, S. 262) stets reiner hervortritt.[48] Derrida interpretiert diese und ähnliche Bemerkungen Heideggers mit einer Bezugnahme auf das Ereignis des reinen Möglichen, das dem Wirklichen „so fern als möglich" bleibt. „Die so benannte einzigartige Bewegung, ein durchdringendes Vorgehen, gewährt oder bereitet Zugang zum Sinn des Sterbens. Dank seiner lebt das Dasein als Verstehen mit seinem eigenen Tod. Dieser ist zugleich seine eigenste Möglichkeit und jene gleiche (eigenste) Möglichkeit als Unmöglichkeit" – und in Klammern fügt Derrida an – und das ist bemerkenswert, weil es zeigt, dass er sich diesen auf die Spitze getriebenen Heidegger zueigen macht: „also das am wenigsten eigene, würde ich sagen, aber Heidegger wird es niemals so sagen."[49]

In einem letzten Anlauf verlagert Derrida das „Eigentliche des Entzugs" auf die Grund- und Bodenlosigkeit der Aporie selber, die sich in der Sprache breit macht, indem er die Frage nach der Differenz der zwei von Heidegger noch als möglich ins Auge gefassten Deutungen der paradoxen Formel von der unmöglichen Möglichkeit stellt: „Hier nun aber wenigstens das Schema einer möglich-unmöglichen Frage: Welchen Unterschied gibt es zwischen einerseits der Möglichkeit der Möglichkeit einer Unmöglichkeit, *als solche* zu erscheinen, und andererseits der Unmöglichkeit derselben Möglichkeiten, *als solche* zu erscheinen?"[50] Die Frage zielt nicht auf eine Antwort ab, sondern auf eine Vervielfältigung der Aporie, die keineswegs mit Heidegger auf den Tod und seine alles beherrschende Singularität eingeschränkt werden kann. Wenn das Mögliche unmöglich ist, kann es auch nicht länger als solches erscheinen. Wenn das Unmögliche möglich ist, verlieren sich die spezifischen Eigenschaften des Daseins im Unterschied zu anderem Seienden, verwischt sich die Differenz zwischen dem Eigentlichen und dem Uneigentlichen – und damit überhaupt die methodologische Begrenzung. „Gegen oder ohne Heidegger könnte man [...] tau-

---

[47] Mit anderen Worten gesagt, überdauert das (aporetische) Problem seine Lösungen, wenngleich es stets neue generiert: Die (eigentliche?) Unlösbarkeit des Problems muss daher (entschlossen?) ausgehalten werden.
[48] Derrida bringt die Aporie auf folgende Formel: „Hier wäre das Sterben die Aporie, das heißt die Unmöglichkeit, tot zu sein – als Unmöglichkeit ebenso seinen Tod zu erleben oder in ihm zu 'existieren' wie als Unmöglichkeit noch zu existieren, wenn man einmal tot ist [...]. Oder ist es vielmehr im Gegenteil (und ist es das Gegenteil?) jene Aporie, daß eine solche Unmöglichkeit möglich sei und *als solche* erscheint, als unmöglich, als eine Unmöglichkeit, die gleichwohl *als solche* erscheinen oder sich ankündigen kann". Derrida, a. a. O., S. 118.
[49] Ebd., S. 116.
[50] Ebd., S. 120 f.

send Zeichen anführen, die zeigen, daß auch Tiere sterben."[51] Die Strategie der Abgrenzung einer „fundamentalistischen Dimension"[52] erweist sich als nicht haltbar, die existenziale Analytik ist von allen Seiten durch ontische Einflüsse kontaminiert und der Tod als mögliches Unmögliches fungiert letztlich nur als *eine* Figur der Aporie, die sich an die Stelle von allem möglichen Unmöglichen setzen kann: „Liebe, Freundschaft, Gabe, Anderer, Zeugenschaft, Gastfreundschaft, etc."[53] Die Konsequenzen dieser aporetischen Logik sind „furchterregend", weil sie sämtliche begrifflichen Bestimmungen der existenzialen Analytik (und anderer Diskurse) „kompromittiert" bzw. „dem Verfall preisgibt". Die Aporie ist unumgänglich und muss ausgehalten werden, wenngleich sie „einfach als solche niemals ertragen werden [kann]", da sie sich als Möglich/Unmögliches dem dingfesten Zugriff entzieht.[54]

III.

Die moderne Bewegung der Metaphysikkritik kann im Ausgang von einer mehr und mehr Platz einnehmenden Endlichkeit im Kontext dessen situiert werden, was Nietzsche mit einigem Recht als Geschichte des „Nihilismus" beschrieben hat. Das bedeutet, dass der Vorgang einer „Entwertung der Werte" mit dem Verlust des traditionellen Sinnzusammenhangs einhergeht. Auch der Tod und das Sterben fallen zunehmend aus dieser metaphysischen Einbettung heraus, weshalb sich in ihnen die Erfahrung der Sinnlosigkeit zuspitzt. Heidegger ergreift die Gunst der Stunde, indem er diese Erfahrung zum Eigentlichen stempelt. „Verfallen" sind die dem Nihilismus ausgelieferten und wertlos im Leben selbst vergessenen Subjekte, die sich vor dem Da-sein fürchten, weil sie sich nicht der puren Existenz im Vorlaufen zum Tode vergewissern. Selbst Levinas und Derrida folgen den Grundlinien dieser Andacht.

Aber, schreibt Adorno, es gilt „[h]eute wie damals der Bescheid, den Horkheimer einer Ergriffenen erteilte, die sagte, Heidegger habe doch wenigstens die Menschen endlich wieder vor den Tod gestellt: Ludendorff habe das viel besser besorgt."[55] Erinnern wir uns an die vielen Textstellen aus jener Zeit, wo immer wieder Heidegger beteuert, dass die Angst einen Mut erfordert und keineswegs mit der Furcht der Wankelmütigen, Unentschlossenen oder Fahnenflüchtigen verwechselt werden dürfe. Besonders offenkundig in dem Nachwort von 1943 zur erstmals 1929 gehaltenen Vorlesung „Was ist Metaphysik" erklärt Heidegger die Opferbereitschaft zur

---

[51] Ebd., S. 121 f.
[52] Ebd., S. 127.
[53] Ebd., S. 126.
[54] Ebd., S. 126.
[55] Adorno, *Jargon der Eigentlichkeit*, a. a. O., S. 115.

eigentlichen Haltung des Daseins, tapfer das Nichts auszustehen: „Was wäre alle Tapferkeit, wenn sie nicht in der Erfahrung der wesenhaften Angst ihren ständigen Gegenhalt fände? [...] Die Tapferkeit erkennt im Abgrund des Schreckens den kaum betretenen Raum des Seins, aus dessen Lichtung erst jegliches Seiende in das zurückkehrt, was es ist und zu sein vermag. Diese Vorlesung betreibt weder eine 'Angstphilosophie', noch sucht sie den Eindruck einer 'heroischen Philosophie' zu erschleichen."[56] – „Dieses Denken antwortet dem Anspruch des Seins, indem der Mensch sein geschichtliches Wesen dem Einfachen der einzigen Notwendigkeit überantwortet, die nicht nötigt, indem sie zwingt, sondern die Not schafft, die sich in der Freiheit des Opfers erfüllt. [...] Das Opfer ist die allem Zwang enthobene, weil aus dem Abgrund der Freiheit erstehende Verschwendung des Menschenwesens in die Wahrung der Wahrheit des Seins für das Seiende."[57] – „Das Opfer ist heimisch im Wesen des Ereignisses, als welches das Sein den Menschen für die Wahrheit des Seins in den Anspruch nimmt."[58] Gerade im gleitenden Übergang vom eigentlich vereinzelten zum opferbereiten Sein-zum-Tode macht sich der von Derrida angesprochene, in der methodischen Ausgangslage der Ontologie Heideggers verwurzelte Übergriff vom empirisch-Ontischen ins transzendental-Ontologische sinnfällig: denn in die eigenen Möglichkeiten, die der Einzelne zu ergreifen hat, spielt sich heimlich die substantielle Identität etwa der Volkszugehörigkeit oder einer geschichtlich begründeten Mission.

Bei Michel Foucault finden wir eine von Heidegger radikal abweichende Interpretation der Nihilismusthese. Mit Nietzsche beharrt er auf der Einsicht, dass das metaphysikkritische Verschwinden des Sinns keineswegs einen Verlust darstellt. Es ist nicht notwendig, auf dem Boden einer natürlichen Metaphysik des endlichen Daseins ein Sinnstiftungsprojekt in Gang zu setzen. Tatsächlich haben sich die Sinnverhältnisse zusammen mit den Machtverhältnissen, die sich in ihnen eingelagert haben, verschoben. Demnach stellt das von Historikern geschilderte Verschwinden des Todes von der Bildfläche der modernen Gesellschaften ein Phänomen dar, das – sofern es überhaupt stichhaltig ist – aus der Verbreitung neuer, auf das Leben ausgerichteter Machttechnologien bzw. aus der zunehmenden Bedeutungslosigkeit der Souveränität als Machtform resultiert, die sich noch in den Zeremonien des Todes zur Schau stellte. Die Technisierung des massenhaften Sterbens im ersten Weltkrieg rekurriert nur propagandistisch auf die Logik der Eigentlichkeit.

---

[56] M. Heidegger: „Nachwort". In: *Was ist Metaphysik* (1943). Frankfurt a. M. [5]1949, S. 43.
[57] Ebd., S. 44.
[58] Ebd., S. 45. In *Sein und Zeit* stand generell die Unvertretbarkeit des Seins zum Tode gegen die Möglichkeit, den eigenen Tod im Sinne des sich-Opferns eigentlich zu übernehmen, da jedes Opfer zugunsten oder im Namen einer bestimmten Sache steht, d. h. gerade nicht im Horizont des nur je meinigen Seinkönnens. Vgl. SuZ, S. 240.

Und das Sterben in den Gaskammern macht ein Denken erforderlich, das sich auf die biologische Politik der bevölkerungsspezifischen Normalisierungsmaßnahmen ausrichtet, in denen der Tod bloß negativ als Grenzphänomen des Lebens erscheint. Gegenwärtig scheint sich im Kontext der lebenswissenschaftlichen Medizinisierung des krankheitsbedingten Sterbens und der Virtualisierung des Todes in den Medien ein Wandel in den „thanatologischen" Praktiken und Repräsentationen zu vollziehen. Nicht länger gnostisch auf eine Idee konzentriert, die die Wirklichkeiten des vergänglichen und partikularen Lebens im Namen des Todes überschattet, fällt es der Philosophie heute zu, die begrifflichen Voraussetzungen dafür zu schaffen, dass die spezifisch moderne Situation des Sterbens, d. h. die wirklichen Beziehungen zwischen Institutionen, Techniken, Wissenschaften, Machtstrukturen und Erfahrungswerten, präzise analysiert werden kann.

Ist es aber nicht möglich, aus der von Heidegger vorgeführten unerschrockenen Nähe zum Tod einen „humaneren" Umgang mit dem Tod abzuleiten? Die Forderung nach einem eigentlichen Tod verkennt die „Sinnlosigkeit" (in metaphysischer Hinsicht) des Sterbens und damit auch die wirkliche Bedeutung von Trost und Trauer. Gerade weil der Tod „für uns ein Nichts ist", nach Epikur, macht es keinen Sinn, sich mit ihm als eigenster Seinsmöglichkeit zu beschäftigen. Wir brauchen Trost und wir müssen trauern, wenn wir jemand verloren haben, die oder der uns nahe stand, weil uns kein fertiger Sinn über den Verlust hinweg hilft. Hinzu kommt, dass das wirkliche Sterben nicht als uneigentlicher Modus des Sterbens abqualifiziert werden kann.[59] Dieser Versuch verspielt die Möglichkeit, die gegenwärtigen Sinn- und Machtverhältnisse angemessen zu beschreiben. Die Ethik des guten Sterbens, die von Heidegger vorgeschlagen wird, verliert den strukturellen Zusammenhang zwischen der sozialen und wissenschaftlichen Realität des Sterbens aus dem Blick. Wird jene Realität als Verfallen präsentiert, so wird die machttheoretische Folgerichtigkeit der Veränderung des Sterbens verkannt und imaginär durch die Stilisierung des eigentlichen Seins zum Tode unkenntlich gemacht. Foucault schreibt dazu im *Willen zum Wissen*: „Man könnte sagen, das alte Recht, sterben zu machen oder leben zu lassen wurde abgelöst von einer Macht, leben zu machen oder in den Tod zu stoßen. So erklärt sich vielleicht die Disqualifizierung des Todes, die heute im Absterben der ihn begleitenden Rituale zum Ausdruck kommt. Die Sorgfalt, mit der man dem Tode ausweicht, hängt weniger mit einer neuen Angst zusammen, die ihn

---

[59] Heideggers Ausrichtung auf einen eigentlichen Tod impliziert die Abwertung des „Verfallens", so dass die realen Verhältnisse des Sterbens, die Erinnerungspolitik u. v. m. aus dem Blick geraten. Denn es fällt den miteinander Lebenden und Überlebenden zu, die Gegenwart eines Bewusstseins „aufzuheben", das darauf beharrt, für sich das Wesen des Todes zu ergründen. Wenn Heidegger das Dasein dem Tod unterwirft, so macht er still und leise den Schmerz und das Elend zu nebensächlichen Dingen, die im eigentlichen Dasein, das in der Wahrheit (etwa des Opfers) steht, keine Beachtung verdienen.

für unsere Gesellschaften unerträglich macht, als vielmehr mit der Tatsache, daß sich die Machtprozeduren von ihm abgewendet haben."[60] Hiermit stellt sich der Philosophie die Aufgabe, für die gegenwärtig realen Praktiken und Diskurse, die sich um den Tod herum konstituieren, Begriffe bereitzustellen und analytische und politische Denkmöglichkeiten zu schaffen.

Was ist aber damit gewonnen, dass wir „da" sind, in einem emphatischen Sinne, woran sich Heidegger klammert? Wir können nicht anders. Natürlich wollen wir (zunächst und zumeist) leben und nicht sterben, aber so wenig wir den eigenen Tod jemals erleben werden, so sehr leben wir – möglicherweise verzweifelt –, wenn andere sterben. Mit den anderen ins Leben verstrickt, brauchen wir hier und jetzt den ganzen Mut – in die Irre gehen die, die die lebensweltlichen Verstrickungen zu Verfallserscheinungen erklären, die von dem Eigentlichen ablenken. In diesem Sinne wäre die alte Frage: „Warum ist überhaupt Seiendes und nicht vielmehr nichts" – keine philosophische. Die Philosophie mag, wie Platon sagt, mit der Verwunderung beginnen. Aber das Staunen darüber, dass wir da sind, gehört in die Zeit und Mode des deutschen Existenzialismus – und ist selbstverliebt und stur kontemplativ. Dass das in Deutschland kaum bemerkt wurde, spricht Bände.

---

[60] Foucault: *Der Wille zum Wissen*, a. a. O., S. 165.

Christian Grüny

„Nach Auschwitz" – ein Motiv zwischen Geschichte und Metaphysik

I. Einleitung

Wenn von Tod und Sterben die Rede ist und noch dazu die Perspektive der Philosophie eingenommen werden soll, drängt es sich auf, ein Motiv einzubeziehen, das sich zwar auf die Geschichte bezieht, aber dennoch ein genuin philosophischer Topos ist: „nach Auschwitz".

Was macht dieses Motiv zu einem philosophischen? Was kann überhaupt die Rolle der Philosophie in einem solchen Kontext sein? Um eine vorläufige Antwort auf diese Fragen zu geben, bietet es sich an, auf den Text zurückzugehen, der das Motiv als solches etabliert hat: „Kulturkritik und Gesellschaft" von Theodor W. Adorno, geschrieben 1949.[1] Der Text endet mit dem sattsam bekannten Diktum, nach Auschwitz sei es barbarisch, ein Gedicht zu schreiben. Dieser Satz ist mittlerweile so tief in den Schatz halbverstandener Sinnsprüche eingegangen, dass die Operation, die ihm zugrunde liegt, eigens noch einmal ins Bewusstsein gehoben werden muss. Entscheidend ist hier nicht die Frage, ob es vielleicht doch nicht barbarisch ist, nach Auschwitz zu dichten, sondern was es bedeutet, eine solche Aussage überhaupt zu treffen. Wir leben nach Auschwitz und wir sterben nach Auschwitz – das erscheint trivial, aber die Rede vom Sterben „nach Auschwitz" nimmt weit mehr in Anspruch als die bloße historische Chronologie.

Adorno geht davon aus, dass Auschwitz einen Angelpunkt der Geschichte darstellt, der sie in ein Davor und ein Danach einteilt; die Rede von einem „Nach Auschwitz" geht so weit über eine bloß chronologische Einordnung hinaus. Diese Vorstellung ist eine philosophische. Philosophisch ist aber bereits die Benennung selbst: Die Vernichtung der europäischen Juden hat über mehrere Jahre in mehreren Schritten an mehreren Orten stattgefunden, von denen Auschwitz einer war; sie war kein einzelnes Ereignis. Dennoch lag es nicht nur für Adorno nahe, sie mit einem einzigen Namen zu belegen. Ohne dass gesagt würde, *was* Auschwitz war, wird

---

[1] Th. W. Adorno: „Kulturkritik und Gesellschaft". In: ders.: *Gesammelte Schriften*. Bd. 10.1. Frankfurt a. M. 1977, S. 11-30.

damit gesetzt, *dass* es etwas gab, das auf diese Weise benennbar ist und Gegenstand weitergehender Fragen werden kann – ohne dass damit ein identifizierbarer historischer Vorgang benannt wäre. Entsprechend wählt Adorno keinen Begriff, sondern einen Namen, der auf einen konkreten Ort verweist und außer dem Bezug auf das dort Geschehene – vorerst – weder ein Urteil noch weitergehende Assoziationen enthält.

In den Jahrzehnten, in denen das Motiv „nach Auschwitz" von Adorno und anderen entfaltet wurde, hat es eine Aufladung, einen Bedeutungsüberschuss erhalten, der gleichwohl von Anfang an angelegt war. Wer heute in dieser Weise von Auschwitz spricht, nimmt bestimmte geschichtsphilosophische Assoziationen in Anspruch. Das Wort steht, ganz in Adornos Sinne, für ein Geschehen, das sich der Einordnung in die Geschichte verweigert, das auf alles Nachfolgende sein Licht wirft und von dem ein Anspruch an die heute Lebenden ausgeht. Wenn Martin Walser sich dagegen verwahrt, an die eigene Verantwortung erinnert zu werden, spricht er von der „Auschwitzkeule". Das „dunkle Leuchten", von dem Kertész spricht und das zu einer dubiosen Faszination führen kann,[2] verbindet sich weit mehr mit diesem Wort als mit den konkurrierenden Benennungen „Holocaust", „Shoah" oder „Churban".

Wer sich demgegenüber als Historiker mit der Vernichtung auseinandersetzen will, kommt nicht umhin, diese Identifikation aufzulösen und zu differenzieren. Er muss zeigen, was genau an welchen Orten geschah, wie es dazu kam, wer beteiligt war etc. Der Soziologe, der über das Konzentrationslager schreibt, muss sich die Frage gefallen lassen, von welchem Lager zu welcher Zeit er spricht: Dachau 1934? Buchenwald 1940? Auschwitz 1943? Der Philosoph sollte sich zwar hüten, die historischen Differenzierungen leichthin beiseite zu wischen, aber die verallgemeinernde Geste, die ein gewisses Maß an Hybris beinhaltet, bleibt seinem Vorgehen eingeschrieben. Der Anspruch, der „ethischen und politischen Bedeutung der Vernichtung" und dem „menschlichen Begreifen des Geschehens – letztlich also seiner Aktualität"[3] gerecht zu werden, ist kein geringer, aber er wird so lange erhoben werden müssen, wie die Frage danach nicht verstummt – und das wird nicht geschehen.

Wenn ich also im Folgenden einige exemplarische philosophische Positionen darstellen und diskutieren möchte, so geschieht dies nicht in denunziatorischer Absicht. Die philosophische Rede ist prekär, und sie ist es an dieser Stelle besonders; dennoch scheint sie mir unverzichtbar. Die entscheidende Frage ist, *wie* gesprochen werden kann und muss. Um sie zu beantworten, muss untersucht werden, wie gesprochen wird und wurde. Betrachtet man die verschiedenen Texte, so kann man

---

[2] I. Kertész: „Lange, dunkle Schatten". In: ders.: *Die exilierte Sprache. Essays und Reden.* Frankfurt a. M. 2003, S. 53-60, S. 55.

[3] G. Agamben: *Was von Auschwitz bleibt. Das Archiv und der Zeuge.* Frankfurt a. M. 2003, S. 7.

höchst unterschiedliche Formen der Bezugnahme auf Auschwitz ausmachen, die aber eines gemeinsam haben: Sie alle sind wesentlich als *Antworten* auf einen *Anspruch* zu verstehen, der von diesem Ereignis ausgeht. Weder die Wahl des Gegenstandes noch seine Bewertung liegen ganz im Belieben des Autors, und es ist die Zweifellosigkeit der überragenden Bedeutung des Geschehen, für die sich Worte und Erklärungen finden müssen, die ihnen allen gemein ist.

Eine solche Interpretation verändert den Blick auf die Texte und stellt gleichzeitig eine eigene philosophische Perspektive auf Auschwitz dar. Ehe ich den Versuch unternehme, diese Perspektive darzustellen, werde ich Texte von Adorno, Jean-François Lyotard und Giorgio Agamben diskutieren, die – etwas typisiert – einen metaphysischen, einen ontologischen und einen tiefenhistorischen Ansatz repräsentieren. Dass dabei manches vereinfacht und verkürzt werden muss, ist unvermeidlich. Dennoch erscheint es mir möglich und produktiv, die Grundoperationen gerade der genannten Autoren exemplarisch herauszuarbeiten und sich gegeneinander profilieren zu lassen.

II. So ist es: Adorno

Auschwitz zieht sich als Gegenstand und als impliziter Bezugspunkt durch das gesamte spätere Werk Adornos. Auch wenn Kontinuitäten zu frühen, *vor* Auschwitz geschriebenen Texten offensichtlich sind, hat er ernst gemacht mit dem Anspruch, ein Denken nach Auschwitz zu praktizieren. Die Bezugnahme findet auf höchst unterschiedliche Weise statt, die von sehr konkreten Erwägungen über Erziehung nach Auschwitz bis zu den „Meditationen zur Metaphysik", dem letzten Teil seines theoretischen Hauptwerks *Negative Dialektik,* reichen. Wenn ich mich hier weitgehend auf letztere beziehe, so sollte diese Bandbreite dennoch nicht in Vergessenheit geraten. Die Gefahr einer „Ausuferung eines ganz bestimmten, wenn auch schwer beschreib- und verstehbaren historischen Ereignisses zu einer negativen Weltformel"[4], die Brocke und Jochum zu Recht sehen, bestünde erst in dem Moment, in dem die empirische Seite ganz getilgt würde. Davon allerdings kann bei Adorno keine Rede sein.

In Bezug auf die *Negative Dialektik* fällt zuerst einmal auf, dass das Thema Auschwitz im Rahmen von Reflexionen *zur Metaphysik* behandelt wird. Der den Meditationen unmittelbar vorhergehende Abschnitt liefert dafür die Grundlage, indem er im Anschluss an Benjamin von einer „Transmutation von Metaphysik in

---

[4] M. Brocke, H. Jochum: „Der Holocaust und die Theologie – 'Theologie des Holocaust'". In: dies. (Hg.): *Wolkensäule und Feuerschein. Jüdische Theologie des Holocaust.* Gütersloh 1993, S. 238-270, S. 242.

Geschichte" spricht.⁵ Die Geschichte ist demnach der Ort, an dem über das verhandelt wird, was zuvor Gegenstand von Metaphysik und Religion war, eine Geschichte, die sich allerdings weit von der Hegelschen Realisierung des Geistes entfernt hat und als Ort der Vergängnis bestimmt wird. Das Verhältnis von Wahrheit und Vergängnis ist damit zum Zerreißen gespannt. Auschwitz bildet in dieser Spannung einen neuen Fixpunkt, eine Art Nadir der Geschichte, der gleichwohl neue Orientierung stiftet. Es ist der Tiefpunkt, der alles Davorliegende rückwirkend zu seiner Vorgeschichte macht und für alles Nachfolgende den Ausgangs- und Referenzpunkt bildet.

Das historische Verständnis von Metaphysik, das hinter diesem Gedanken steht, changiert zwischen der Feststellung der Wandelbarkeit metaphysischen Denkens und der Behauptung einer Historizität des Metaphysischen selbst. Die Metaphysik ist eingewandert in die zerfallende, katastrophische Welt – das war die These bereits des frühen Adorno –, und Auschwitz markiert den Punkt, an dem jede Spur von Transzendenz getilgt wird, eine radikale Vernichtung jeder Jenseitigkeit: „Der Prozess, durch den die Metaphysik unaufhaltsam dorthin sich verzog, wogegen sie einmal konzipiert war, hat seinen Fluchtpunkt erreicht." (ND, S. 358) Nur noch so lässt es sich denken, so ist es. Dieses „So ist es" hat Alexander García Düttmann als Grundgeste Adornos identifiziert und seinen Kommentar zu den *Minima Moralia* eben so betitelt.⁶

Der Zivilisationsbruch, wie Dan Diner es später genannt hat, wird hier zu einer Art Seinsbruch ausgeweitet. Auch wenn Adorno niemals solche Formulierungen wählen würde, hat diese Position große Nähe zu derjenigen des Rabbiners und Theologen Richard Rubenstein, der vom Tod Gottes in Auschwitz spricht, ohne dass auch nur eine Spur des Nietzscheschen Pathos der Befreiung übrigbliebe.⁷ Dass Auschwitz Auswirkungen von solcher Tiefe hat, ist für Adorno wie für Rubenstein von einer solchen Evidenz, dass es weder begründungsbedürftig noch begründungsfähig erscheint. Dass der *erste* Abschnitt der Meditationen den Titel „Nach Auschwitz" trägt, deutet darauf hin, dass es sich nicht um eine Setzung aus einer auf andere Weise gesicherten Position handelt, sondern um eine Voraussetzung, einen Ausgangspunkt, den das Denken nicht setzt, sondern vorfindet, und von dem es auszugehen hat.

Sieht man sich die ersten drei Abschnitte genauer an, so gewinnt dieses Bild an Differenziertheit, wohl auch an Ambivalenz. Im ersten heißt es: „Dass in den Lagern

---

⁵ Th. W. Adorno: *Negative Dialektik*. Frankfurt a. M. 1975, S. 353 (im Folgenden zitiert als ND).
⁶ Vgl. A. G. Düttmann: *So ist es. Ein philosophischer Kommentar zu Adornos 'Minima Moralia'*. Frankfurt a. M. 2004.
⁷ Vgl. R. L. Rubenstein: „Der Tod Gottes". In: J. Brocke et al. (Hg.): *Wolkensäule und Feuerschein*, a. a. O., S. 111-125.

nicht mehr das Individuum starb, sondern das Exemplar, muß auch das Sterben jener affizieren, die der Maßnahme entgingen." (ND, S. 355) So deutlich die Aussage ist, so eigentümlich ist die Formulierung: Handelt es sich um ein Gebot oder um eine Feststellung? Auf welcher Grundlage würde die Feststellung getroffen und mit welcher Begründung das Gebot formuliert? Und: Handelt es sich bei denen, die der Maßnahme entgingen, nur um jene, die „zufällig entrann[en] und rechtens hätte[n] umgebracht werden sollen"(ND, S. 355)[8]?

Nehmen wir versuchsweise die denkbar stärkste Lesart an: Das Sterben nicht nur der Entronnenen im genannten Sinne, sondern aller Nachlebenden ist davon betroffen, dass in Auschwitz versucht wurde, Menschen noch ihr Sterben als Menschen zu rauben, den Tod zu einem alltäglichen Vorgang zu machen und Folter und Mord als Normalität zu etablieren. So deutet es etwa Sarah Kofman: „Seit Auschwitz sterben alle Menschen, Juden und Nichtjuden, auf andere Weise […]."[9] Die zugespitzte Formulierung macht deutlich, wie problematisch dies ist. Wer wollte derlei feststellen und auf welcher Grundlage?

Offenbar muss jenes „Müssen" noch auf andere Weise gedeutet werden. Inmitten der apodiktischen Aussagen scheint diese Formulierung Ausdruck von Unsicherheit, indem sie die reine Faktizität des Behaupteten bestreitet. Auch hier gibt es noch unterschiedliche Lesarten: Zuerst scheint es, als handele es sich um den Befehl, man habe sich in seinem Sterben affizieren zu lassen. Ein solches Verständnis entspräche einem verbreiteten Bild Adornos als eines unbarmherzigen Verkünders unannehmbarer und am Ende auch unplausibler Wahrheiten in Gebotsform. Problematisch erscheint dabei vor allem, dass es hier nicht Anstöße zur Reflexion oder zum Handeln sind, sondern die Folgen von Auschwitz unmittelbar in die Erfahrungswelt der Einzelnen projiziert werden: Erfahrungen lassen sich aber nicht befehlen.

Die zweite, plausiblere Variante mildert diesen Eindruck: Das „Müssen" steht nicht für ein unmenschliches Gebot, sondern für eine Art Appell an die Geschichte selbst. Es ist Ausdruck der Hoffnung, den Opfern müsse zumindest in der Weise Gerechtigkeit widerfahren, dass ihr Leiden *Folgen* hat und sich nicht einfach neutralisieren und ignorieren lässt. Das „Müssen" geht von der Geste des „So ist es" aus und stellt eine drängende Frage an die Wirklichkeit.

Nun lässt sich Adorno durchaus auf diese Wirklichkeit ein. Im dritten, lapidar „Sterben heute" betitelten Abschnitt der Meditationen heißt es zu diesem Thema:

---

[8] Auch wenn Horkheimers Aufzeichnung nach Erscheinen der *Negativen Dialektik* gemacht wurde, stammt das Motiv von ihm: In seinem offenen Brief zu Horkheimers 70. Geburtstag identifiziert Adorno es als Aussage Horkheimers „in der Emigration" (vgl. Th. W. Adorno: „Offener Brief an Max Horkheimer". In: ders.: *Gesammelte Schriften*. Bd. 20.1. Frankfurt a. M. 1986, S. 155-163, S. 157).

[9] S. Kofman: *Erstickte Worte*. Wien 1988, S. 27.

„[D]ie Gestalt, in der das Bewußtsein mit dem Tod sich abfindet, variiert samt den konkreten Bedingungen, wie einer stirbt, bis in die Physis hinein." (ND, S. 364) Diese Aussage hält an der historischen Veränderung des Todes fest, holt diese aber zurück in das Bewusstsein der Einzelnen und die materiellen Kontexte des Sterbens. Der „große Tod, den jeder in sich hat" (Rilke)[10], ist nicht zu haben, auch nicht im Schutzraum des unangetasteten Wohlstands und der stabilen Familienverhältnisse. Hierfür lassen sich mit Adorno Gründe angeben: Zum einen sind die stabile Individualität und die emphatische Ganzheit des Lebens, auf denen die Vorstellung des „reifenden" Todes beruht, eine Illusion, zum anderen beinhaltet das sprichwörtliche Sterben im Kreise der Lieben ein Moment des sich Abschließens, des das Gewesene Abwehrens, und ist damit alles andere als sanft und selbstverständlich. Was in Auschwitz geschah, erscheint hier als konkrete Möglichkeit, die historisch in die Welt gekommen ist und in deren Licht die eigene Haltung zum Tod rückt, denn „seit Auschwitz heißt den Tod fürchten, Schlimmeres fürchten als den Tod" (ND, S. 364).

In die Welt gekommen ist die Möglichkeit, dass Sterben bedeuten kann, nach einer mehrtägigen Fahrt in einem Viehwaggon im Laufschritt nackt in eine Gaskammer getrieben zu werden oder die systematischen Erniedrigungen und Quälereien der SS zu ertragen, bis der Tod selbst als „trivial, bürokratisch und alltäglich"[11], als unausweichlich und selbstverständlich wahrgenommen wird und es vor allem die Schrecken sind, die bestimmte Arten des Sterbens bereithalten, auf die sich die Aufmerksamkeit richtet.[12] Man kann nicht sagen, dass dies zuvor lediglich dem Bewusstsein der Menschen entgangen war; erst dadurch, dass es stattgefunden hat, ist es eine reale Möglichkeit geworden, die nicht mehr wegzudenken ist.

Die Fragmente einer historischen Argumentation, die sich an dieser Stelle finden, sind höchst abstrakt und unplausibel: Der Einzelne, heißt es, ist „schon in seiner formalen Freiheit [...] so fungibel und ersetzbar wie dann unter den Tritten der Liquidatoren" (ND, S. 355). Wie auch immer man den Zusammenhang spätkapitalistischer Vergesellschaftung und massenhafter Vernichtung konzipieren mag, eine solche Aussage ist unhaltbar. Formale Freiheit und depersonalisierte Vernichtung sind nicht dasselbe, und Auschwitz ist nicht die bloße Steigerung dessen, was es ohnehin gibt. Der Satz weist voraus zu dem Punkt, an dem der Versuch einer Erklärung von Auschwitz aus Bedingungen und Kontexten in das unterschiedslose Verschwimmen von Vernichtung und einer als zutiefst pathologisch entlarvten Normalität übergeht.

---

[10] R. M. Rilke: *Das Buch von der Armut und vom Tode*. In: ders.: *Sämtliche Werke*. Bd. 1. Frankfurt a. M. 1955, S. 341-366, S. 347.
[11] P. Levi: *Die Untergegangenen und die Geretteten*. München 1993, S. 153.
[12] Vgl. J. Améry: „Jenseits von Schuld und Sühne". In: ders.: *Werke*. Bd. 2. Stuttgart 2002, S. 7-177, S. 49.

Eine solche Gleichsetzung unterbietet Adornos sonstige Ausführungen zum Thema und bildet auch nicht den Kern seiner metaphysischen Meditationen zum Thema Auschwitz. Letztlich könnte man sagen, dass er einen Satz Horkheimers aufgreift und verallgemeinert, der bei diesem auf eine klar bestimmte Gruppe bezogen war, nämlich auf die „jüdischen Intellektuellen, die dem Martertod unter Hitler entronnen sind". In Bezug auf die Opfer der Konzentrationslager heißt es dort: „Ihr Tod ist die Wahrheit unseres Lebens."[13] Am Ende gibt es für diese Aussage keine Begründung, es lässt sich keine konkrete Verbindung mehr angeben, kein Mechanismus der Übertragung. Alles, was stattfindet, findet „nach Auschwitz" statt und damit im Schatten der Vernichtung und ist allein dadurch verändert.

III. Die wirklichste Wirklichkeit: Lyotard

Ein vollkommen anderer Typ der Antwort auf Auschwitz begegnet uns bei Jean-François Lyotard, der als zweiter herangezogen werden soll. Lyotard geht auf das Motiv, das er von Adorno übernimmt, auf zwei unterschiedliche Weisen zu; in beiden Fällen vollzieht er schließlich eine ontologische Wendung, die so wenig zu überzeugen vermag wie Adornos Sprung in die Metaphysik.

In einem Vortrag von 1981, fünfzehn Jahre nach Erscheinen der *Negativen Dialektik*, heißt es: „Die Frage, die Auschwitz stellt, ist die nach der Textur des Textes, der 'an' Auschwitz 'schließt'."[14] Die Frage des textuellen Anschlusses ist eines der wichtigsten Themen, wenn nicht das zentrale Thema des späten Lyotard; sie kann als Umformulierung der grundlegenden Frage betrachtet werden, was für gesellschaftliche und kulturelle Folgen Auschwitz hat – oder zu haben hat.

Der Titel des Vortrages ist doppeldeutig: „Phraser 'après Auschwitz'" könnte mit „Sprechen 'nach Auschwitz'" übersetzt werden, wie es auch die deutsche Ausgabe tut – wobei die Anführungszeichen um das eigentliche Motiv zu beachten sind –, oder es könnte „'Nach Auschwitz' in Worte fassen" heißen. Der Anspruch an ein Sprechen nach Auschwitz geht hier weit über das bloße Weiterreden nach einem historischen Ereignis hinaus. Nach Auschwitz zu sprechen, hätte dieses „nach Auschwitz" zu sagen, und das auf eine bestimmte Art und Weise, die Lyotard von Hegels Theorie des Spekulativen übernimmt: Es hätte Auschwitz schließlich von einem der Rede fremden Gegenstand zum Subjekt machen müssen, es selbst sprechen lassen.

---

[13] M. Horkheimer: *Notizen 1950 bis 1969 und Dämmerung. Notizen in Deutschland.* Frankfurt a. M. 1974, S. 213.
[14] J.-F. Lyotard: *Streitgespräche, oder: Sprechen „nach Auschwitz".* Grafenau 1998, S. 16.

Ein großer Teil von Lyotards Bemühungen geht dahin zu zeigen, dass eben dies nicht möglich ist; dass es kein Wir gibt, das Auschwitz als solches zu umfassen vermag; dass Täter, Opfer und Zeugen keine gemeinsame Sprache haben, in der das Ereignis gesprochen werden könnte. Es gibt „keinen kollektiven Zeugen"[15], wie es in *Der Widerstreit* heißt, wo das Thema ausführlicher behandelt wird. Die Normalisierung des Todes löscht die Möglichkeit eines gemeinsamen Diskurses aus: „Der den Tod befiehlt, wird von der Verpflichtung ausgenommen, und der den Tod erleidet, wird von der Rechtfertigung ausgeschlossen. Die Autorität der SS entspringt einem Wir, aus dem der Deportierte ein für alle Mal ausgeschlossen bleibt [...]."[16] Wenn bereits für den Gegenstand keine Identität mit sich selbst herzustellen ist, so kann die Identifikation mit dem Wir der Betrachter erst recht nicht stattfinden. Auschwitz bleibt für das Denken ein fremder, nicht handhabbarer Gegenstand, der sich nicht auf *den* Punkt bringen lässt, den die Benennung mit einem einzelnen Namen suggeriert.

Die Frage liegt nahe, ob diese Zersplitterung des Wir nicht bereits für Fälle zutrifft, die sich weit diesseits der Vernichtung halten; man denke etwa an die Sklavenhaltung. Sie erfährt schließlich eine Antwort, die weitreichender nicht sein könnte und die Wendung von der Geschichte zur Ontologie vollzieht. Am Ende erscheint es so, als sei Auschwitz „negativ dazu da gewesen, um daran zu erinnern, daß es kein 'wir' gibt, das die zur Ausführung Verpflichteten mit dem Gesetzgeber vereinen könnte, außer einer dialektischen Täuschung"[17]. Die Shoah fungiert damit als bloßes Beispiel, das uns an eine Eigenschaft aller Wirklichkeit gemahnt.

Ganz Ähnliches lässt sich für die zweite Bezugnahme auf Auschwitz konstatieren, die sich im *Widerstreit* ausgehend von Lyotards Sprach- bzw. Satztheorie findet. Ausgangspunkt ist hier das aus der Auseinandersetzung mit dem Auschwitz-Leugner Faurisson entwickelte Motiv eines Bedeutungsüberschusses, der sich nicht nach den Regeln des Historikers oder der Gerichtsbarkeit artikulieren lässt, sondern als Schweigen den Diskurs heimsucht. Dieses zeigt, „daß etwas, das in Sätze gebracht werden muß, in den geltenden Idiomen nicht artikuliert werden kann"[18], und fordert damit auf, neue Idiome zu erfinden oder die bestehenden zu erweitern.

Diese Variante der Frage nach der Möglichkeit des Sprechens nach Auschwitz schließt an den immer wieder in den Zeugnissen Überlebender geäußerten Zweifel an, ob sie sich überhaupt verständlich machen können. Der auch von den Tätern in ihre Berechnung miteinbezogene Zweifel der Außenwelt, dass all das wirklich sein könne, hat sich hier transformiert: Es kann heute keinen Zweifel daran geben, *dass*

---

[15] J.-F. Lyotard: *Der Widerstreit*. München 1989, S. 169.
[16] Ebd., S. 173.
[17] Lyotard, *Streitgespräche*, a. a. O., S. 37.
[18] Lyotard, *Der Widerstreit*, a. a. O., S. 105.

das geschehen ist, wovon die Überlebenden berichten; die Shoah gehört zu den am besten dokumentierten und erforschten Ereignissen der Geschichte. Lyotards Bemerkung, „die zur Validierung nötigen Dokumente" seien „selbst weitgehend vernichtet worden"[19], ist so falsch wie unnötig. Es gibt keinerlei Anlass dazu, Faurissons Position zu einem ernstzunehmenden Angriff auf die historische Wahrheit aufzuwerten.

Der Zweifel bezieht sich vielmehr auf die Verstehbarkeit des Geschehens, und von ihm werden selbst die eloquentesten Zeugen heimgesucht. An dieser Stelle geht es nicht mehr um die Validierung der Fakten, sondern um deren *Bedeutung. Was Auschwitz war*, kann weder von innen erfasst werden, denn in den Lagern machten es Unübersichtlichkeit und systematische Verschleierung den Opfern unmöglich, das vollständig zu begreifen, was um sie herum vorging[20] – noch von außen, denn die Fakten allein sagen es nicht aus. Die nie abzuschließende Antwort auf diese Frage wird in erster Linie von einer vor dem Hintergrund der historischen Forschung stattfindenden, interpretierenden Lektüre der Berichte der Überlebenden selbst erwartet.

Diesseits der philosophischen Frage nach der Bedeutung bleibt das Problem des schieren Nachvollzugs ihrer Erfahrungen. „Was Auschwitz war, wissen nur die Häftlinge. Niemand sonst"[21], wie in besseren Zeiten Martin Walser schrieb – aber auch sie wissen es nicht, muss man hinzufügen. Wie Shoshana Felman und Dori Laub zeigen, sind die Überlebenden selbst von der Situation der Spaltung von Innen und Außen betroffen, indem sich zwischen dem, was ihnen in den Lagern widerfahren ist, und ihrem späteren Leben nicht die Art von Kontinuität spannt, die Erinnerung und Erfahrung im vollen Sinne gewährleisten könnte. Mit einiger Vorsicht kann so davon gesprochen werden, dass Auschwitz „an event without a witness"[22], ein Ereignis ohne Zeugen war. Dieses Motiv wird uns bei Agamben wieder begegnen.

Dass ungeachtet der Berichte der Überlebenden und der Forschungen der Historiker etwas zu sagen bleibt, liegt nicht in der beschränkenden Wirkung bestimmter hegemonialer Diskurse begründet, sondern in dem grundsätzlichen Problem einer

---

[19] Ebd.
[20] Vgl. S. Felman, D. Laub: *Testimony. Crisis of Witnessing in Literature, Psychoanalysis, and History.* New York: Routledge 1992, S. 80 ff.
[21] Zit. bei H. Langbein: *Menschen in Auschwitz.* München, Wien 1995, S. 11. Auch wenn zwischen dieser Aussage und der Rede von der „Auschwitzkeule" Welten liegen, deutet sich bereits hier eine spezifische Abwehr an: Indem den Überlebenden die einzige Autorität in Bezug auf das Geschehene zugesprochen wird, wird der Sprecher selbst von der genaueren Erforschung und dem wie immer vergeblichen Versuch zu verstehen dispensiert. Im Fluchtpunkt dieser Position liegt die Vorstellung, Auschwitz sei Sache der Überlebenden.
[22] Felman, Laub: *Testimony*, a. a. O., S. 75 ff.

übermächtigen Wirklichkeit mit totalem Anspruch,[23] zu der keine Distanz eingenommen werden kann und die sich nicht zu einer wie auch immer gearteten Normalität in Beziehung setzen lässt. Diese Wirklichkeit, der sich Wolfgang Sofsky mit dem Begriff der „absoluten Macht" zu nähern versucht hat,[24] wirft die Alltagsbegrifflichkeit so sehr ab wie die philosophische und soziologische und bleibt eine Herausforderung des Verstehens. Das muss nicht zu einer negativen Verklärung des Unsagbaren führen, sollte aber die Erinnerung wachhalten, dass etwas zu sagen bleibt, und die Mühe, den Bereich des Sagbaren zu erweitern. Daran versucht Lyotard zu erinnern.

Nun bleibt es aber wiederum nicht dabei: *Der Widerstreit* entwickelt, ansetzend bei der Zeugenschaft nach Auschwitz, eine Sprachontologie. Der Versuch einer Explikation dessen, was „nach Auschwitz" für die Überlebenden und diejenigen bedeutet, die auf ihre Zeugenschaft angewiesen sind, wird ausgeweitet zu Erwägungen über die Wirklichkeit als solche. Schließlich wird das Verhältnis umgekehrt: Was sich als Reflexion ausgehend von Auschwitz darstellte, wird zu einem Mittel, es auf eine Grundstruktur zurückzuführen, die schlechthin universale Geltung beansprucht. Am Ende bleibt Auschwitz ein bloßes, wenn auch besonders deutliches *Beispiel*: „Jede Wirklichkeit enthält diese Forderung [nach dem Versuch einer Ausweitung des Sagbaren, CG], insofern sie unbekannte mögliche Bedeutungen enthält. In dieser Hinsicht ist Auschwitz die wirklichste Wirklichkeit."[25]

Das Fatale dieser Wendung ist nicht der Hinweis, dass der Überschuss des zu Sagenden über das Gesagte oder gar das Sagbare Auschwitz mit jeder historischen Wirklichkeit verbindet – dies leuchtet unmittelbar ein. Hochproblematisch ist die Reduktion des in diesem speziellen Fall zu Sagenden auf „unbekannte mögliche Bedeutungen" und die Bezeichnung von Auschwitz als „wirklichste Wirklichkeit", bei der man unsicher ist, ob es sich um eine Hypostasierung oder eine Trivialisierung handelt. Mögliche Bedeutungen gibt es immer, aber es besteht ein wesentlicher Unterschied zwischen bloßen unausgeschöpften Möglichkeiten und dem dringenden Anspruch von etwas als zu Sagendem. In dieser Hinsicht ist Auschwitz eben *nicht* die wirklichste Wirklichkeit, sondern der Fall, in dem das pragmatische Gleichgewicht zwischen Sagbarem, zu Sagendem und Gesagtem vollkommen zerstört wird, mit dramatischen Folgen für die Überlebenden und großen Schwierigkeiten für nachkommende Historiker und Philosophen.

Wo Adorno Auschwitz zu einem negativen Fixpunkt der Geschichte macht, wird es bei Lyotard letztlich enthistorisiert. Die Geschichtsmetaphysik gerinnt zu einer

---

[23] Vgl. Améry: Jenseits von Schuld und Sühne, a. a. O., S. 51, 54.
[24] Vgl. W. Sofsky: *Die Ordnung des Terrors. Das Konzentrationslager*. Frankfurt a. M. 1993.
[25] Lyotard: *Der Widerstreit*, a. a. O., S. 107.

Ontologie, der die Geschichte abhanden gekommen ist und mit ihr das Ereignis, von dem sie ausgegangen ist.

IV. Grauzonen: Agamben

Wiederum beinahe zwei Jahrzehnte nach Lyotards *Widerstreit*, 1998, veröffentlicht Giorgio Agamben als dritten Teil seiner *Homo sacer*-Studie ein Buch mit dem plakativen Titel *Was von Auschwitz bleibt*. In diesem Buch, das hier als letztes diskutiert werden soll, finden sich zwei einigermaßen heterogene Versuche, die selbstgestellte Frage zu beantworten. Der eine dieser Versuche bringt eine neue Form der Bezugnahme ins Spiel, die man als tiefenhistorisch bezeichnen könnte, der andere, um den es hier zuerst gehen soll, schließt unmittelbar an Lyotard an und vollzieht dessen ontologische Wendung nach. Bereits im Vorwort heißt es: „Die Aporie von Auschwitz ist die Aporie historischer Erkenntnis selbst: die Nicht-Koinzidenz von Fakten und Wahrheit, von Konstatieren und Verstehen."[26] Mit dieser Vorbemerkung markiert Agamben das Problem seiner eigenen Ausführungen, ehe sie noch begonnen haben.

Die Antwort auf die Frage nach der Bedeutung erhofft er sich vor allem von einer Explikation des Problems des Zeugnisses. Er bezieht sich hier wesentlich auf Primo Levi: „Nicht wir, die Überlebenden, sind die wirklichen Zeugen. […] Vielmehr sind sie, die 'Muselmänner', die Untergegangenen, die eigentlichen Zeugen, jene, deren Aussage eine allgemeine Bedeutung gehabt hätte."[27] Das Problem des Bruches zwischen der Wirklichkeit der Lager und derjenigen draußen wird hier noch verschärft durch dasjenige eines Bruches *innerhalb* der Lagerwirklichkeit, bei dem auch nachträgliche Zeugenschaft über eine Vermittlung nicht mehr möglich ist und es um Stellvertretung gehen muss.

Als „Muselmann" bezeichnete man im Lagerjargon einen Häftling, der jenseits der Ansprechbarkeit und der Sorge um das eigene Leben war; sein baldiger Tod war so gut wie sicher. Levi hebt deutlich hervor, dass dieser Typus die Normalität des Lagers und der Überlebende die Anomalie war. Für Agamben ist diese nicht mehr lebende, aber auch noch nicht tote Figur der Prüfstein jeglicher Ethik nach Auschwitz: „Tatsächlich hat sich der Muselmann in eine Zone des Menschlichen begeben […], in der nicht nur Hilfe, sondern auch Würde und Selbstachtung nutzlos geworden sind. Wenn es aber eine Zone des Menschlichen gibt, in der diese Begriffe keinen Sinn haben, dann kann es sich bei ihnen um keine genuin ethischen Begriffe

---

[26] G. Agamben: *Was von Auschwitz bleibt. Das Archiv und der Zeuge*. Frankfurt a. M. 2003.
[27] Levi: *Die Untergegangenen und die Geretteten*, a. a. O., S. 85.

handeln."²⁸ Auch Verantwortung als ursprünglich juristischen Begriff will Agamben aus der Ethik verbannen. Was bleibt, ist das eindringlich nachgezeichnete Bild eines Menschen, „dessen Menschsein vollständig zerstört wurde"²⁹ und auf den sich jede Ethik nach Auschwitz zu beziehen hat. Was genau der Inhalt dieser Ethik wäre, bleibt aber offen.

Um der Frage nach den Bedingungen der Zeugenschaft weiter nachzugehen, setzt Agamben bezeichnenderweise auf einer ähnlichen Ebene an wie Lyotard, nämlich wiederum auf der prinzipiellen. Er bedient sich dazu sprachwissenschaftlicher Theoreme und dichterischer Selbstverständigungen. Mit den Kronzeugen Saussure und Benveniste auf der einen und Keats, Pessoa, Bachmann und Rimbaud auf der anderen Seite spricht er von einer unüberbrückbaren Kluft zwischen dem Sprecher und dem Ich der Rede und der Unmöglichkeit, *sich auszusagen*.³⁰

Es gäbe einiges dagegen zu sagen, ohne Diskussion der jeweiligen Gattungen und Kontexte wissenschaftliche Forschung und dichterische Selbstinszenierung miteinander zu koppeln, um daraus allgemeine Aussagen abzuleiten. Was in unserem Zusammenhang besonders problematisch erscheint, ist, dass so die Möglichkeit des Zeugnisses in Bezug auf Auschwitz begründet werden soll. Agamben folgert: „Wenn es kein Gelenk zwischen dem Lebewesen und der Sprache gibt, wenn das Ich in dieser Kluft schwebt, dann ist Zeugnis möglich."³¹ Damit wäre Zeugnis also gerade eine Funktion der Unmöglichkeit eigener Rede, und die zwischen dem Untergegangenen und dem Geretteten gespaltene Zeugenschaft müsste als paradigmatisch gelten. Also: Nicht nur ist es möglich, an der Stelle der Ermordeten Zeugnis abzulegen, sondern es entspricht ohnehin der Normalität des Zeugnisses.

Die Bewegung, die Agamben hier vorführt, ist analog derjenigen Lyotards: Ausgehend von den Problemen, die Auschwitz dem Verstehen bietet, wird ein Erklärungsmodell entwickelt, das letztlich dazu dient, *Auschwitz als Normalität* zu behandeln. Nach Auschwitz, so muss man diese Ausführungen wohl resümieren, sehen wir einiges klarer, was ohnehin galt. Der Schritt ist wiederum der vom Ereignis zum Exempel. Für Geschichte bleibt hier kein Platz mehr. Dass am Ende auch dieses Modell herangezogen werden soll, um die Argumente der Leugner zu widerlegen,³² zeigt nur noch einmal, dass es Agamben ernstlich um Ontologie, um die Struktur der Wirklichkeit und des Sprechens über sie geht – auch wenn er damit vollständig an der Wirklichkeit der Auseinandersetzung um Auschwitz vorbeigeht.

---

[28] Agamben, a. a. O., S. 55.
[29] Ebd., S. 117.
[30] Ebd., S. 102: „Im absoluten Präsens der jeweiligen Rede fallen Subjektivierung und Entsubjektivierung in jedem Punkt zusammen, und sowohl das leibhafte Individuum als auch das Subjekt der Aussage schweigen vollkommen."
[31] Ebd., S. 114.
[32] Ebd., S. 143.

Kehren wir aber zum Titel des Buches zurück: Von was kann nun gesagt werden, dass es *bleibt*? Die Antwort darauf gibt der zweite der zu Beginn genannten Ansätze. Agamben greift hier auf seinen in *Homo sacer* ausgeführten geschichtsphilosophischen Entwurf zurück. Die dort entwickelte Komplizität von Ausnahmezustand und politischer Normalität ist in Auschwitz sozusagen zu sich selbst gekommen; daher ging Agamben so weit, das Lager zum „biopolitischen Paradigma der Moderne" zu erklären.[33] Diese These nimmt er auch hier ernst, wobei er den Bogen sehr weit spannt. Die ethische „Grauzone" (Levi), in der sich Ereignisse wie das Fußballspiel zwischen Mitgliedern eines Sonderkommandos und der SS abspielten, wird unmittelbar auf unsere Alltagswirklichkeit projiziert, wenn es heißt, dass jenes Spiel „sich in jedem Spiel in unseren Fußballstadien wiederholt, in jeder Fernsehübertragung, in jeder alltäglichen Normalität".[34] Die Antwort auf die Frage, wo die tatsächliche Verbindung dieser Ereignisse liegt, bleibt Agamben schuldig.

Abgesehen von evokativen Passagen wie der zitierten findet er aber einen konkreten Vergleichspunkt, der wiederum an die Gestalt des Muselmanns und sein Schweben zwischen Leben und Tod anknüpft: Parallelen zu dieser Figur findet Agamben in den heutigen Krankenhäusern, genauer in den von „néomorts" bevölkerten Reanimationsräumen und Intensivstationen. Was hier produziert wird, so Agamben, ist bloßes Leben, *zoé*, das sich auf der Grenze aufhält, wo das Menschliche in das nicht mehr Menschliche übergeht. Dieser dubiose Vergleich wird nun nicht nur auf eine prima facie-Analogie gegründet, sondern mit dem Foucaultschen Motiv der Biomacht theoretisch begründet: „Der höchste Ehrgeiz der Bio-Macht besteht darin, in einem menschlichen Körper die absolute Trennung von Lebewesen und sprechendem Wesen, von *zoé* und *bíos*, von Nicht-Mensch und Mensch zu erzeugen: das Überleben."[35]

Die Begründung für die Kopplung wird damit tiefer angelegt als auf der Ebene unmittelbarer Vergleichbarkeit, indem ein historisches Subjekt in Anspruch genommen wird, das für beides verantwortlich gemacht werden kann: die Bio-Macht. Das hilflose „muß affizieren" Adornos weicht hier der Erklärung beider Phänomene durch eine einzige Struktur. Damit erübrigt sich jede empirische Nachfrage.

Agamben geht an entscheidender Stelle über Foucault hinaus. Auch wenn dieser seine Kategorien der souveränen Macht, der Disziplinarmacht und der Bio-Macht als ausreichend erachtet, um auch Auschwitz zu erklären,[36] sieht er doch eine solche

---

[33] G. Agamben: *Homo sacer. Die souveräne Macht und das nackte Leben*. Frankfurt a. M. 2002, S. 127 ff.
[34] Agamben, *Auschwitz*, a. a. O., S. 23.
[35] Ebd., S. 136.
[36] „Endlösung für die anderen Rassen, absoluter Selbstmord der eigenen (deutschen) Rasse. Dahin führte diese dem Funktionieren des modernen Staates innewohnende Mechanik." (M. Foucault: *In*

Personifizierung nicht vor. Bio-Macht ist ein Dispositiv, das identifizierbare Wirkungen zeitigt, aber sie ist keine handelnde Instanz. Zwar ist sie anders als die Disziplinarmacht, die eine lokale ist, der Regierung zugeordnet – an einer Stelle ist sogar die Rede von „einer Bio-Macht", die die Absicht habe, Krieg zu führen[37] –, sicher aber handelt es sich nicht um eine hinter den unterschiedlichen historischen Konstellationen stehende Quasi-Person, die im Hintergrund die Fäden zieht, oder um eine Tiefenstruktur der Geschichte.

Foucault bemüht sich, zu zeigen, wie unterschiedliche Dispositive und Strukturen zusammenhängen, wie sie konkurrieren und sich an bestimmten, historisch identifizierbaren Punkten zusammenschließen. Diese Arbeit macht Agamben sich nicht. Die Bio-Macht erscheint so als deus malignus ex machina, der scheinbar weit voneinander entfernte Phänomene miteinander kurzschließen kann. Auf diesem Abstraktionsniveau, das Adornos Vorstellung universaler Fungibilität noch überbietet, lässt sich keine wirklich sinnvolle Diskussion führen. Interessant würde es dann, wenn man die Fragen konkreter zuspitzte: Gibt es einen tatsächlichen Zusammenhang zwischen der medizinischen Beteiligung an Erniedrigung und Vernichtung und der Lebensverlängerung durch die Medizin um beinahe jeden Preis? Was ist überhaupt der Gegenstand der Biomedizin?

Mit dem Versuch einer Beantwortung dieser Fragen, die das Rahmenthema dieses Bandes unmittelbar berühren, näherte sich die Philosophie weit mehr der Empirie, als es Agamben zulässt. Dies wäre aber die Ebene, auf der derlei zu verhandeln wäre, und sie wird in den diskutierten Ansätzen auf je unterschiedliche Weise verfehlt. Vielleicht ist es Auschwitz selbst, der Gegenstand wie der Topos, zu dem es geronnen ist, der – wenn er nicht ratlos zurücklässt – zu allzu großen Würfen inspiriert, die am Ende die versprochenen Antworten schuldig bleiben.

V. Anspruch und Abwehr

Mit Adorno, Lyotard und Agamben haben wir drei unterschiedliche Weisen kennengelernt, mit dem Motiv „nach Auschwitz" umzugehen: Adorno macht das Ereignis zu einem metaphysischen Fixpunkt, von dem aus die Geschichte neu zu denken ist, Lyotard schließt hier an, reduziert Auschwitz aber am Ende auf ein wenn auch extremes Beispiel einer unhistorischen Grundstruktur, Agamben vollzieht diese Bewegung nach und findet und erklärt Kontinuitäten aus der Perspektive einer historischen Tiefenstruktur. Keiner dieser Ansätze vermag vollständig zu überzeugen.

Verteidigung der Gesellschaft. Frankfurt a. M. 2001, S. 308). Dass darüber eigens diskutiert werden müsste, ist offensichtlich.

[37] Vgl. Foucault: *In Verteidigung der Gesellschaft*, a. a. O., S. 304.

Was folgt daraus? Ist es am sinnvollsten, das Motiv als solches preiszugeben und die philosophische Frage nach der Bedeutung des Ereignisses als unbeantwortbar und letztlich falsch gestellt abzuweisen? Liegt die Rolle der Philosophie in einem nüchternen metahistorischen Blick, der die Historisierung der Geschichte beobachtet und betreibt und für den der Gedanke eines Einschnittes in „die Geschichte" als selbst historische Erscheinung in einem bestimmten Kontext mit bestimmten Zielen interessant wird? Ist eine entzauberte Perspektive einzunehmen, die das Motiv „nach Auschwitz" auf seine eigentliche chronologische Bedeutung zurückbringt und von seinem metaphysischen Überschuss befreit? Sollte die Philosophie, kurz gesagt, zu diesem Thema lieber schweigen?

So problematisch der metaphysische, ontologische oder tiefenhistorische Zugriff auf die Shoah ist, so sehr schösse es übers Ziel hinaus, nun Nüchternheit und Theorieabstinenz als einzige Alternative zu propagieren. Ein solcher Vorschlag verkennt, wie sehr wir vorweg von dem in Anspruch genommen sind, über das gesprochen werden soll, und wie sehr die philosophischen Fragen sich aufdrängen. Er suggeriert, ein neutraler Blick entspräche der primären Haltung, die im wesentlichen indifferent sei und sich erst in einem zweiten Schritt mit bestimmten Interessen und Zielen an die Geschichte wende, die dieser selbst aber fremd seien. Die Geschichte findet für ihn in einer „homogene[n] und leere[n] Zeit"[38] statt, um mit Benjamin zu sprechen, in der Ansprüche und Affektionen subjektive Zutaten sind.

Ich möchte hier eine alternative Lesart des Motivs vorschlagen, die weder auf die Chronologie beschränkt ist noch in Geschichtsmetaphysik ausgreifen muss. „Nach Auschwitz" zu leben und zu denken bedeutet danach zuerst einmal, sich im Schatten dieses Ereignisses zu finden und von ihm in Anspruch genommen zu werden. Im Hintergrund steht hier Burkhard Liebschs Frage, „ob zwischenzeitliches Leben nicht auf geschichtlich affizierbare Weise 'von sich aus' so geschieht, daß das Schicksal selbst anonymer anderer es auf unhintergehbare Weise etwas angeht, selbst wenn letzte Zwecke dies nicht rechtfertigen sollten".[39] Auch die von unterschiedlichen theoretischen Hintergründen ausgehenden Ansätze, die hier diskutiert wurden, können primär als Versuche der Antwort auf diese Affiziertheit verstanden werden. Die jeweils zu beobachtenden Formen der Begründung und Erklärung sind nachträgliche Versuche der Aufarbeitung des als solchen nicht verfügbaren und nicht begründbaren Anspruchs. Auch für die Operation, die Position des historisch weit entfernten Betrachters zu fingieren, der kühl über die allmähliche Normalisierung räsonnieren kann, gilt nichts anderes: Ihre vorgebliche Neutralität verdankt sich der Abwehr jenes Anspruchs, den sie selbst dementiert.

---

[38] W. Benjamin: „Über den Begriff der Geschichte". In: ders.: *Gesammelte Schriften* Bd. I.2, Frankfurt a. M. 1974, S. 691-704, hier S. 701.
[39] B. Liebsch: *Geschichte im Zeichen des Abschieds*. München 1996, S. 10.

Die Texte legen Zeugnis von dieser Affiziertheit ab, auch wenn sie sie nicht in den Mittelpunkt stellen, und sagen insofern mehr, als es das Gesagte selbst umfasst. Der Begriff der Zeugenschaft, den Lyotard und Agamben in den Mittelpunkt rücken, nimmt so noch einmal eine andere Bedeutung an: Die Autoren selbst werden zu Zeugen. Dabei kann es nicht darum gehen, den Unterschied zwischen Überlebenden und Nachlebenden zu verwischen, sondern lediglich darum, die *Verbindung* zwischen beiden herauszustellen, die sich nicht darin erschöpft, dass die einen distanziert *über* die anderen sprechen. Da die letzten, die die Konzentrationslager selbst überlebt haben, in wenigen Jahren tot sein werden, wird die indirekte Zeugenschaft bald alles sein, was bleibt.

Felman und Laub haben mit ihren Untersuchungen ein Modell geliefert, mit dem diese Zeugenschaft gedacht werden kann: Nicht nur der Interviewer, sondern jeder Hörer oder Leser eines Berichtes wird zum Zeugen des Geschehens, das der Überlebende selbst sich erst aneignen musste oder muss.[40] Wenn Levi sein eigenes Zeugnis einschränkt zugunsten derer, die nicht mehr sprechen können, so fühlt auch er sich in Anspruch genommen und zu einem Zeugnis gedrängt, das über das hinausgeht, was er selbst erlebt hat. Es steht niemandem zu, sich auf diese Selbsteinschränkung beziehend, das Zeugnis der Überlebenden zu entwerten; offensichtlich wird nur die tatsächliche Krise der Zeugenschaft, der Bruch, den jede Rede über Auschwitz begleitet. Niemand kann Zeugnis ablegen als einer, der seiner selbst mächtig und mit sich identisch über sein Erleben berichten kann, und doch bleibt es allen aufgegeben, die scheinbar Unbeteiligten eingeschlossen.

Mit der Rede von der Zeugenschaft verschiebt sich der Fokus von einem Ereignis, von dem ein schwarzes Leuchten ausgeht, zur Verantwortung gegenüber den dort Gequälten und Ermordeten. Aus diesem Grund sind auch die Versuche einer Reindividualisierung der Opfer, die zur Zeit verstärkt unternommen werden, von großer Bedeutung: Bücher wie Götz Alys *Im Tunnel*,[41] in dem er das Leben eines jüdischen Kindes nachzuzeichnen versucht, das in Auschwitz ermordet wurde, das kürzlich auch auf deutsch erschienene *Auschwitz-Album*,[42] dessen Herausgeber die Personen, die auf den von einem SS-Mann an der Rampe von Birkenau gemachten Fotografien abgebildet sind, zu identifizieren versuchen, und die neu gestaltete „Halle der Bilder" in Yad Vashem sind keine Versuche, human interest zu den abstrakten Zahlen der Ermordeten hinzuzufügen. Sie bemühen sich, dem Anspruch der

---

[40] „In fact, the listener (or the interviewer) becomes the Holocaust witness *before* the narrator does." Felman, Laub, *Testimony*, a. a. O., S. 85.

[41] Vgl. G. Aly: *Im Tunnel. Das kurze Leben der Marion Samuel 1931-1943*. Frankfurt a. M. 2004.

[42] Vgl. I. Gutmann, B. Gutterman: *Das Auschwitz-Album. Die Geschichte eines Transports*. Göttingen 2005.

Ermordeten nachzugehen, sie nicht in einer Masse aufgehen zu lassen und sie auch nicht in einer Erklärung verschwinden zu lassen.

Liebsch, dessen Geschichtsdenken von den Begriffen Abschied, Anspruch und Antwort geprägt ist, spitzt dies zu: „Insofern ist die Vernichtung kein rein sachlicher historischer Befund. Von ihr zu *erfahren* bedeutet selbst schon, sich zu dieser Verantwortung bestimmt realisieren zu müssen."[43] Jenes „Müssen", das uns bereits zu Beginn bei Adorno begegnet war, taucht hier wieder auf. Wenn es sich nicht auf ein unbedingtes Gebot, einen weiteren kategorischen Imperativ bezieht, was für einen Status hat es hier? Er ist, so sehr wie Adornos apodiktische Aussagen, Ausdruck einer Affiziertheit, die sich nur bezeugen, aber nicht verpflichtend machen lässt. Das Vokabular der Verpflichtung, das sich immer wieder aufdrängt, entstammt dem übermächtigen Eindruck, den der Kontakt mit den Zeugnissen der Vernichtung hinterlassen hat. Ist das Ergebnis Metaphysik? Möglicherweise. Vielleicht könnte ein verändertes Verständnis von Metaphysik die Antwort sein, das diese als Verhaltensweise versteht, die nicht von der Geschichte gelöst werden kann und die von der Erschütterung, die sie von dieser erfährt, die Tiefe ihrer Fragen bezieht, ohne aber eines singulären Bezugs- und Ausgangspunktes zu bedürfen.

Von hier aus mag Auschwitz als Zäsur der Geschichte bezeichnet werden, insofern die Krise der Zeugenschaft, die Lyotard und Agamben benannt, aber zu normalisieren versucht haben, keinen Ausgang gefunden hat und auch keinen finden wird. Die Macht, die Nachgeborenen als etwas Unerledigtes, noch zu Bearbeitendes und zu Verstehendes zu affizieren, will nicht verloren gehen. Man könnte auf die vielzitierte Stelle in Kants *Streit der Fakultäten* zurückgreifen und vermuten, „ein solches Phänomen in der Menschengeschichte vergisst sich nicht mehr"[44], eingedenk dessen allerdings, dass jenes Nichtvergessen auf Erinnernde angewiesen ist und insofern prekär bleibt.

Von hier aus ist auch Adornos neuer kategorischer Imperativ zu verstehen, „daß Auschwitz nicht sich wiederhole, nichts Ähnliches geschehe" (ND, S. 358). Aus diesem Imperativ spricht keine theoretisch gewonnene Einsicht über den Kern der Moralität, sondern eben jene Affiziertheit. Aus ihr abzuleiten, es sei so zu handeln, dass Auschwitz nicht noch einmal geschehe, ist in der Tat ein Minimum, hinter das nicht gut zurückgegangen werden kann, und es hat guten Sinn, es für nicht verhandelbar zu erklären. Wer im Ernst nach einer Diskussion verlangt, ob ein zweites Auschwitz nicht vielmehr belanglos oder gar wünschenswert sei, dem wird man auch dann den Diskurs verweigern dürfen, wenn einem Adornos religiös getönte Rede vom „Frevel" nicht gefällt. Aber was es genau bedeutet, so zu handeln, ist

---

[43] B. Liebsch: *Geschichte als Antwort und Versprechen*. Freiburg 1999, S. 164.
[44] I. Kant: „Der Streit der Fakultäten". (1798) In: ders.: *Werke in sechs Bänden*. Bd. VI. Darmstadt 1983, S. 261-393, S. 361.

damit nicht ausgemacht, und die Instrumentalisierung von Auschwitz für bestimmte außenpolitische Manöver lässt erkennen, dass der nackte Imperativ als Richtschnur des Handelns kaum zu gebrauchen ist.

Die Frage, ob Auschwitz für alle Zeiten und alle Menschen eine derartige Bedeutung haben wird, erscheint mir schlicht sinnlos. Wir sind nicht in der Position, sie beantworten zu können, und sie in Deutschland gerade 60 Jahre nach der Befreiung der Lager aufzuwerfen, ist eher ein politischer Akt als eine philosophische Frage. So zu fragen greift vor auf eine Situation, in der Auschwitz zu einem historischen Ereignis geworden ist, dem wir uns auf ähnliche Weise zuwenden können, aber keinesfalls müssen, wie der Niederschlagung des Spartakusaufstandes oder der Bartholomäusnacht. Diese Situation ist nicht in Sicht.[45]

Im Gegenteil: Auschwitz wirft seinen Schatten auf beinahe jede politische und gesellschaftliche Diskussion, sei es die Sterbehilfe, die europäische Einigung oder der Krieg gegen Jugoslawien. Dass für letzteren von deutscher Seite Adornos Imperativ in Anspruch genommen wurde, zeigt noch einmal dessen Problematik. Unausweichlich fällt der Schatten auch auf das, was Sterben und Tod für uns heute bedeuten. Wenn Auschwitz, wie Liebsch schreibt, ein Experiment war, „in dem man zu zeigen versucht hat, daß ein schuldloser, indifferenter Mord möglich ist"[46], der Beweis, „daß die Daseinsform des Mordens eine lebbare und mögliche Daseinsform, daß sie also *institutionalisierbar* ist"[47], wie es bei Kertész heißt, so kann man dies nicht als abstrakte Forderung an den einzelnen im Moment seines Todes begreifen, sehr wohl aber als Herausforderung jeder Diskussion über die Gestalt und die Gestaltung des Sterbens heute. Die empirische Frage, „wie einer stirbt", lässt sich nicht durch den schlichten Rekurs auf Auschwitz beantworten, aber sie wird durch diesen untilgbaren Hintergrund immer wieder beunruhigt.

Die Philosophie bleibt so weiter aufgerufen, auf den Anspruch zu reagieren. Dabei kann sie weder an die Zeugenberichte noch die historische Forschung unmittelbar anschließen, aber auch nicht ohne sie auskommen. Sie bleibt der über jede Rechtfertigung hinausschießende Versuch, eine Bedeutung zu formulieren, die sich nicht finden lässt, die aber auch nicht erfunden werden darf. In der Verantwortung für die

---

[45] Ausgespart wird dabei die Frage, wie es mit der Bedeutung von Auschwitz jenseits Europas und seiner Geschichte aussieht. Dazu treffend Liebsch: „Insofern ist Vorsicht im Gebrauch von Formulierungen geboten, die aus 'Auschwitz' ein 'absolutes Maß' von Geschichte überhaupt etwa herauslesen, mit dem man wieder missionieren (europäisieren) gehen könnte. Von Europa oder von deutschem Boden aus ist die Welt weniger denn je über den Sinn oder das Maß ihrer Geschichte zu belehren." (Liebsch, *Geschichte als Antwort und Versprechen*, a. a. O., S. 164).
[46] B. Liebsch: *Vom Anderen her: Erinnern und Überleben*. Freiburg 1997, S. 83.
[47] I. Kertész: *Die exilierte Sprache*, a. a. O., S. 123.

Ermordeten muss sie diese aporetische Aufgabe auf sich nehmen. Eins aber, so lässt sich aus der Lektüre der unterschiedlichen Ansätze lernen, sollte sie dabei beachten: Wer von Auschwitz spricht, sollte sich davor hüten, den Mund allzu voll zu nehmen.

Zu den Autoren:

Werner Fuchs-Heinritz
Professor für Soziologie, Institut für Soziologie, FernUniversität Hagen
werner.fuchs-heinritz@fernuni-hagen.de
http://www.fernuni-hagen.de/SOZ/SOZ3/mitarbeitende/fuchs.htm

Peter Fuchs
Professor für Soziologie und Behindertenarbeit, Fachbereich Soziale Arbeit, Bildung und Erziehung, Hochschule Neubrandenburg
pfuchs@hs-nb.de
http://www.unjekt.com

Reimer Gronemeyer
Professor für Soziologie, Institut für Soziologie, Justus-Liebig-Universität Gießen
reimer.gronemeyer@sowi.uni-giessen.de
http://www.reimergronemeyer.de

Martin W. Schnell
Professor für Ethik im Gesundheitswesen, Institut für Pflegewissenschaft, Universität Witten-Herdecke
schnell@uni-wh.de
http://wga.dmz.uni-wh.de/pflege/html/default/afrr-5l6hl5.de.html

Stefan Dreßke
Wissenschaftlicher Mitarbeiter, Institut für Sozialpolitik und Organisation sozialer Dienste, Universität Kassel
dresske@uni-kassel.de
http://www.uni-kassel.de/fb4/institute/index_institut2_isosd.htm

Ludger Fittkau
Freier Journalist, Sozialwissenschaftler
lfittkau@gmx.de

Petra Gehring
Professorin für Philosophie, Institut für Philosophie, Technische Universität Darmstadt
gehring@phil.tu-darmstadt.de
http://www.philosophie.tu-darmstadt.de/phil_gehring

Rudi Visker
Professor für Philosophie, Institute of Philosophy: Centre for Ethics, Social and Political Philosophy, Katholieke Universiteit Leuven
rudi.visker@hiw.kuleuven.be
http://www.hiw.kuleuven.be/eng/

Andreas Hetzel
Wissenschaftlicher Mitarbeiter, Institut für Philosophie, Technische Universität Darmstadt
a.hetzel@phil.tu-darmstadt.de
http://www.philosophie.tu-darmstadt.de/phil_ahetzel

Marc Rölli
Wissenschaftlicher Mitarbeiter, Institut für Philosophie, Technische Universität Darmstadt
roelli@phil.tu-darmstadt.de
http://www.philosophie.tu-darmstadt.de/phil_roelli

Christian Grüny
Wissenschaftlicher Mitarbeiter für Philosophie, Fakultät für das Studium fundamentale, Universität Witten-Herdecke
christian.grueny@uni-wh.de